赢利

李 践 著

中信出版集团｜北京

图书在版编目（CIP）数据

赢利 / 李践著 . -- 北京：中信出版社，2025.1.
ISBN 978-7-5217-5124-6

Ⅰ.F272.3

中国国家版本馆 CIP 数据核字第 2024G6G869 号

赢利
著者： 李践
出版发行：中信出版集团股份有限公司
（北京市朝阳区东三环北路 27 号嘉铭中心　邮编　100020）
承印者： 北京瑞禾彩色印刷有限公司

开本：787mm×1092mm　1/16　　印张：31.75　　字数：240 千字
版次：2025 年 1 月第 1 版　　　　印次：2025 年 1 月第 1 次印刷
书号：ISBN 978-7-5217-5124-6
定价：128.00 元

版权所有·侵权必究
如有印刷、装订问题，本公司负责调换。
服务热线：400-600-8099
投稿邮箱：author@citicpub.com

目 录

推荐序　V

序言　IX

第一篇　战略篇

第一章　战略定位：一号位的基因选择　002

战略的本末："战"是本，"略"是末　003

好战略的 4 个标准：目、标、高、远　007

战略即标准，标准即势位：扩展企业的时空坐标系　017

雄鹰战略：建立世界级标准　020

第二章　价值占位：你等于什么　040

价值体检：你的"独一无二"有排他性吗　041

成本就是战略：用价值创新吸引用户　049

从差异到差距：差距就是差价　057

三元法则：三点合一，锁定价值锚　060
"两个一"法则：力出一孔，夯实价值锚　071

第三章　产品战略：聚焦战略大单品，拿到金牌　088

产品即战略：产品是战略的载体，价值是产品的内核　089
单点破局：一金胜过十银　091
知止：从"挖沟"到"钻井"　100
金牌之路：把1个产品做到51%的市场份额　110

第二篇　经营篇

第四章　组织裂变：增长不是来自产品，而是来自组织　142

从0到1靠经营产品，从1到N靠经营人才　143
组织的底层逻辑："1+1+1=111"　150
组织增长公式：业绩 = 人效 × 人数　155

第五章　营销破局：价量双增的增长路线图　196

营销的本末：价决定生死，量决定大小　197
营销"1+3"钻石模型：定价是"1"　199
定价定天下：定价的3个本质　206
定价的两大致命陷阱　215

定价委员会：从个人定价到组织定价　222

战略定价法　227

战术定价法　234

重新定价的本质是重新定义价值　237

10 倍级增长路径：价量双增路线图　239

第六章　用户经营：成就第一的用户　258

钓鱼陷阱：99% 的中小企业找错了"渔场"　259

格子圈养法：弱水三千，只取一"格"　265

锁定大鲸：撬动价量双增的杠杆点　269

大鲸战略：从"六脉神剑"到"独孤九剑"　282

第三篇　管理篇

第七章　预算管理：先胜后战的目标导航系统　316

预算是卫星导航系统：先算后做，先胜后战　317

从战略到行为的一致性：预算要拉通一号位到一线　327

兵棋推演：验证预算作战方案的可行性　339

日拱一卒："三每三对照"，积小胜为大胜　342

第八章　绩效管理：激活人性的增长飞轮　350

激活人性：不要人性化管理，要人性管理　351

无处不在的"大锅饭"　355
人性的底层密码："害"比"利"的驱动力大　361
增长飞轮：机制 × 方法 × 检查 × 奖罚　367

第九章　财务管理：经营决策的检测系统　396

财务是检测系统：经营是因，财务是果　397
威尼斯商人的魔咒：做大必死　405
企业的"体温表"：老板的利润表 vs 用户的利润表　410
企业的"抽血化验单"：钱从哪里来？钱到哪里去？　415
企业的"血压表"：现金第一，利润第二　421
经营的闭环：预测—检测—决策　424

第四篇　资本篇

第十章　资本杠杆：股权价值最大化　442

战略之上的战略：股权是增长的杠杆　443
股权是企业的第一商品，产品是企业的第二商品　444
资本市场是企业的第一市场，商品市场是企业的第二市场　446
经营的三维空间：挣钱—赚钱—生钱　451
激活股权：从玻璃到钻石　474

结语　经营的金刚圈：经营者必备的系统能力　486

推荐序

我初次听说李践这个名字,是在2016年。当时我正在推动深圳一家民营科技企业重组,在和那家企业的负责人交流时,我发现她的企业经营管理功底很好,这让我很好奇,因为我知道她是从企业销售员起步,后来自己创业才逐渐发展起来的。当我问及她做企业的"武功"是从哪里学来的时,她笑着告诉我,这些都来自她多年参加的李践老师的行动教育课程,她说,李践老师的课程接地气、好懂、有用。

这次,当我读完李践的这本书稿时,我又想起了这几个关键词:接地气、好懂、有用。说接地气,按李践的话说,这本书不是写出来的,而是干出来的。李践数十年创业和经营的实践体会跃然纸上,其中既有他成功的经验,也有他遭受挫折的教训,一切都那么真实和真切。说好懂,其实这也非常重要,书中的故事引人入胜,归纳的道理简单直白,让人看得进、喜欢读。说有用，就是说书里有不少"功法"。像"择高而立"定战略，像"窄而深"做业务，像归纳的经营大法"金刚圈"，这些都是李践自我操练的功法，企业家自然就觉得学起来有用、有效。

这本书是李践多年来创业和经营企业的系统思考与总结，其中有不少闪光的观点和经营之道，应该说李践的实践是扎实的，思考是深刻的。书中讲的故事和道理看似大多是经营管理的常理，但恰恰是这些常理常被人忽视和忘记。而且我从来以为做企业并不复杂，只要我们依照正确的原则去做就可以了，这件事从来也不需要那些高深莫测的道理。李践从自己的实践出发，以自己的亲身体会为大家演绎了企业经营的逻辑，他仿佛又回到了跆拳道的道场，一招一式地表演给大家看。他讲的故事是真诚的，他讲的道理是朴实的。我相信，对今天许许多多的创业者来讲，他的这套"金刚圈"是有益的。

李践讲课也很有功力，他可以一口气讲三天，同时还留两个晚上给大家答疑。连续三天两夜给学员讲课，那是怎样的精力和激情，这可能与他以前练跆拳道的底子和他身上那种做事执着的精神有关。不少行动教育的企业家"校长"也深受他的影响，大家被他充电和赋能，都带着满满的正能量和精气神。就像他在书的末尾讲的那样，创造力、付出、爱、奉献才是奋斗人生的本质，对这一点我深以为然。

李践在书中多次用云南过桥米线做比喻。这也让我回忆起 2020 年国庆期间我和陈春花老师一同去云南白药调研，刚下飞机，我们就每人吃了碗热腾腾的过桥米线，碗之大、味道之美，让我很难忘怀。李践说，做企业也像做过桥米线，看似简单，其实并不简单，衡量过桥米线质量高低的不是你，而是你的客户。我觉得这可能是李践在经营中的禅悟。

企业家教育是继续教育和实践教育，商学院应该是一个企业家教学相长的平台。李践开办的行动教育就是这样一个平台，在这所商学院里，每位企业家学员都被称为"校长"，大家共同学习、深度互动。我觉得这回归了商学院创办的初衷，即由企业家教企业家。其实，这么多年来，我始终提倡商学院的老师要深入企业，增加企业管理的阅历，我也提倡多请些能讲课的企业家上讲台。在这一点上，商学院应该向医学院学习，医学院的老师往往是把教学和临床结合起来的。在我了解了行动教育商学院后，我觉得这正是我们理想的商学院。李践的目标是打造世界一流的实效商学院，我认为他的定位是精准的，也希望更多的商学院重视经营教学的实效。

记得在 2020 年 10 月，《管理世界》杂志曾就企业需要什么样的研究的问题向我约稿，我写了篇文章，我认为研究应该针对企业的问题，这些研究成果应该让企业家看得懂，不适宜过于学术化，因为毕竟企业管理是一个实践过程。今天我在为李践的书写推荐序时又想起了这件事。在40多年的改革开放中，我们大多是读着西方人的经管著作过来的。西方人的书分三种：第一种是理论性的，像亨利·明茨伯格的书；第二种是实践归纳性的，像吉姆·柯林斯的书；第三种是企业家写的感悟和传记类的，像稻盛和夫的书。坦率来讲，中国的企业家更喜欢企业家写的书。如今是中国企业时代了，中国企业家也应多写一写自己的感受和故事，大家互相交流、取长补短，而李践的书就是这样一本企业家写的书，我相信大家会喜欢这本书的。

2021年4月，李践的行动教育在上海主板上市了，我也受邀出席了敲锣仪式。我以过来人的身份向李践讲了我当年带领企业上市后的体会——"上市妙不可言，也苦不堪言"。因为上市把企业带入一个新的参照系，今后衡量企业的不光有员工和客户，还多了双投资者的眼睛。但我相信，这位曾经在跆拳道赛场上练过身手，在市场中拼搏数十年的企业家，一定会在新的赛场上取得优异成绩。我衷心地期待着。

宋志平

2021年6月4日

序　言

《赢利》平装版自 2021 年 6 月上市以来，常年盘踞各大图书电商及电子书经管类排行榜，更是有幸得到不少读者的谬赞。其中，有三位读者给我留下了深刻的印象。

第一位读者是一家有百亿市值的生物医药上市公司的董事长，她在读完《赢利》后，委托身边的人四处打听我的联系方式。当我们第一次通话时，她毫不吝啬地表达了自己仿佛觅得知音的喜悦，因为书中许多观点与其经营理念不谋而合，并询问我们何时能面谈。我告诉她我正在厦门开课，她竟二话不说，带着女儿及核心高管一行 10 人从山西奔赴厦门课程现场。

第二位读者是电动车第一股雅迪股份的董事长。他在读完《赢利》一书后，将此书推荐给了公司总裁。总裁读毕，又推荐公司的3 000多名同事共读。后来，总裁又力邀我去雅迪总部参观交流。接待我的过程中还发生了一个小插曲。营销副总裁拉开他的包，对我说："我很少在包里放书，但我的包里永远放着一本书，那就是您的《赢利》。"

第三位读者是郎酒集团的汪董事长。他在读完《赢利》后主动联系我们，希望将这套方法论悉数传授给他的管理团队。我告诉他："包场收费很贵。"他问我："多贵？"我回答："1 000多万元！"结果他毫不犹豫地说："没问题！期待这套方法论在我们公司落地见成效。"之后我们仅仅开了一次视频会议，郎酒集团就与我们签订了1 680万元的合同。直到来到赤水河畔的郎酒庄园时，我才第一次见到汪董事长。由于课程反馈很好，郎酒集团很快又安排了第二场培训，自此开启了行动教育与郎酒集团后续一系列的合作。

类似的故事还有许多。在感念读者厚爱的同时，我也开始思考：为什么这本书能打动这些纵横商海数十年的经营高手呢？本质上是因为我们过去的经营逻辑和管理模式已经不适应今天的市场环境了。在全球经济格局重构的大背景下，中国经济已经由高速增长阶段转向高质量发展阶段，并且正处于由传统工业化向新型工业化转型发展的过程中，企业的生存逻辑发生了根本性变化——从"以量取胜"走向"以质取胜"。新的形势带来了新的问题,新的问题需要新的解决方案,而这本书正好踩在了时代的节拍上,它为企业培养经营型管理者提供了一种可行的解决方案。这也让我意识到这本书的使命感,因此我决定应中信出版集团之邀,对本书进行增修,将近三年来的所思所悟及实践心得加以增补,并对图书形态进行升级。

  这就绕不开一个关键问题:三年来,我的经营理念到底发生了哪些变化?我过去的经营理念更多受到西方经典管理理论的影响,而我认为当下更需要东方管理智慧。因此,近10年来我深度研习《孙子兵法》《易经》《道德经》《论语》等国学经典。东方智慧与西方经典的碰撞和融合,不仅让我对经营有了微观洞察,更让我从经营的局部走向整体,从经营的单点走向系统,最终形成经营闭环。其中,对我影响最深的当数我从中悟出的经营"四极哲学":

- 标准极高
- 动作极简
- 速度极快
- 成果极大

首先，标准是经营中一切源头的定义，是经营的"元问题"。企业从一开始就要选择最高标准，择高而立方能占据最高势位，形成俯冲之势。标准极高的同时，还要动作极简，取一舍九。然而，**加法是人性，减法是智慧**。要做到取一舍九，就必须找到事物的主要矛盾，如庖丁解牛一般直击本质，用最小的资源撬动最大的成果。而速度极快是要提升时间效率。**时间是经营的先决条件，也是经营的最大成本**。如何用最少的时间拿到最大的成果？这考验的是企业能否把资源聚焦到产出最大价值的牛鼻子动作上。最后，成果极大不是利己，而是利他。因为**利他是最大的利己，如果不能同时成人，就不可能成己**。所以，企业要拿到大成果，就要帮助所有利益相关者，包括员工、客户、经销商等，拿到大成果。因此，"四极哲学"是一种典型的整体思维，真正做到了高屋建瓴，势如破竹。在增订新版时，我将"四极哲学"植入了本书的每一个模块。

这套系统也是行动教育一直在深度实践的"行动管理模式"。当然，行动管理模式的本质不在于知，而在于行。它是一种理论与实践的耦合，必须知行合一。正如王阳明先生所言："知者行之始，行者知之成。"

不日前，一位券商朋友问我："在同行业绩几近腰斩的大环境下，为什么你们的收入能逆势增长近50%，利润增长96%呢？"

答案无他，无非是我们每时每刻都在践行行动管理模式。作为一号位，我更要永葆敬畏之心，躬身入局，身先士卒。因为今天企业面对的是复杂的、动态的市场，我不仅要仰望星空，更要脚踩泥土。正是日复一日的理论与实践的紧密结合，才让我感受到商业战场的真实、鲜活和温度。我如果没有这种临场感和体验感，就不可能有语言的穿透力，更不可能对学员有所启发。

因此，**行动管理模式不只是一套理论，它更需要在行动中检验，在行动中纠错，在行动中发展，在行动中完善**。增长也从不来自一套系统，而是来自企业家的躬亲实践，来自**每人每天的头拱地死磕**。企业家只有全身心地浸泡在市场的泥泞之中，灰头土脸地体察每个细节的来龙去脉，洞悉经营的节奏和节点，才能闻到泥土的芳香，听到市场最真实的脉动。

是为序言。

李践

2024年10月于上海

第一篇　战略篇

第一章 战略定位：一号位的基因选择

一流企业竞争标准，二流企业竞争品牌，三流企业竞争产品。战略定位的本质就是重新定义标准。

战略的本末："战"是本,"略"是末

假设今天你刚刚从云南来到上海,在街边看见一家店铺正在出租,于是你打算投资 50 万元开一家过桥米线店。请问,做这样的小生意需要战略吗?答案是肯定需要。也许是由于"战略"一词源于军事领域,这就导致许多人把战略理解得非常宏大,人们会认为战略是大企业才需要考虑的问题。其实,任何一家企业,无论规模大小,都必须思考战略。

企业为什么必须思考战略?要回答这个问题,我们首先必须回到战略的定义。从文字结构来看,"战"可以拆解为"占"和"戈":"占"是占领,"戈"是武器。也就是说,"战"是通过武器占领一个制高点,"战"是选择做什么。"略"不是方略,而是省略,即选择不做什么。因此,从字义上看,确定战略的目的是确定企业的方向和边界:做什么,

不做什么。

《大学》云："物有本末，事有终始，知所先后，则近道矣。"要找到战略之道，首先要厘清："战略"二字之中，谁是本，谁是末？

我曾经一度认为："略"比"战"重要，因为我看到太多中小企业"死"在"略"上——它们没有边界感，一会儿发展第二曲线，一会儿发展第三曲线、第四曲线……最终把自己给拖死了。但是，随着思考的深入，我要修正自己的答案："战"比"略"重要。这些企业之所以被"略"害死，是因为它们的"战"不清晰。

如果战略是从A点到B点，"战"就是要定B点，这是公司要抵达的终点。它是方向，是目标牵引。当"战"定的B点不清晰或不高远时，企业就很难坚守自己的初心。当你的生意遇到阻碍时，你就容易摇摆。因为人性中的贪婪和趋利避害会诱惑你越过边界，通过转换赛道来解决问题。你本以为换赛道是通往成功的捷径，实际上，所谓的"捷径"才是最终害死你的大坑。

回到过桥米线的案例：你经过注册公司、装修、招聘厨师、采购原材料……一番忙碌以后，这家过桥米线店终于开张了。没过多久，你发现过桥米线店的生意不太好，上海人似乎不太喜欢吃过桥米线,这个问题怎么解决呢?你观察了半天,发现隔壁的面条卖得不错。于是,你在菜单上加上了面条。所以,很多中小企业边界不清,是因为它们的逻辑是乱的,为了生存"饥不择食"。除了面条,你还恨不得在菜单上加上油条、饺子、馄饨……

你不知道的是,这种贪欲最终会害死自己。从短期来看,你什么都做,似乎能最大限度地满足不同客户的需求;但从长期来看,你什么都做,这家企业就"死"定了。因为**客户买的不是"多",而是"好"**。你必须站在客户的角度思考这个问题。谁能代表"好"呢?行业第一。更直白地讲,客户买的就是"第一"。

商场本质上就是竞技场,每一个创业者都是商场上的"运动员"。竞争的结果,取决于谁能在这个专业领域拿到金牌。当你从以终为始的角度来看待经营企业这件事时,你会发现商业的终点:第一就是终点。无论你选择卖过桥米线还是卖面条,这些都不是重点,关键是你要成为一个专业领域的第一,你要拿到金牌。

如果你是做过桥米线的企业,那么你必须先把过桥米线做到第一。如果越过过桥米线的边界去做面条,这家企业基本就失败了。从表面上看,越过边界能增加收入,但这家企业给用户的心智标签就是过桥米线。即便这家企业把面条做出来了，最多也就能卖几个月。企业最初可能会收割一拨铁杆"粉丝"，但是，最后必定竞争不过那些专注于做面条的企业。

当你转换赛道时，你的人力、物力、财力和注意力都会从米线这个主赛道转换到其他赛道，这最后会导致企业投入过多、成本过高，业务却越来越散，并且所有产品都没有竞争力。因此，当企业生意不好时，你要做的不应该是在边界上跳来跳去，而是反省自己的用户价值做得够不够：你的米线好不好？你的创新够不够？你的价值高不高？这个时候，企业真正需要做的是"死磕"用户价值。但是，你没有去做这件事情，反而想通过转换赛道解决核心价值问题，这就是最大的失误。

因此，"战"是本，"略"是末；"战"是因，"略"是果；"战"是一，"略"是二。有了"战"的牵引，企业家才知道如何做好"略"。

如果"战"的终点不清晰，再加上人性的急功近利以及机会导向，企业就容易被"略"害死；同样，如果"战"的终点不高远，很快就能达成，这也会让企业频繁转换赛道，导致企业做不好"略"。只有"战"的终点又高又远，才能牵引企业一直在这条路上走下去。所以，那些能做好"战"的企业往往都是一生一事，一战到底，而不是二战、三战、四战……

好战略的 4 个标准：目、标、高、远

既然"战"比"略"重要，那么"战"这件事应该由谁决策呢？我的答案是一号位。从本质上讲，战略是一号位对公司基因的选择。

那么，一号位选择的逻辑是什么呢？换句话说，什么样的战略才算得上好战略呢？根据我在商场摸爬滚打近 40 年的经验，我将好战略的特点高度总结为四个字：目、标、高、远。这四个字本是一个词组，但我们要把它拆开来看。

目：好战略是取一舍九，一战而定

"目"是什么？是方向。好战略要求企业必须方向坚定，始终保持战略自律。

方向来自哪里？来自明确的终点。这就像导航系统，一旦输入终点和起点，方向就清晰了。如果战略是从 A 点到 B

点，那么 B 点必须非常清晰。一旦 B 点不清晰，企业做事情就容易失去焦点，迷失方向。因此，战略自律的前提是要先找到那个"一"，再取一舍九、一战而定。

为什么大多数企业都做不到方向坚定？其背后有两种可能性。

一种可能性是老板没有战略思维，他的方向和终点不清晰。就像上文案例中，你不是战略驱动，而是机会导向：今天做过桥米线，明天做面条，后天做馄饨。一旦战略方向左右摇摆，你就像无头苍蝇一样，东一拳西一脚。每一次摇摆，都会造成资源和时间的浪费。回想起我自己创业的前 10 年，就是失误在这里。当战略不清晰时，你遇到障碍就转型，转型就会导致业务越做越散，最后散带来的结果一定是乱，因为你的人力、物力、财力和时间资源都完全不够。所以，"小—散—乱"是没有战略思维导致的连锁反应。

后来，当我再次创业做行动教育时，我一开始的战略方向就非常清晰。公司上市以后，经常有朋友问我："我们有一个很好的教育项目，你要不要跟我们合作？"我的答案一定是，不做！因为行动教育聚焦企业家教育，这个领域以外的事情我一律不做，至少 10 年之内不会做。

本质上，经营企业是一个以有限对无限的游戏。企业自身的资源是有限的，而外在的机会和客户需求是无限的。企业如果被机会牵引、被客户需求迷惑，那么最终可能被机会"撑死"。切记：**做企业不是机会主义，而是专业主义。**你只有把一件事情做到极致，才不会被市场淘汰。

其实，"术业有专攻"这个道理人人都懂，但99%的人就是做不到，为什么？因为人通常贪多求全。在商业的世界里天高任鸟飞，市场不会限制你，政策也不会限制你，但"杀死老板的第一把刀"是自己的贪婪和不知边界。企业最大的失误就是做了不该做的事，一旦方向跑错了，就要折回来再跑，这个过程浪费的时间和资源不计其数，最后结果就是企业投入过多、产出过低。

这就好比一个人看到了两只又肥又大的兔子，他都想抓。但他忘记了，想抓这两只兔子的人非常多，竞争十分激烈，抓到一只兔子都很不容易。你如果想抓两只兔子，将所有资源分散开来，那么最后你连一只兔子也抓不到。所以，你必须保持战略自律，有所为有所不为。企业家要克服贪欲，取一舍九。

另一种可能性是一号位小富即安，他的战略目标过于短浅。为什么我不会被诱惑？因为行动教育设定的成为世界级实效商学院的目标太难实现了。《后汉书》中有一句话：

"天地之功不可仓卒，艰难之业当累日月。"这句话的意思是，创建天地那样大的功业，不可能仓促完成；艰难的事业应当逐日积累，才能成功。将行动教育打造为世界级实效商学院，这可能要耗尽我一生的时间和精力，甚至我穷尽一生也来不及完成这个高远的目标。这个时候，我就不会想着去干别的事情。为了完成这个伟大的目标，我只能取一舍九、一生一事、一战到底。所以，企业要保持方向坚定，一号位的战略目标必须高远。

标：好战略是一号位的基因选择

标，即标准。**战略不仅要求企业有方向，还要求企业有标准。一号位对标准的选择决定了企业的基因，而这个基因直接决定了企业能做多大、活多久。**

选择大于努力。作为一号位，你选择的基因是什么？如果你选择飞10 000米，你就是雄鹰；你选择飞1 000米，你就是大雁；你选择飞100米，你就是麻雀；你选择飞10米，你就是苍蝇。命自我立，所有的一切都是你自己选择的结果。

反之，所有的失败也是一号位自己选择的结果。失败源于你的无知，源于你的格局太小，标准太低。如果你选择成为雄鹰，企业就可以活70年；如果你选择成为大雁，企业就可以活20年；如果你选择成为麻雀，企业就可以活10年；如果你选择成为苍蝇，企业就只能活几个月。

你是选择做飞10 000米的雄鹰，还是选择做飞10米的苍蝇？这是一种基因的自我选择。你的选择决定了你的企业的生命力。你想活得久，就必须飞得高。实际上，一家企业之所以做不大、活不长，就是因为基因选错了。

有一位创始人向我表达了自己的顾虑："李践老师，您说企业一开始就要选择做雄鹰。但是，您没有考虑到我们中小企业资源有限、能力有限。在资源和能力不足的情况下，我怎么可能选择做雄鹰呢？"

这位创始人的问题代表了相当一部分人的想法。其实，他们之所以出现这样的困惑，是因为其对雄鹰的理解有偏差。**雄鹰不是体量，而是标准。**请注意，**标准是质的变化，而非量的要求。**假设你要经营包子铺，那么选择做雄鹰不是让你一上来就开1 000家包子铺，而是你在开第一家包子铺时，就要按照世界第一的包子铺的标准去开。**一旦你的标准拔高了，用户价值就高了，你就能以质取胜。**因此，这不是能力的问题，也不是资源的问题，而是你的选择和信念的问题，是你对标准的认知问题。其实，无论你选择做雄鹰还是做苍蝇，你开包子铺的流程都是一样的：选址、装修、找厨师、选配料、找供应商……只是在这个过程中，你对于每个环节的标准不同，最终结果就完全不一样。既然做雄鹰和做苍蝇的流程是一样的，那你为什么不选择做雄鹰？

这段话已然切中了要害：**战略的本质是标准。标准是真正的顶层设计，它会引领全局。**标准不仅会决定一件事情，还决定了后续所有事情，它会植入经营的每一个细节。如果你不能从雄鹰的标准出发，而是选择了苍蝇的标准，那么你选择的基因就决定了这家企业一定活不久，因为苍蝇的基因根本无法与雄鹰的基因抗衡。

雄鹰有雄鹰的标准，苍蝇有苍蝇的标准。不同的标准背后意味着什么？它们意味着资源配置不一样，结果就会不一样。尽管现在你只是在街边开一家包子铺，在数量上还无法与世界第一抗衡，但这家店一开始就在质量上选择了世界第一的标准，它要选择第一的地址、装修、厨师、配料、供应商、品质、管理……万丈高楼平地起，虽然这家小店要经历从小到大的蜕变，但是它一开始就要用第一的标准要求自己。如果你没有格局，没有选择第一的标准，就不可能打造出真正的核心竞争力，因为最终决定事业高度的底层因素是企业家的格局。

高：好战略是择高而立，降维打击

高，即择高而立。**好战略是指择高而立，一开始就选择世界第一的标准。因为只有择高而立，才能降维打击对手。**企业如何做到择高而立？这首先取决于一号位的战略意图。

1989 年，战略大师加里·哈默尔和 C. K. 普拉哈拉德在《哈佛商业评论》上发表了《战略意图》一文，文中对战略意图下了一个定义："在过去的 20 年里上升到世界领导地位的公司，最初都具有与其资源和能力极不相称的雄心壮志。但是它们在组织的各个层面上获得的成功令人着迷，而且在过去的 10 年到 20 年里在寻求全球领导地位的过程中一直保持着这种令人着迷的事物。我们把这种令人着迷的事物定义为'战略意图'。"

反观现实，许多老板小富即安，战略目标短浅。他们通常只能看到今年和明年，而不是未来的 10 年、50 年甚至 100 年。为什么这些企业不敢设定高远的目标呢？大多数人的答案是"我没有钱，没有人，没有资源……"这就是典型的小市民思维，以现有的资源来计算未来的盘子。

真正懂战略的企业家不会这样思考问题，他会想：如果 10 年后我要成为世界第一，那么我需要整合哪些资源去做这件事？紧接着，他基于终极目标，重新规划现有资源，缺什么，补什么。

其实，很多企业都是从无到有做起来的，都是从与其远大目标极其不相称的资源开始起步的。因此，真正的问题还是一号位的战略目标短浅，并且他还找借口来掩盖他的无能，这就导致企业根本没有未来。

事实上，他真正缺的不是人，不是资源，而是胸怀和格局，以及实现高远目标的企图心。如果一号位都没有想到目标要高远，他怎么可能做到呢？因此，一号位必须重新站高一线，真正立下做一番大事业的雄心。正如加里·哈默尔所言："一个雄心勃勃的宏伟梦想，它是企业的动力之源，它能够为企业带来情感和智能上的双重能量，借此企业才能走向未来成功之旅。"

伟大的梦想本身就是一种巨大的生产力。 德国哲学家马克斯·韦伯说过，任何一项伟大事业背后，必须存在着一种无形的精神力量。战略中最有价值和力量的其实是企业家自身那种坚定、执着的信念：我是一切的根源，我是一切的创造。关键是你想要什么高远的目标，然后再用这个高远的目标去驱动自己的团队。

如果企业家心中有了高远的目标，那么无论遇到任何困难，其内心始终有一团不灭之火。如果没有这团火，企业家就不可能有战略定力，他会找借口排斥和逃避，最后会被裹挟着往前走。在被裹挟的过程中，由于自身的焦虑和不坚定，他很容易被别人诱惑。当他看到别人赚钱时，人性中的贪婪就会发酵，最后导致企业走向所谓的"多元化"。接下来，企业的投入扩大了，资源却又散又乱，哪个业务都无法拿到金牌，最后企业就稀里糊涂地死掉了。

远：好战略是以终为始，终点即起点

远，即以终为始。这个"终"是终局思维，即站在未来看今天的布局。管理学之父彼得·德鲁克曾经讲过一句名言："战略不是研究未来做什么，而是研究现在做什么才有未来。"

目标是思维的起点，也是行动的终点。在服务企业的过程中，我发现大多数企业家都不是以终为始思维，而是以始为终思维，其思考路径是我现在有什么？基于这些资源，我下一步要怎样发展？但是，顶尖高手是倒着想、正着做，他的思考路径是我们的终点是哪里？我们现在需要做什么才能到达终点？也就是说，战略设计就是要设计企业10年、50年甚至100年后的样子。

我在阅读《孙正义传》时，被一个细节打动。一次，孙正义找到他最信任的战略专家三木，请他制定公司300年

的战略。听到这个要求,你可能会哑然失笑,这不是瞎胡闹吗?但是,孙正义坚持这么做,因为他相信:越是迷茫的时候,越要看得远。他告诉自己的团队:以30年为单位思考问题,就必然无法看到一些东西。所以,先想一想300年后是什么样,然后倒推出30年后就行了。

孙正义的逻辑是什么?是以终为始。阿里巴巴前总参谋长曾鸣曾经也说过一句类似的话:从终局看布局就是有战略,而从布局看终局就是没有战略。今天很多企业表面上天天谈战略,实际上它的思维方式根本不是战略思维。**真正的战略思维不是站在现在看未来,而是站在未来看现在。**

战略思考中最核心的是远见。你站得越高,看得越远,你的格局就越大。一旦你看到了终局,路径规划就清晰了,资源布局也出来了。

经营企业30多年,这种思维方式在我的头脑中已经根深蒂固。在我看来,以终为始是一种哲学。无论做任何事情,我都要先思考终点。一旦想清楚了终点,接下来时间和空间资源的配置问题就迎刃而解了。毕竟,对每个人来说,时间和空间资源都是有限的。每人每天只有1 440分钟。即便是再有钱的公司,其资源也不可能取之不尽,用之不竭。因此,你一旦有了清晰的目标,就会善用你的时间和空间资源,使其价值最大化。

战略即标准，标准即势位：扩展企业的时空坐标系

为什么一号位要选择雄鹰的标准呢？到底雄鹰战略能够为企业带来什么价值？一言以蔽之，**标准即势位**。只有选择标准的制高点，才能把企业的势能拉上去，形成千钧之势。

熟读《孙子兵法》的人都知道，全书数次提到了"势"这个概念。在孙子看来，取胜的关键就是要"任势"，即在有利的形势下发起行动。

那么什么叫势呢？孙子曾经做过一个比喻："善战人之势，如转圆石于千仞之山者，势也。"这句话的意思是，善于指挥作战的人所造成的有利态势，就像转动圆石从万丈高山上滚下来那样，这就是"势"。

打个形象的比方：一块小石头从 1 米高的地方滚下来，其杀伤力几乎可以忽略不计；但是，如果这块小石头从 1 000 米高的山上掉下来，其杀伤力与之相比就不在一个量级。用物理学的语言来描述，专业术语叫"势能"。根据物理学公式，势能＝质量 × 重力加速度 × 高度。也就是说，

同样质量的物体，高度越高，势能就越大。

以此类推，企业在战略上择高而立，目的就是获得更高的高度，创造更大的势能。即便是同一支部队作战，俯冲则易胜，仰攻则难胜。因此，顶尖高手取胜的逻辑不是靠团队苦干，而是利用势位带来的势能，从一开始就选择行业制高点，顺势而为，从千仞之山上推下万钧之石。唯有如此，企业才可能做到"标准极高、动作极简、速度极快、成果极大"。

从这个角度讲，顶尖高手其实从一开始就已经成功了，这个成功来自他的选择，来自他的择高而立，来自他的降维打击。试想一下，麻雀和苍蝇怎么可能与雄鹰抗衡呢？所以，一号位选择的基因已经基本决定了这家企业能否胜出。正如《孙子兵法》所言："古之所谓善战者，胜于易胜者也。故善战者之胜也，无智名，无勇功。"善战者早在战争之前就选择了正确的战略部署，所以其取胜是自然的，也就不会留下什么为人称道的功名，这才是真正的顶尖高手。

由此可见，企业要想获得 10 倍级增长，首要的决胜因素就是一号位的基因选择。一号位选择了雄鹰，选择了世界级标准，就等于扩展了企业的时空坐标系。

如图 1-1 所示，企业的时空坐标系可以拆解为两个维度：一是纵向的空间，即择高而立是从一开始就占领行业制

图 1-1　企业的时空坐标系

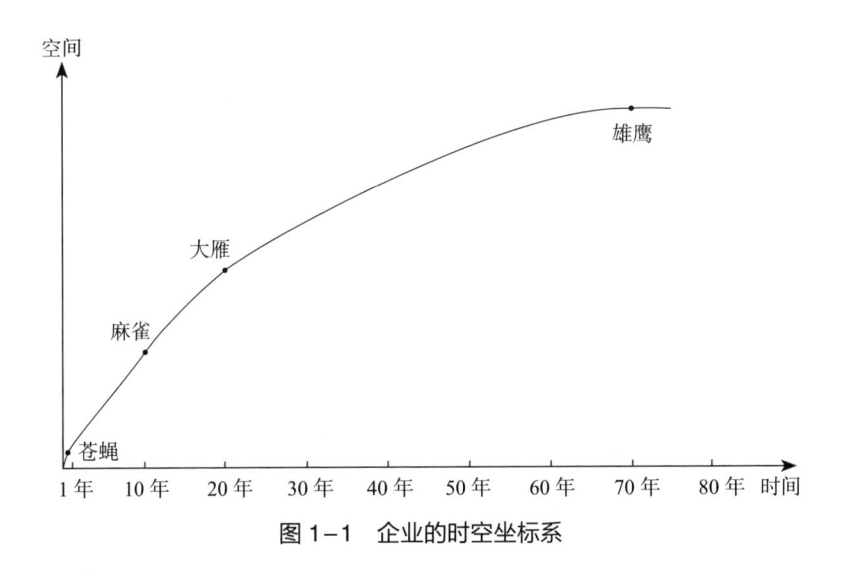

高点，这意味着企业的空间被打开了，空间一旦被打开，势能就有了；二是横向的时间，即以终为始意味着企业把时间轴拉长了。亚马逊创始人杰夫·贝佐斯说过："时间决定问题的高度。如果你做一件事情，把眼光放到未来 3 年，那么和你同台竞技的人很多；但如果你的目光能放到未来 7 年，那么可以和你竞争的人就会很少了，因为很少有公司愿意做那么长远的打算。如果你思考的时间范围是 10 000 年，那么你思考事情的方式就会与以往不同。"一旦时间轴被拉长，企业必然更有战略耐心，更能坚守用户价值和长期主义。最后你会发现：当企业的时空坐标轴被打开时，企业的增长空间就打开了。而打开这个时空坐标轴的开关，就掌握在一号位的手里。

古人云：时势造英雄。为什么不是英雄造时势呢？因为时势不是靠英雄造出来的。时势就是一个巨大的浪潮，英雄的智慧在于利用时势，让自己立于浪潮之巅。

此刻，中国的时势是什么？全球化竞争的大背景下，国家提出高质量发展，要打造新质生产力。什么叫新质生产力？新质生产力是创新起主导作用，摆脱传统经济增长方式、生产力发展路径，具有高科技、高效能、高质量特征，符合新发展理念的先进生产力质态。在这个大背景下，择高而立、降维打击就变得尤为重要。因为未来10年，中国企业将从量的发展转向质的发展，从粗放式发展转向创新式发展，这是中国未来不可抗拒的大势。这就倒逼中国企业在战略设计上一定要择高而立。如果你不择高而立，未来可能连生存的机会都很渺茫，因为你的选择违反了时势。这就是标准选择背后的底层逻辑。

雄鹰战略：建立世界级标准

理解了战略是什么，接下来还要解决怎么做。企业如何设计雄鹰战略，建立世界级标准呢？根据我们多年来的经营实践心得，我们提炼出一套非常有实效的方法论，它包括以下4个步骤（见图1-2）。

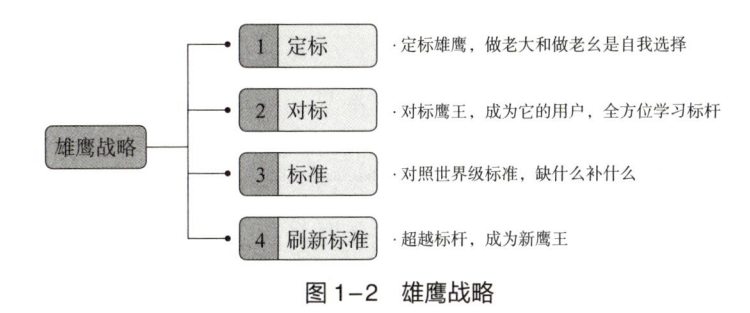

雄鹰战略
- 1 定标 · 定标雄鹰，做老大和做老幺是自我选择
- 2 对标 · 对标鹰王，成为它的用户，全方位学习标杆
- 3 标准 · 对照世界级标准，缺什么补什么
- 4 刷新标准 · 超越标杆，成为新鹰王

图1-2 雄鹰战略

定标：定标雄鹰，做老大和做老幺是自我选择

定标是一号位的选择：你要成为谁？即便你只是花50万元经营一家过桥米线店，从创业第一天开始，你也要立志做成世界级的过桥米线品牌。

世界级指的是什么？不是规模和体量，而是标准和质量。为什么选择世界级？因为做大事和做小事是一样的。无论你选择做老大还是做老幺，从开过桥米线店的那一刻开始，你都需要装修店铺、物色厨师、采购原材料、招聘服务员、研发产品、找客户、定价、做管理……所有经营过桥米线店的流程，一个环节都不会少。无论你选择做大企业还是做小企业，商业的本质是不变的。即便你只是一个个体户，商业的逻辑也是一样的，同样需要布局人、财、物、产、供、销……最后你会发现：做世界级的过桥米线店和做老幺级的过桥米线店，都要花一样的时间，走一样的流程，结果却千差万别。

既然做老大和做老幺的过程都是一样的，那么你为什么不选择做老大？许多企业家输就输在格局太小，目标短浅，选择的标准太低。标准太低，就会扼杀自己的未来。

放眼望去，今天几乎所有行业的竞争都是全球化竞争。作为经营者，你必须深刻地理解这场竞争的本质：用户根本不关心你是谁，用户关心的是自己的利益。当选择产品的时候，**用户的选择逻辑只有一个：选择最好的产品。好意味着什么？标准高。**用户决策时参考的是产品标准、服务标准、设计标准、工艺标准……如果你想做世界级的过桥米线店，那么你就要把过桥米线店的标准做到最高，做到让用户尖叫，让用户体验远远超出预期。

反之，如果你没有设定做老大的目标，你就不会对自己有高标准、严要求，最后你自然而然就会做小。所以，**只要你没有选择做老大，你就很容易变成老幺。**如果你没有选择做大事，自然就会变成做小事。

商海沉浮几十年，我前后历经了3次创业，每次都能小有所成，这与我在创业之初就定下做第一的目标是密不可分的。比如，刚刚踏入广告业时，我还不懂如何运营一家广告公司，但我先给自己定下了一个大目标——10年内要成为中国第一。因为我的跆拳道师父曾对我耳提面命："要么做第一，要么就别做。不做，你不会有损失，但是做了，你就一定要做第一。因为一金胜过十银！"

无论是阅读商界巨擘的传记，还是与身边优秀的企业家交流，我发现几乎所有成功人士都有一个共同的信念：他们通常在一无所有时就立志成为第一，他们从创办企业开始，就想将这个企业打造成真正的世界级品牌。同样，我们在服务行动教育的十几万名企业家时发现，十多年过去了，那些真正能够成长起来的企业，其首要基因是创始人本身就胸怀大志。无论做什么行业，都要争做第一。

对标：对标鹰王，成为它的用户，全方位学习标杆

定标雄鹰后，接下来你就要对标鹰王，向鹰王学习。一旦定标世界级公司，你自然而然就会想到向世界第一学习，一眼瞄准走在当今世界最前沿的那个鹰王，而不是向身边的无名小卒学习。因为未来你要面对的是全球化的竞争，这意味着你的对手不是无名小卒，而是鹰王。

鹰王为什么会成为鹰王？因为鹰王的标准高，正是这个标准支撑它一次又一次穿越周期，所以你要放眼全世界，锁定鹰王在哪里。如果你要做汉堡包，就要对标麦当劳；如果你要做咖啡，就要对标星巴克……

为什么要对标鹰王？因为鹰王会给你一套可供学习的标准。我是跆拳道教练出身，因此我拥有一套教练的逻辑：要想成为世界顶级的跆拳道大师，最高效的方法就是向世界级的跆拳道教练学习。

如何才能学习到鹰王的标准呢？最好的方式就是成为鹰王的用户。如果你要做咖啡，那么你就要去喝星巴克的咖啡，研究它的咖啡豆、磨豆机、店面装修、员工……所有的细节你都要疯狂学习。除此之外，你还要找到它的供应商，并向它的供应商请教：为什么要这样合作？……关于经营的一切，你都能找到鹰王的标准。

标准：对照世界级标准，缺什么补什么

通过全方位向鹰王学习，你就找到了研、产、供、销、服等方方面面的标准。你不能就这些标准泛泛而谈，而是要深入细致地去研究每一个细节。对照鹰王对每个细节的标准，你就能发现自己的差距和不足。

这个差距不是体量上的差距，而是质量上的差距，标准上的差距。换言之，虽然你目前的体量与鹰王的完全不在一个级别，但你的标准不能选错。你必须以鹰王的标准要求自己，只是当前你还只是一只雏鹰。因此，你要对照鹰王的标准，缺什么补什么。

这听起来很难，对吗？肯定很难！但归根结底，经营企业就是无中生有。**企业家的逻辑是什么？我是一切的创造。**这个世界上所有的企业都是企业家创造出来的。这个世界上本没有苹果手机，是乔布斯创造了苹果手机；这个世界上本没有福特汽车，是亨利·福特创造了福特汽车；这个世界上本没有麦当劳，是雷蒙德·克罗克创造了麦当劳……

从定标雄鹰到对标雄鹰，再到对照雄鹰的标准，缺什么补什么，你基本就成为雄鹰了。但你还不能止步于此，因为你的目标是超越标杆，成为新鹰王，所以你还要继续努力，刷新标准。

刷新标准：超越标杆，成为新鹰王

企业的竞争本质上是标准的竞争。最顶级的运动员想的从来不是夺冠，而是打破世界纪录。打破世界纪录的本质就是刷新标准。

创业就像跑马拉松，比你强大的鹰王已经提前跑了数十年甚至数百年，如果你起跑的速度不快，你永远也不可能成为冠军。所以，一旦你选择参赛，一开始就要以鹰王的标准要求自己。当你达到鹰王的标准时，你还要刷新标准，打破标准，这样才有可能后发先至。因此，**最高级的竞争是对标准的赶超**。只有不断刷新标准，企业才有可能超越标杆，成为新鹰王。

事实上，人与人之间的差距是由标准决定的，你选择用什么样的标准要求自己，就会成为什么样的人。同样，公司与公司之间的差距也是由标准决定的。你想成为世界第一，你就必须用世界第一的标准要求自己。你选择什么样的标准，就会做出什么标准的产品；你选择什么样的标准，就会吸引什么标准的客户……你的标准决定了你的终局！

有人可能会说，这些话听起来容易，做起来谈何容易。但我要告诉你：这不是说出来的，而是做出来的。给大家分享一下我们创办行动教育的故事。

2006年，行动教育在上海创立。当时我们锁定的市场就是企业家实效教育，主打产品就是我主讲的"赢利模式"课程，该课程现已更名为"浓缩EMBA（高级管理人员工商管理硕士）"。由于课程口碑不错，行动教育迎来快速发展期：2006年营收就达到了5 000万元，2007年业绩翻番，做到了1亿元的规模……

2011年，市场环境突然发生巨变。行业中有一位强劲的竞争对手改变了自己的营销方式，将客户发展为代理商，并在行业内大打价格战，严重影响了行动教育的业绩。到了年底，我们突然发现，虽然公司一年还是有2亿多元的营收，但同比前一年，增长几乎停滞了。

2013年，公司的业绩越来越差，出现了历史上唯一一次亏损。这次亏损就像一面照妖镜一样，照出了公司的各种问题。首先是公司管理层。在创业之初，我就将大量的股权分给了当时的总经理和两位副总经理，再加上之前对授课导师做了股权激励，导致公司股权非常分散，这给公司的发展埋下了各种地雷。随着业绩每况愈下，人心崩坏，总经理和副总经理出走，另立山头开始创业，并带走了大量的团队成员、客户、产品，成为公司的竞争对手，整个集团一分为四。

彼时的行动教育面临着破产和清算，为了保住这家公司，我卖掉了自己的房子，溢价回购了其他三位大股东的股份。由于公司面临严重亏损，连工资都发不出来，为了维持公司的运营，我自掏腰包弥补公司的亏空，给员工发工资。由于集团四分五裂，客户开始退款，代理商也开始退款，公司客户大量流失，员工也心神不定。彼时，公司人均效能十分低下，整个集团1 600多名员工才创造了2亿多元的营收。

2014年初，我在集团年会现场做了一次演讲，主题就是"未来10年的战略"。在面临亏损的境况下，我们依然坚定地定标雄鹰，立志成为世界级实效商学院。与此同时，我们也对战略进行了升维：过去公司做的是培训，未来我们要做教育。

培训和教育有什么区别呢？培训是短期行为，每次开课三天，上完课人就散了。而教育是长期的，是以人为导向的事业。作为一家做教育的公司，我们要超越对利润的追求，重塑使命，把所有的一切都指向用户价值。所以，教育的定义不应该是一堂课，而是站在一个更高的台阶上帮助企业家提升其经营管理能力。作为一个连续创业者，我体会过掉坑的代价，更深知爬坑的艰难。如果能帮助更多像自己一样的人，去激发这群人的梦想，推动他们用产业报国，那么这将是一项能够改变世界的伟大事业，因为每一家企业的成败都关乎成千上万个家庭的幸福，关乎社会经济的发展。

基于此，我们发愿要成为世界第一的实效商学院，这是公司未来的目标。在年会上，我提出要重新定义公司战略：我们要做一只雄鹰，而不甘心成为一只苍蝇。我们必须立志高远，要飞得高，要向世界第一看齐。在讲这段话时，我是哭着站在台上讲的。当然，如果不看视频回放，我根本就没有意识到自己哭了。虽然我内心坚信这个目标一定会实现，但是残酷的现实一时让人百感交集。

当时台下大部分人都认为：这不过是在吹牛。现在企业的生存都成问题，你还谈什么世界第一。是的！要将这个世界级商学院的战略目标化虚为实，从"说的战略"变成"做的战略"，我们还必须对标雄鹰。

很快，我们在全球找到了两个世界级标杆——哈佛商学院和巴黎高等商学院。为了全面了解雄鹰的标准，我带着公司的老师和高管来到哈佛商学院和巴黎高等商学院，成为它们的用户。

成为它们的用户后，我们体验到了世界级商学院在研、产、供、销、服务方面的标准。比如，从硬件来看，它们有一流的阶梯教室、图书馆等；从软件来看，它们有世界一流的管理大师和课程体系……这让我们更加坚信：过去的基因选择是错的，我们不能做培训，必须升级做教育。

接下来，公司要按照雄鹰的标准来配置资源，缺什么补什么。比如，我们缺老师找老师，缺研发找研发，缺硬件补硬件……一切都是靠我们自己创造出来的。请注意，我们不是10年后再按照哈佛商学院的标准来做，而是起步就是世界级标准。

3年后，公司在上海虹桥机场旁边买了一栋花瓣楼，并找到了哈佛商学院的设计团队，设计了中国顶级的阶梯教室，教室里所有的硬件全部参考哈佛商学院的标准：黑板是从美国进口的，粉笔是从德国进口的，地毯是从美国进口的……

与此同时，公司还要对软件资源进行升级：我们邀请管理工具平衡计分卡的创始人罗伯特·卡普兰来讲授战略，他是哈佛商学院的王牌老师；邀请全球顶级的领导力大师博恩·崔西和巴里·Z.波斯纳来讲授领导力，后者所著的《领导力》一书畅销全球；从巴黎高等商学院引进全球排名第一的金融创新课程；邀请中国上市公司协会会长、中国建筑材料集团和中国医药集团原董事长宋志平老师讲授战略；邀请中国人民银行前副行长来讲授经济学；邀请滑铁卢大学终身教授、大数据实验室主任陈涛博士来讲授大数据；邀请阿里巴巴前CEO（首席执行官）卫哲来讲授电子商务；邀请特劳特中国公司董事长邓德隆来讲授定位战略；邀请瑞士洛桑国际管理发展学院的马克·格瑞文教授来讲授数字化转型，该课程连续6年摘得总裁高级经理人课的桂冠；邀请"人力资源管理之父"戴维·尤里奇教授来讲授组织发展……

这些世界级名师都不是受邀参加一两次论坛演讲，也不是做一两个小时的分享，而是持续几天开课的课程导师……

这些动作并不是在行动教育成为行业第一以后才做的，而是在2013年行动教育面临亏损时就开始做的。我们在10年前选择要成为一只雄鹰时，就开始对标世界第一。

最后的结果怎么样呢？我们还是要用业绩来说话。

2013年，公司面临创业史上唯一一次亏损。

2014年，公司开始进入正轨，扭亏为盈，实现了1 680万元的税后利润。

2015年，公司的利润翻番，实现了3 800万元的税后利润，成功挂牌新三板。

2016年，公司实现了6 800万元的税后利润。

2017年，公司的税后利润突破1亿元。同年，我们向上海证券交易所递交了主板上市申请。此后，公司每年业绩都在递增。即便在2020年新冠疫情对培训行业带来毁灭性打击的境况下，公司的收入和利润也依然实现了双增长。

2021年，行动教育终于如愿在主板上市，成为中国管理教育行业主板第一家上市公司。

2022年，行动教育在所有教育上市公司中盈利能力排名第一；在整个社会服务业中，分红排名第一，成为中国资本市场管理教育细分领域的"双料冠军"。

2023年，行动教育持续保持收入和利润双增长，并被评为"中国管理咨询机构50大"第一名。

这说明什么？说明这套方法论是有效的。在行动教育最困难的时候，我们选择了雄鹰战略，才有了今天的成绩。相反，如果我一开始就选择了苍蝇的标准，那么我们根本不可能成功。

归根结底，**一流企业竞争标准，二流企业竞争品牌，三**

流企业竞争产品。战略定位的本质就是重新定义标准；通过重新定义标准，重塑企业的基因。

标准的背后是什么？资源的配置。就像行动教育，选择了雄鹰的标准后，一切都变得简单了：公司的管理、用户、老师、团队、流程、供应商完全采用世界级标准，不会再乱了。因此，在确定的基因被植入后，未来的研、产、供、销、服等所有环节的资源配置都要对标世界级标准，删除所有与标准不一致的运营活动，从而使得企业投入价值最大化，这才是战略定位的本质。

商场本质上就是竞技场，
每一个创业者都是
商场上的"运动员"。
竞争的结果，取决于谁能
在这个专业领域拿到金牌。

"战"是本,"略"是末;

"战"是因,"略"是果;

"战"是一,"略"是二。

做企业不是机会主义，
而是专业主义。

好战略是指择高而立，

一开始就选择

世界第一的标准。

真正的战略思维不是

站在现在看未来,

而是站在未来看现在。

企业要想获得 10 倍级增长，

首要的决胜因素就是

一号位的基因选择。

第二章　价值占位：
你等于什么

价值必须是给用户的好处。你要思考用户想要什么，而不是你想给什么。

价值体检：你的"独一无二"有排他性吗

如果说战略定位讲的是战略的阳面，即一号位对标准的选择，那么本章讲的是战略的阴面，即在用户心目中，你等于什么？这个问题看似简单，实则含金量非常高。一旦你把这个问题想清楚了，战略基本就清晰了。

英伟达的创始人黄仁勋在一次采访中回忆，在一次董事会上，一位名叫哈维·琼斯的董事问了他一个简单的问题："你该如何定位？"

他说："当时，我并不知道这个问题有多简单，简单到我无法回答，因为当时我没理解到位。我当时才30岁。琼斯不是在问产品的特性和卖点，他是在问你该如何定位？在全球格局中，在消费者心智中，基于生态系统的考量，基于竞争的考量，你该如何定位？"

他接着说:"这听起来是一个简单的问题,但其答案是极其深刻的,你将用整个职业生涯来回答这个问题。但你越早意识到这个问题的存在,你就越能从中受益。"

黄仁勋要回答的这个问题,其实就是本章即将阐述的主题——价值占位,即在用户心中,你等于什么?一旦明确了价值占位,企业经营就有了焦点,资源整合上也能有的放矢。

不久前,我在课堂上进行了一次"价值体检",要求每位学员回答相同的问题:你等于什么?用户为什么要选你?

两位企业家学员的回答颇具代表性。

一位学员是一家知名白酒品牌的经销商,他给出的答案是缘分、质量、舒适感……

另一位学员是一家园林企业的董事长,她给出的答案是系列完整、品质、资源稀缺……

从这两位学员的回答中,你看到了什么问题?

这两家企业的业务毫不相干,一家是卖酒的公司,一家是卖树的公司,但他们给出的答案十分相似。由此可见,价值同质化在商业世界中有多么严重!

现在,请你转换到用户的角度来评判:你会被他们所讲的价值打动吗？答案显然是否定的。因为他们讲的没有脱离"老三样"：质量、服务、价格。想象一下，如果用户问为什么要选你家？你的回答是质量好、服务好、价格好，用户会被打动吗？不会，因为连一个小镇上的夫妻店都会这样讲。

因此，案例中的两家企业表面上给了一堆答案，但实际上用户早已"免疫"。因为每家企业都在讲这些价值，最后就等于什么也没说。这也是我与不少企业家沟通后发现的共性问题。

这也暴露出大多数企业在价值占位上的2个关键卡点。

• 卡点1：价值乱、多、杂

在调研企业的过程中，我经常要求企业的老板和高管团队同时回答这个问题。如果一家企业只给我一个答案，那就说明这可能是一家好企业。因为它的价值占位非常清晰。就像行动教育，你问任何一个员工，为什么要买行动教育的产品？他们永远只有唯一的答案：实效。

遗憾的是，大多数企业就像案例中的两家企业，会给出一堆答案。这说明什么？说明这些企业的价值乱，而乱的背后是因为价值多且杂。其实，**价值追求的不是**

多，而是独一无二。

独一无二意味着什么？排他性！这个价值就是你的绝活儿。除了你，谁也提供不了。就像提到茅台，用户就自动在心里把它归类成高端酱香型白酒；提到星巴克，用户脑子里就冒出美国咖啡；提到可口可乐，用户就想到"快乐水"；提到麦当劳，用户就想到了汉堡包……如果每个用户给出的答案都是一样的，你才算真正实现了价值占位。

我在与那位做园林的女企业家对话的过程中，还发生了一个小插曲。她同我抱怨："我认为公司的战略很清晰，但团队在执行过程中的执行力不够，导致公司目前经营陷入困境。"

我直言不讳地反驳道："从我与你的对话中，我感觉到这不是团队执行力的问题，而是你的执行力出了问题。事实上，**价值是战略的一个重要组成部分，是经营的焦点，因此它是一号位必须解决的问题。**如果连一号位都说不清楚自己公司能为用户提供什么价值，那么团队一定是混乱的……"

为什么企业的价值会乱、多、杂呢？因为人性的贪婪。整个公司从上到下都在追求多。人人都以为，价值越多，用户就越容易被吸引。但事实上，**做企业的逻辑不是要价值多，而是要把一个价值做到10倍好，把一个价值从100分做到1 000分。**

少就是多！尤其是当前中国商业环境发生了巨变，国家在呼唤企业发展新质生产力。在这种大势下，企业家更要及时转变自己的思维方式，将经营的焦点从追求量转向追求质，把一个价值做到极致，才能将其扎进用户的心里。

• 卡点2：只有产品视角，没有用户视角

你提出的价值是用户想要的吗？比如，这两家企业提到了"质量"和"品质"，在今天产品严重过剩的时代，这会成为用户真正的购买理由吗？大概率不会！因为今天好像所有人都在谈论质量，但顾客多数时候根本无法分辨质量好坏。同一价格带的产品，质量往往相差无几。

本质上，**质量是产品思维，而不是用户思维。**从用户角度来看，用户要的不是产品，而是"雇用"你的产品完成自己的某项任务。比如，用户买酒可能不是为了自己喝，而是为了宴请亲朋好友。因此，你要找到用户需要你的理由，这个理由才是用户视角下的价值。

然而，大多数老板都是产品视角，他们讲的全是自己的产品，根本没有切换到用户视角，也不去思考用户想要什么，更没有进入用户的使用场景，并思考在这个场景中能为用户提供什么独一无二的价值。

价值必须是给用户的好处。你要思考用户想要什么，而不是你想给什么。这听起来很容易，但做起来非常难，因为人会本能地从自己的角度思考问题。只有逆着人的本能刻意练习，你才能真正具备用户视角。

在每次课程的调研环节，我们发现绝大部分企业在价值这个问题上极其混乱，这背后暴露的是企业家的思维方式有缺陷。许多企业家动辄同我讲"人无我有，人有我优，人优我廉，人廉我新……"仿佛多、快、好、省、新样样都要占。这种回答看似完美，实则就是耍嘴皮子，因为根本不可能实现。

经营企业是一个有限对无限的游戏。每个人的时间是有限的，企业的资源是有限的，团队的能力是有限的，团队的认知是有限的……如果企业在所有价值上追求面面俱到，那么最后必定是哪个价值都打不深、打不透。事实上，企业只需要把一个价值打透，把一个价值做绝，让它成为用户心目中的绝活儿，企业就成功了。因此，企业在价值上必须找到"一"，然后围绕这个"一"一线打穿。

这句话是什么意思？以行动教育来举例。

>行动教育要抢占的用户心智是什么？实效商学。
>
>行动教育的核心价值什么？实效商学。
>
>行动教育的核心竞争力是什么？实效商学。
>
>行动教育的绝活儿是什么？实效商学。
>
>用户为什么买行动教育的产品？实效商学。
>
>行动教育等于什么？实效商学。

从用户心智、核心价值、核心竞争力、公司绝活儿、用户购买理由到公司品牌符号，整条线必须保持一致性，不能有第二个答案。我测试过不少企业家，他们给出的答案太多了。当我问他的品牌符号是什么时，他给我 A 答案；我问用户为什么要买他的产品，他又给我 B 答案；再问他的核心价值什么，他又给我 C 答案……

为什么不能有多个答案？因为在当下信息爆炸的时代，企业要想穿透消费者的心智，只有 1.3 秒的时间。如果 1.3 秒内企业没有穿透用户心智，后面再讲什么也是多余。因此，要进入用户心智，你就必须聚焦在一个价值上。只有把时间、精力和资源全部聚焦在一个价值上，企业才能真正把这个差异化价值变成用户能够感知到的差距。

差异和差距的区别是什么？**差异是主观的，而差距是客观的。**归根结底，企业的竞争不是差异化竞争，而是**差距化竞争**。只有当用户感知到你的价值满足了他的需求，并且你与对手拉开了差距时，这个价值才能真正变成你的核心价值。有了核心价值，你才有了核心竞争力。这个核心竞争力就是你的绝活儿，这个绝活儿才是用户非买不可的理由。最后，它才会变成你公司的品牌符号。这条线要拉直，一个价值要贯穿始终，一线打穿。

大多数企业恰恰相反：它们总想告诉用户，我们有10个价值。但事实上，当你告诉用户自己有10个价值时，用户1个也记不住。相反，你只需告诉他1个价值，且把这个价值做到10倍好，让他感受到差距，他就会自动赋予你10个价值。也就是说，**你必须先有"1"，然后才会有"10"。**

这就是心理学上的光环效应。所谓光环效应，是指我们对一个人的某一特质的评价会影响我们对他的其他特质的评价。比如，当我们看到一个外表英俊的人时，我们就会认为他聪明、有魅力、有能力。同样，当你的品牌在用户心智中占据了 1 个独特点时，用户就会自动增加 10 个价值给你。

现在，请为自己做一次价值体检：你的 "1" 是什么？

成本就是战略：用价值创新吸引用户

为什么企业必须有独一无二的价值？因为**价值和价格是一个硬币的两面**。如果价值没有立起来，价格就顶不住，最终企业将无法逃脱降价的宿命。

犹太人有一句商业箴言：降价必死！为什么降价必死？要理解这一点，我们首先要回到商业的逻辑。无论企业大小，赚钱都遵循同一个公式：

$$收入 - 成本 = 利润$$

其中，价格 × 数量 = 收入。也就是说，利润公式可以变形为：

$$价格 \times 数量 - 成本 = 利润$$

由此可见，利润背后有三大要素：价格、数量、成本。其中，价格和数量是乘法关系。这意味着什么？一旦价量双增，企业的收入就会实现倍数级增长。反之，一旦价量双减或其中一个数字减小，企业的收入就会出现断崖式下滑。为什么许多企业一遇到销量下滑，员工就要求降价？因为他们不理解这两个数字是乘法关系，不知道**降价对收入的影响是倍数级的**。

假设某企业一开始的利润公式是 10－8＝2，随着企业越做越大，利润公式变成了 100－80＝20。其中，价格和数量都是 10，利润公式可以变形为 10×10－80＝20。当老板发现定价 10 元卖不掉时，他决定 7 折促销。假设这 10 件商品被抢购一空，企业的利润公式就变成了 7×10－80＝－10。你发现没有，降价可能导致利润变成负数！也就是说，你卖得越多，企业亏得越多。

如果你想扭亏为盈，唯一的选择就是降本。而**降本就会带来"双杀"的连锁反应：一刀"杀"战略，另一刀"杀"用户**。

举个例子：假设你正在经营一家五星级酒店，酒店一连数月入住率不高。为了吸引用户入住，你决定降价促销。你做出降价的决策也许只花 2 秒钟，但你知道它会带来什么后果吗？

假设原来一间客房的定价是每晚1 000元，现在为了促销引流，你决定对房价打7折。然而，当你把房价降到每晚700元时，你会发现成本降不下去了。过去的利润公式是1 000-800=200元，现在的利润公式变成了700-800=-100元。

请注意，这里所说的成本是总成本，而不是今天产生的成本。这家酒店的总成本是多少？从拿到营业执照的那一刻开始，这家酒店每时每刻都在产生和积累成本，包括它的融资成本、建筑成本、装修成本、服务成本、人工成本、管理成本……所以，这个总成本并不是大多数人看到的人工、床单、矿泉水……这些只是九牛一毛。这家酒店的成本绝对不是从今天产生的，而是从战略定位和标准选择的那一刻开始就已经产生了。

因此，降价以后，你会发现房价覆盖不了成本。这个时候怎么办？你必然要降低成本，否则企业就会亏损。为了避免亏损，你只能被迫选择偷工减料，将800元的总成本降到600元。这样一来，企业的利润公式就又变成了700-600=100元。

降低成本以后，你会发现什么问题？虽然酒店的利润保住了，但几乎所有原材料和服务的品质都下降了：从高端的变成低端的，从大包装换成小包装，服务员从100人减至50人……过去，酒店一切资源配置的标准都是五星级标准，而在降低成本以后，标准降成了四星级标准甚至三星级标准。因此，降低成本意味着资源配置改变了。

然而，当你选择经营一家五星级酒店时，其实就已经决定了它的五星级标准。五星级标准意味着五星级的成本和五星级的定价。同样，当你选择做招待所时，匹配的就是招待所的成本和招待所的定价。所以，价格不仅关系到利润正负问题，而且关系到战略和标准问题。

800元的成本和600元的成本，这不仅仅是成本的差异，更是标准的差异。标准包括所有的硬件、软件、流程、管理、经销商、供应商、采购标准……因此，**成本就是战略，成本背后是资源的配置。**

五星级酒店和招待所有什么区别？资源配置不一样，人、财、物的标准不一样。在你把成本降下来的同时，你的战略也破掉了。当你把原材料从高端的换成低端的，将大包装换成小包装时，第一把刀"杀"的是战略。

在你"杀"掉战略后，接下来第二把刀会"杀"谁？老用户。企业真正赚的不是用户一次的钱，而是用户一世的钱。你的老用户之所以选择五星级酒店，是因为他就是五星级酒店的用户。但是，如果他来到你的酒店，发现品质出了问题，标准出了问题，他会马上选择你的竞争对手。事实上，正是你自己把千辛万苦积累的商誉给"杀"了。如果你在老用户心目中失去了商誉，就意味着你失去了老用户。**你要赢得这群老用户可能要耗费 10 年的时间，但是失去他们只需要 1 秒钟，这就是现实。因此，降本最大的问题是降质，一旦降质，就会"杀"老用户。**

现在降价已经让你失去了老用户，那么因降价而被吸引过来的新用户会成为另一拨老用户吗？大概率不会！因为他们本来就不是五星级酒店的用户，而是招待所的用户。他们的需求与你的战略定位根本不匹配，现在他们是为了占便宜跑过来的，未来没有便宜占了，他们就会一哄而散。而到那个时候，你已经失去了真正有价值的老用户。

因此，你本来以为降价会带来新用户，但是你失误了。由于降价，你同时失去了老用户和新用户，还导致了"双杀"：一是"杀"了自己的战略，由于标准降低了，成本和资源配置降低了，你的战略破了；二是"杀"了真正有价值的老用户。

最后你得到了什么？什么也没有，你失去了未来。所以，**天下没有降价战，只有成本领先战略。请注意，成本领先战**

略不是降价，而是通过成本设计，在保证品质的前提下为用户提供具有极致性价比的产品。这不是价格战，而是价值战。

大多数企业的失误就在于，它们本想通过降价来实现销量的增长，没想到一开始就跑反了：**降价之路并不通向增长，反而是一把"杀猪刀"**。企业要想增长，唯一的办法就是开创独一无二的价值，否则价格根本顶不住。

你以为降价会赢得用户吗？不会！因为成千上万的竞争对手都在降价，这个时候用户也会失去主心骨，被更低的价格诱惑。但好消息是，这些竞争对手都会"死"，因为用户在体验过产品后，就会发现自己上当了——虽然降价了，但同时也降本和降质了，所以最后用户会"迷途知返"。

我们从2006年创办行动教育至今，竞争对手全部因为打价格战而"阵亡"，而我唯一坚守的事情就是顶住价格，坚决不降价。即便不降价可能导致公司短期内收入规模变小，但至少能保住利润。当然，与此同时，我们还要不断地做大价值。因为如果没有开创独一无二的价值，你就会左右为难：降价是找"死"，不降价是等"死"。一旦降价，企业就需要降本，降本就等于降标准，这就"杀"掉了战略；同时，降本又意味着降质，降质又会"杀"老用户。因为**降价以后，用户对你的用户价值要求一点儿都没有改变**。

数年前，我在湖南长沙讲课。一家上市公司的董事长来找我，向我倾诉他的困惑：这家上市公司是某食品赛道的龙头老大，自从公司上市以后，一直被竞争对手穷追猛打，对手拼命降价，步步紧逼。他一开始并不理会，后来发现主营产品销量严重下滑，业绩惨不忍睹。

作为上市公司，业绩一旦下滑，就会直接影响股价。迫于压力，他只能降价，和对手打起了价格战。他问我："李践老师，你觉得我该不该降价？"

我没有正面回答，只问了他一个问题："降价后，你的成本怎么办？"

他迟疑了一下，说："我在食品里面加水！"看我默不作声，他赶紧加了一句："不过，我加水，也还是符合国家标准的。"

我反问他："你应该加水吗？加水会不会伤害用户价值？你为什么不加油？"

他辩驳道："那成本会上升！"

我点头道："对！如果过去你的利润公式是 $10-8=2$，现在成本可能会变成10。但没关系，你的价值上去了，价格就上去了。这时候利润公式会变成 $12-10=2$。因为你是加水思维，竞争对手也是加水思维。

当竞争对手加水的时候,你反过来加油,你就赢了!这就是错位竞争,也是极致差异化战略。"

真正的顶尖高手一定要顶住价格,因为价格的背后是质量,质量的背后是差异化。回到五星级酒店这个案例,如果这家酒店的老用户不满意,你非但不能降价,反而要涨价。请注意,正确的逻辑不是降价杀本,而是增加成本进行价值创新,最后再重新提高价格,让企业转向良性循环。

譬如说,过去的房价是每晚1 000元,现在可以调整为每晚1 200元。当然,涨价的前提是要通过增加成本进行价值创新,所以,你要把成本从800元增加到1 100元。这时,企业的收入公式将会变成1 200-1 100=100元。

为什么要增加成本呢?因为你需要重新定义五星级酒店的标准。你需要重新规划和设计酒店的环境,提升酒店的服务标准,重新定义酒店的增值服务。比如,邀请世界级的魔术大师进行表演,设计唐老鸭晚会,给孩子们配置唐老鸭晚餐……这些动作的背后都意味着成本的增加。

这么做的目的是什么?通过价值创新吸引用户。当用户走进酒店时,他发现你不是偷工减料,而是一切都在加码:免费的早餐越来越丰盛,房间里的果盘越来越精美,环境越来越优美，酒店的活动越来越多，孩子们玩得越来越开心……此时，孩子们会告诉爸爸妈妈：下次还要来这里住！

因此，商业的本质是价值创新，你要通过价值创新，想方设法使酒店超出用户预期。任何一门生意，如果用户没有获得超预期的价值，你宁可不要做。否则，你即便短期之内赚到了一时的钱，也会失去未来一世的钱。

从差异到差距：差距就是差价

上文厘清了价格、数量和成本的关系，下面我们继续沿着利润公式，寻找下一个关键问题的答案：利润到底从哪里来？

我曾经向一位商界前辈请教："一家企业获得的利润是 10-8=2。这家企业给用户提供的价值是 8，为什么用户会给它 10 呢？用户为什么愿意多给 2 呢？"

他回答："利润来自超出期望的打赏。"这句话瞬间令我醍醐灌顶：用户知道你赚了他的钱，但他还是愿意把生意给你做。为什么？因为用户不是为了成全你，而是这背后有两点原因。一是你的产品超越了他对产品的期望值。虽然你的成本是8，但他感觉到的价值是20，所以用户愿意给你10。这个2是用户自愿给你的溢价，也是用户回馈给你的创新红利。二是你的产品不可替代，在别的地方买不到。如果用户发现能用更低的价格买到同样的产品，他也不愿意支付更高的价格。

生意的本质是价值交换。如果一家企业能够持续获得更高的利润，就说明它能持续为用户创造价值。利润越高，说明它超出用户的期望值就越高。作为经营者，你一定要理解，利润来自用户，只有用户会给你钱。而要为用户创造出超预期的、不可替代的价值，创新是唯一的路径。

创新不是一次性的，而是持续的。每一次创新都会带来一波红利，企业一旦吃尽创新红利，很快就又会跌入低谷。因为只要竞争对手闻到了钱的味道，他们就会蜂拥而至，开始复制你的创新。如果你没有进一步创新，就会形成同质化竞争。这就是为什么我创业几十年来，对产品永不满足，永远去寻找产品的瑕疵，并持续改进。因为我的内心深处始终居安思危，永远战战兢兢、如履薄冰。企业只有持续创新、持续不断地为用户创造超预期的不可替代的价值，才能生存下来。理解了这一点，你就理解了为什么在经济学大师熊彼特的眼中，唯有创新才是判断企业家能力的唯一标准。

利润的源头是持续的价值创新，它来自竞争对手做不出来的极致差异化。最后，再从差异做到差距，而差距就是差价。因此，企业获取利润的唯一方法就是在价值上与竞争对手拉开差距。也就是说，**利润来自你的价值垄断，来自用户没有其他选择。**只要用户还有其他选择，你就会陷入价格战的深渊。价格战不是从 10 涨到 12，而是一路从 10 掉到 9，8，7，6，5，4……价格战永远解决不了利润的问题，反而会将企业置于死地。价格一旦降下来，利润就会变成负数。

企业之所以降价，初衷是薄利多销，以价换量。但实际上，真正的量来自哪里？不是降价促销，而是来自老用户的复购率和转介绍率，所有的商业成功都聚焦在老用户身上。用户进来了，你就要用独一无二的用户价值拴住他们，让他们留在你的用户池里，让他们从消费一次到消费一世，这样才能聚沙成塔。

如果不能靠价值创新拴住老用户，不能靠价值创新维持住价格，你就会发现自己陷入了左右为难的境地：如果不降价，产品会卖不掉，企业会死在库存上；如果打折降价，又会"杀"死战略，"杀"死真正有价值的老用户。最后哪条路都走不通，企业陷入死循环。

要跳出这个死循环，企业唯一的路径只有创新，并且是基于用户价值持续创新,让自己始终超出用户的预期,做到真正的不可替代。最后,用独一无二的用户价值来支撑价格,用持续超出预期来拴住老用户的数量,让老用户从消费1次到10次、100次、1 000次、10 000次……最后聚沙成塔,企业才能真正得到利润。

三元法则:三点合一,锁定价值锚

企业如何才能实现独一无二的价值占位,从差异走向差距呢?企业要解决两个核心问题:一是如何找到独一无二的价值?二是如何做到独一无二的价值?我先来回答第一个问题。

在数十年的商业实践中,我提炼出一套找到独一无二的价值的方法论——三元法则。如图2-1所示,所谓三元法则,即从行业、用户和标杆3个维度进行洞察,最终行业制

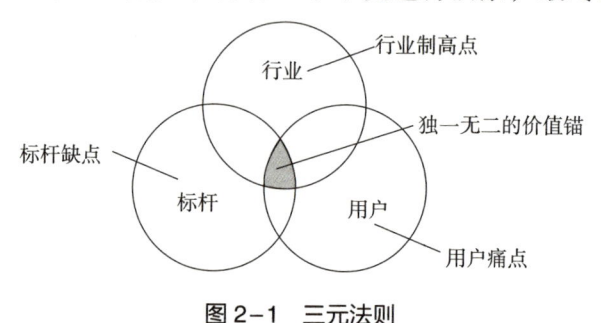

图2-1 三元法则

高点、用户痛点和标杆缺点重合的地方，就是企业独一无二的价值锚。

行业洞察：价值 K 线图，找到行业制高点

无论你身处哪个行业，商业竞争都必须回到利润公式这个原点。

$$价格 \times 数量 - 成本 = 利润$$

从公式中不难发现，要实现利润增长，企业有两条路：一是提高价格，二是降低成本。请注意，这两条路不能同时选择：提高价格的背后是增加成本，提升资源配置的标准；而降低成本也不是简单的成本管理，而是总成本领先战略，将成本控制到极致。所以，**竞争路径推演到最后，本质上是资源配置的逻辑不同。**

如果要成为世界级的过桥米线品牌，你只能在这两条路上二选一。

要么做加法，将价值做到极致，锁定高端市场。比如，如果你选择做世界第一鲜的过桥米线，一碗过桥米线的售价就不可能是 10 元，而是 69 元。为什么这么贵？因为你的成

本做的是加法：你要选择最好的原料，优质的泰国大米做米粉，云南土生的乌鸡熬汤头，香格里拉的野生韭菜做配料，特供的金毛猪肉做荤菜……同样，在店址选择、店面设计、服务质量等方面，你全部要用最高标准。这是第一条路，在成本上做加法，一切围绕"世界第一鲜"的标准配置资源。

要么做减法，将成本降到极致，锁定大众市场。用户需求本身是一个金字塔，除了塔尖部分的高端用户，还有大量的大众用户追求高性价比。谁能把过桥米线做得便宜又好吃，谁就赢得了这群大众用户。针对这群追求高性价比的大众用户，你要采取成本领先战略。假设每碗过桥米线的平均成本是8元，现在你要通过成本的系统设计，将一碗米线的总成本控制在4元以内，而不是偷工减料。此时，你就可以定价4.4元，赚取10%的利润。

也就是说，无论你从事哪个行业，**行业制高点只有两个：一是锁定高端市场，通过增加成本进行价值创新，追求极致价值；二是锁定大众市场，通过做减法设计成本领先战略，追求极致性价比。**

请注意，这两条路的资源配置是完全相反的。如果你选择做高端市场，那么你选择的所有资源都是顶配，你的成本甚至会高于竞争对手的售价；如果你选择做大众市场，你就要想办法通过创新降低成本，你的售价甚至远低于竞争对手的成本。如图2-2所示，这两条路刚好形成一个价值K线图。

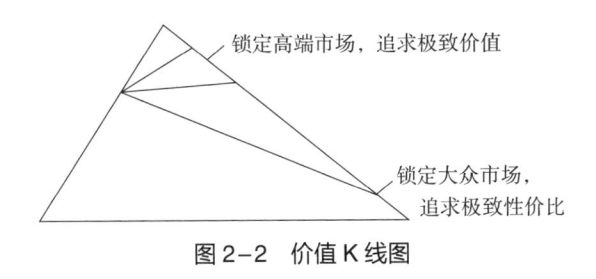

图2-2　价值K线图

企业家最常见的失误在哪里？左右摇摆，一会儿要做高端市场，一会儿要做大众市场，资源配置上无法形成一致性。这源于人性的贪婪，总想左右通吃。尤其是中小企业的资源是有限的，一旦左右摇摆，你就两边都做不到第一。而商业终极竞争的法则是你必须先拿到一块金牌，一金胜过十银。先拿到第一块金牌，接下来才会有第二块金牌、第三块金牌……从独一无二的价值到世界第一，这就是从差异到差距的过程。如果你没有做到第一，那就等于没有拉开差距，说明你还在原地转来转去。

因此，在行业制高点的选择上，企业家一定要清晰：**二选一，走到底！**如果标杆对手选择的是价值创新战略，你就要设计成本领先战略；相反，如果标杆对手选择了成本领先战略，那么你只能选择价值创新战略。

几年前，我的课堂上来了一位做模具生意的企业家。他的公司目前在行业内排名第二，排名第一的是中国台湾的一家上市公司。这家企业本来与行业第一相安无事，可是在竞争对手的儿子接班之后，情况发生了剧变：继任的年轻董事长高举高打，锁定行业第二大打价格战。一年下来，这家模具企业被打得精疲力竭、不知所措。

听了这位企业家学员的困惑，我首先问他："你是否了解对手选择的竞争路径？"起初，这位企业家肯定地说："对手应该采用的是成本领先战略，因为对手的价格降得很低。"

这听起来似乎不太对劲儿，如果一家企业走的是成本领先战略这条路，它就没必要去打价格战，因为它本来就靠成本领先取胜。于是，我告诉他："如果对方真是走的成本领先战略这条路，你就只能走价值创新战略这条路。但是，如果对方并不是你想象的那样，它的价格战就很有可能是烟雾弹。所以，当务之急还是要了解对手。既然对方是一家上市公司，你可以尽快调出它的财务报表来研究。如果它真是走的成本领先战略道路，报表上就一定会有各种降低成本的行为。"

于是，这位企业家连夜就带着自己的团队开始调查。

第二天晚上，我接到了他的电话。他说："对手确实选择的是价值创新战略，所有降价行为都是假象。"

既然如此，摆在他面前的道路就清晰了：首先，他不能跟着降价；其次，他绝对不能再走价值创新战略这条路，因为那样正好就撞在对方的枪口上，他唯一的选择就是采取成本领先战略，在原材料供应、产品生产、市场营销等各个环节上，把企业的总成本降到最低。

最后，一旦选择好一个行业制高点，企业家就要保持战略自律和战略定力。因为最终你与竞争对手拼的就是耐力，谁能坚持到最后，谁就赢了！

当选择行业制高点时，我们经常听到企业家学员反馈：价值创新战略做起来不容易，但成本领先战略应该不难，因为过去他们也会在企业内部做成本管理。这是对成本领先战略最大的误解。

成本领先战略并不等于成本管理，大家切莫将两者混为一谈。

成本领先战略讲什么？成本战略讲的是总成本领先，一切都是成本导向，这往往是头部企业才能够选择的战略，因为它要兼具成本和质量这两项能力。比如可口可乐、麦当劳、沃尔玛、宜家家居等企业都是成本领先战略的典型案例。成本领先战略的关键在于一致性，资源的配置在人、财、物、产、供、销、料等价值链条上的所有环节都要做成本领先设计，真正做到一线打穿。因此，它不是针对某一个点做成本领先设计，而是牵涉企业的方方面面，全价值链都要做到成本领先。

成本管理是什么？是控制成本的手段，这是任何企业都必须考虑的事情。即便你要做世界第一鲜的过桥米线，你选择了价值创新战略这条路，一碗米线售价高达69元，你仍然需要做成本管理；同样，即便是五星级酒店，也不可随意乱花钱。因此，**成本管理只是局部的战术，而成本领先战略是从战略高度出发，创新性地对整个价值链条进行系统性设计，从而形成公司的竞争优势**。所以，它本质上也是另一个向度的价值创新。

用户洞察：击穿用户链，找到用户的痛点

完成行业洞察后，再来做用户洞察。因为差异化其实就来自企业的用户。要洞察用户，首先要回答的问题是，谁是企业的用户？

许多企业家和管理者都不清楚谁是自己的用户，但别忘了，你卖的是价值，价值是以用户为核心的。所以，你一定

要想清楚你的用户是谁，他们为什么会购买你的产品。任何一家企业的成功，一定来自对用户的深度理解。

如何深度理解用户呢？一个有效的方法是击穿用户链。请注意，用户不是一类人，而是一个链条。这意味着你不仅要深入研究自己的直接用户，还要研究用户的用户，甚至研究用户的用户的用户……因为只满足直接用户的需求还不够，你还必须找到：是什么在吸引用户的用户？是什么在吸引用户的用户的用户？因此，用户洞察决不能止步于直接用户，而是要击穿整条用户链，了解用户链上的每一位用户是谁，他们想要什么价值、想解决什么问题……要想为用户提供独一无二的价值，你就必须追本溯源，从用户的用户的用户的需求出发，倒推出直接用户的需求。

假如你是一个汽车零件生产商，你为汽车厂提供某种零件，那么你的直接用户可能是汽车厂。但是，你的用户洞察不能止步于汽车厂。你还要继续洞察用户的用户：汽车厂的用户是买车的消费者，那么买车的消费者在这款零件上有哪些需求，有什么痛点，这些也是你需要洞察的。因为如果用户的用户不喜欢你的产品，那么用不了多久，你的生意也就没有了。所以，你从一开始就要穿透直接用户，沿着用户链进行洞察。

用户锁定了，接下来的问题是洞察用户哪几个方面的信息。

• **用户的购买力和购买习惯**

需求等于欲望加购买力，两者缺一不可。购买力评估的是目标用户有没有消费的能力，而购买习惯研究的是目标用户有没有消费的欲望。对卖方来说，一个不花钱的富人与一个没钱花的穷人是同等的，因为他们都不是精准用户。比如，对一家白酒企业而言，我有足够的购买力，但我从来不喝酒，因此我就不是这家企业的用户，它也没有必要在我身上浪费时间。同样，一个喜欢喝酒的人买不起这家企业的酒，他也不是精准用户。只有同时满足购买力和购买习惯这两个条件，才是这家企业的精准用户。

• **用户的痛点**

痛点就是让用户痛苦的点，即用户在消费场景中遇到的**大障碍**。因此，企业要找到用户痛点，首先要找到用户的消费场景。

比如，你要卖酒，你的用户的消费场景是哪里？即便是同一个人，在不同的细分场景下，用户想要的价值也是不同的。你的用户是要一人独酌还是与友人聚会？假设你选择的场景是聚会，那么在这个场景下，用户遇到的大障碍是什么？这个大障碍就是用户的痛点，就是用户未被满足的需求。尤其是在行业同质化和内卷日趋严重的情况下，企业必须深入不同的消费场景，去寻找在各个细分场景下的痛点。

怎样才能准确地把握用户的痛点呢？最简单的方法就是"自摸"，把自己当作用户。如果你是做酒的企业，那么你自己必须喝酒；如果你是做教育的企业，那么你自己必须去上课……反观现实，许多人从来不穿自己公司的衣服，不吃自己公司的产品，导致他们根本不了解自己用户的需求。

然而，多数人常常自以为很了解用户，事实未必如此。2016年，贝恩咨询做过一个针对全球400个品牌的调研，得出的结果是80%以上的CEO都认为自己的产品让用户很满意；但调研的真实数据是，只有8%的用户是真的满意。由此可见，绝大部分产品远没有做到完全满足用户需求，其背后还存在大量的用户痛点。而用户痛点越大，价值就越大。

标杆洞察：避实击虚，找到标杆的缺点

最后再来洞察标杆。请注意，这个标杆绝不是你熟悉的一般企业，也不是和你抢生意的直接对手。这些都是无名小卒，我们要直接研究世界第一，因为世界第一是穿越周期、经过时间验证的胜利者。世界第一之所以能成功，是因为它

找到了这个行业的底层规律，找到了成功的必然法则。

锁定标杆后，接下来你要研究标杆的优势和劣势。那么，怎样才能找到标杆的优势和劣势呢？最直接的方法就是成为标杆的用户。在你成为标杆的用户之后，你就会全面地看到标杆的产、供、销、服……各个方面的标准和流程。你在看清了标杆后，也就看清了自己。接下来，你要学习标杆的优势，但更重要的是找到标杆的短板，即标杆做不到的地方。

即便再优秀的企业，有优势就必然有劣势，就像有高山就会有峡谷，这是自然法则。因此，企业要避实击虚，即避开对手的优势，攻击其弱点，找到标杆没有满足用户需求的那个点，然后在这个点上给用户提供超越对手的价值，并最终形成明显的差距，才能打动用户。从这个意义上讲，**标杆的缺点就是我们的价值点**。要成为一只不一样的鹰，就是要做鹰王做不到的，这就是你的价值。

最终，企业独一无二的价值在哪里？在行业制高点、用户痛点和标杆缺点三点合一的位置，这个重合点就是企业独一无二的价值锚。

以行动教育为例，经过行业洞察，我们选择了价值创新战略这条路，因此我们只针对高端用户。接下来，我们研究用户，瞄准年营收3亿元以上的公司，只有这样的公司才具备购买力。同时，我们研究用户、用户的用户以及用户的用户的用户为什么要学习？因为他们要在竞争中突围。如果不学习，他们在决策中就会出现许多失误。所以，我们要找到用户场景中的障碍点：战略、价值、产品、组织、营销、用户、预算、绩效、财务、资本中有哪些具体的场景？这些场景存在哪些痛点？

最后，再来洞察标杆，我们的对手是哈佛商学院。作为其用户，我们发现它的痛点是不实效。标杆对手的痛点就是我们创新的价值点，因为这就是标杆对手的软肋。所以，针对标杆不实效的劣势，我们进行反向思考：他们卖学历，我们就卖能力；他们强调理论高度，我们强调实践深度；他们强调复杂，我们强调简单……

在我们将上面的三点合一后，行动教育找到了独一无二的价值锚：实效商学。

"两个一"法则：力出一孔，夯实价值锚

通过三元法则，你终于找到了自己独一无二的价值锚。但是，仅仅找到还不够，你还要真正做到，把这个价值锚夯

实，才能真正实现在用户心中的价值占位。

如何才能夯实这个价值锚呢？企业可以分两步走：第一步，企业要把这个独一无二的价值锚浓缩成一个字眼，这个字眼就是击穿用户心智的"那颗子弹"；第二步，企业要将所有资源都投入到这个字眼上，确保全员一杆枪，所有资源配置都要围绕这个字眼形成一致性，直到它成为你的代名词。

一个字眼：击穿用户心智的"那颗子弹"

价值本质上就是要回答用户一个问题：你等于什么？你要找到一个字眼。任何一个成功的品牌一定要在顾客心智中拥有一个字眼。提起沃尔沃，顾客自然会想到"安全"；提到王老吉，顾客会想到"去火"；提到海飞丝，顾客会想到"去屑"……

你发现规律没有？提到这些品牌，你就会想到一个字眼。这个字眼的威力可不容小觑，它正是击穿用户心智的"那颗子弹"。一旦企业能牢牢占据一个字眼，它就已经成功了。因此，企业在找到价值锚后，首要任务是把价值锚浓缩成一个字眼。用户没有时间来了解你，你要简单、直接地给用户一个符号，用一个字眼抓住用户。由于这个字眼必须要植入用户心智，因此它必须足够简单、浅显易懂，让所有人都能一目了然。

纵观今天的互联网格局，任何一家头部企业之所以能在用户心目中占据一席之地，都是因为它们占据了一个清晰的字眼：淘宝等于"多"，京东等于"快"，天猫等于"好"，拼多多等于"省"。任何一个字眼做到极致，都可以创造出一家头部企业。

为什么只能打一个字眼？因为经营企业是有限对无限的游戏。在拥有同样资源的情况下，你要投入的字眼越多，其穿透力就越小。只有将有限的资源全部聚焦在一个字眼上，这个字眼才会真正具有穿透力，才能真正为用户创造超预期的核心价值。然后，**这个字眼才会成为你独一无二的符号和标签，成为顾客买你的产品而不是竞争对手的产品的理由。**

当我与企业沟通时，经常有学员告诉我，他们公司又多又快、又好又省。你看，这就是人性使然，什么都想要。但是，你只要认真思考一下，就会发现：多、快、好与省本质上是对立的。"省"走的是成本领先战略这条路，资源配置上需要做减法；而"多、快、好"打的都是价值创新战略这张牌，它需要在资源配置上做加法。

当你什么字眼都想要时，最后你的资源会极其分散，一个字眼也无法穿透。不难想象，如果未来有一个平台比拼多多更"省"，拼多多就会被用户抛弃；如果京东丢了"快"，它未来也会出现危机。事实上，每多加一个字眼，其背后都意味着要投入大量的成本。因为你最终不仅要让用户知道这个字眼，而且还要让用户买到产品，并在体验后被震撼，这个字眼才算真正击穿用户心智。一旦企业抢占第二个字眼，用户就迷茫了：你到底等于什么？

一致性：全押"字眼"，全员一杆枪

在找到这个"字眼"后，你还要做到。因为只有做到，才能真正实现从差异到差距的跃迁，才能真正完成对用户的价值承诺。那如何才能做到呢？秘密就藏在一个词里：一致性。企业要以这个字眼为经营焦点，重新整合所有资源，尤其是全员上下的时间资源，将这个字眼化虚为实。因此，**这个字眼不是一个简单的词，而是决定了后续一系列的资源分配。**

如果你选择的字眼是"鲜"，那么你就开启了对用户"鲜"的承诺，"鲜"成了你的符号和标签，也成了经营的终点。企业要以终为始，围绕"鲜"这个终点来配置资源，全员上下都要围绕"鲜"字形成一致性，研、产、供、销、服……所有环节都要力出一孔，全员一杆枪，紧紧围绕"鲜"字来整合组织资源，万箭齐发，万法归一。

如何才能让用户真正感受到这个字眼，并留下深刻的印象呢？你需要做到两点：一是让用户知道，你的过桥米线就是世界第一鲜的过桥米线；二是要让用户买到，当用户听说你的过桥米线是世界第一鲜的过桥米线时，接下来，用户会进店体验。这是一个决定成败的关键节点。在用户体验的过程中，你一定要让用户震撼，让用户尖叫，超出用户的预期。你做的所有努力，所有的"万箭齐发"，都是为了这个最终的结果——超出用户的预期，让用户发现在别处买不到这么鲜的过桥米线。唯有如此，"鲜"才能成为你的绝活儿，成为你独一无二的核心价值，成为你的核心竞争力。

譬如，行动教育选择的字眼是"实效"，为了将这个字眼化虚为实，一切都要围绕"实效"形成一致性：行动教育的使命是"实效教育改变世界"；战略定位是"世界级实效商学院"；价值占位是"实效第一"；公司所有的产品都围绕"实效"而设计，产品必须"简单、直接、有效"；教练团队必须是"千亿级企业家教亿级企业家"，所有导师必须在行业第一的企业拥有15年以上的专业实践经验；针对的用户群是追求实效的中小民营企业；所有管理流程都围绕着实效设计；在做营销推广时，公司都要统一到"实效"这个字眼上……一言以蔽之，公司所有的资源都围绕"实效"这个字眼进行配置，才能将"实效"这个用户价值做到极致，直到"实效"成为行动教育的绝活儿，直到用户能真正感知到"实效"，并被行动教育的"实效"震撼。

究其根本，用户为什么购买你的产品？就是因为这个字眼，这个字眼才是企业最宝贵的心智资源。只要你牢牢占据一个字眼，就等于在用户心目中建立起一项独一无二的利益。为什么非买不可？因为你不仅让用户知道了你，还让用户喜欢上了你。但是，如果你还想让用户长期购买你，这就变成了一条长期的路，而不是一段短期旅程。

为了让用户长期喜欢你，你必须虔诚地、持之以恒地聚焦在"实效"这个字眼上，持续地围绕这个字眼投入资源。就像行动教育的"实效"，不是近两年的事情，也不是未来10年的事情，而是一辈子的事情。为了做好这件事情，我们必须只做商学院这一个赛道，至于其他更赚钱的赛道，那是人家赚的钱，我们只要将商学院做到世界第一就够了。要实现这个战略目标，可能需要花上100年的时间。但是，没问题！我们专注地做、耐心地做、长期地做，认认真真、踏踏实实地为用户创造价值。

本质上，企业聚焦所有资源的这个"字眼"就是企业承诺给用户的核心价值。这个核心价值就是企业的绝活儿，就是企业的核心竞争力。因为只有绝活儿，才能绝杀对手。让人惋惜的是，太多企业经营了一二十年，还没有找到自己的绝活儿。如果你没有自己的绝活儿，那就几乎等于白做。因为站在用户角度，你根本没有核心价值。

只有找到核心价值，企业才能实现价量双增。只有价值提升了，价格才有上升空间；而数量的增长来自复购和转介绍，来自用户的体验和口碑。复购和转介绍又来自哪里？还是价值。从这个角度看，驱动价量双增的是一件事：价值。只有价值顶住了，价量才能双增，最终利润才能实现良性增长。

十几年前，一对夫妻来上"赢利模式"课程，他们是做水果连锁的，当时还处于亏损状态，做得非常艰难。但是，这堂课改变了他们的思维，他们明白一定要找到核心价值。

水果的核心价值到底是什么？好吃。好吃意味着什么？品质。如果要将"好吃"作为标签，他们就必须围绕"好吃"建立标准、流程和制度，把"好吃"变成一套体系。

基于此，这家公司要从水果营养、安全和生态3个方面对"好吃"进行量化，形成自己的果品标准体系，明确选品标准——"四度一味一安全"。其中"四度"包括糖酸度、新鲜度、爽脆度和细嫩度,"一味"指果品的香味,"一安全"指要保证农产品质量合格。

有了"四度一味一安全"的划分标准,该公司首先让采购、品控等部门确定了评判标准,让上游的合作伙伴有了初步的种植参考标准。其次,在门店销售端,该公司进一步按照水果的大小、好吃量化标准将其分成招牌、A级、B级、C级这4个等级,让消费者可以根据等级来挑选水果,节省决策时间。

同时,它还要将"好吃"作为经营的抓手。这个抓手关系到什么?关系到公司的供应链、管理、流程、服务……

以这家公司的一个招牌产品巨峰葡萄为例,为了保证"好吃"这一价值,其中一个核心指标就是糖酸度要达到19度以上。这意味着什么?首先,在供应链端,种植时就必须控制种植的密度。如果只是追求产量,糖酸度就达不到标准。施肥时,还必须用有机肥。其次,在管理流程上,不能过早采摘。如果采摘过早,糖酸度也达不到标准。因此,在采摘之前,技术员要先去葡萄园,给每一串葡萄标上数字1,2,3:1代表明天可以采摘，2代表后天采摘，3代表大后天采摘……

因此，为了夯实"好吃"这个字眼，这家公司就不能仅仅卖水果，还要回溯到供应链的源头，大规模参与上游基地的种植技术指导，与优秀的种植企业一起培养种植人才；还要聘请技术专家，深入种植一线，进行土壤研究、育苗育种、种植技术指导等；同时将大数据、人工智能等技术植入种植端，利用科技让种植更科学，从源头种出好水果。

在流程上，所有岗位的流程都要围绕"好吃"进行设计。以采购部门为例，一般来说，基地直采的做法是公司根据自己的标准去验收拉货就行了。但是，这家公司的采购人员为了保证采购到好吃的水果，在合作前，其采购人员就会去种植基地考察基本情况，选择环境更原生态的种植基地；在合作时，其采购人员还会根据不同水果的成长属性，分别在开始种植前、种植中的关键施肥期、挂果成熟之际3个重要时期和供应商见面，全方位地考察基地的田间管理和种植情况，甚至在一些重要节点亲力亲为，对供应商进行全过程服务。

在品控环节，为了保证水果好吃，他们要对每种水果进行严格的品控，从果形、糖度、规格、口感、风味、颜色、次果率、腐烂率、储运温度、包装、储存和安全等多个维度进行品控。

同时，为了保证水果好吃，他们在果品存放要求、果品周转管理、保鲜方式处理上提出了明确的标准。在果品存放要求上，他们给每种水果都设置了适宜温度和冷害阈值两个标准：适宜温度是指果品生命期的最佳储存温度，冷害阈值是指果品储存温度不能低于的温度界限，否则果品会出现冷害现象，会快速变质或不能后熟。不同水果要选择相应的常温柜、冷柜、冰柜。在果品周转管理上，开剥、开切、开瓣销售的果品必须粘贴黄色不耐储的温馨提示标。不带皮开切的果品货架期只有2小时，超过2小时则需做销毁处理；带皮开切果品的货架期是6小时，超过6小时就需做销毁处理。最后，在保鲜方式处理上，他们也总结出了很多实战经验。比如：苹果、香梨、橙子这些放在筐子里的水果要盖上干净毛巾以减少水分流失，降低氧化风险；货架上未售完的果品储存到后台冷藏柜时，严禁未封口存放，以免失水皱皮；夜里店里的空调温度，应根据水果的具体摆放位置进行设置……

在售后服务端，他们推出了"不好吃，三无退货"

服务，即用户如果对水果不满意，可以无小票、无实物、无理由退货。2016年，该公司还在App（手机应用软件）中推出了"不好吃，瞬间退款"服务，将三无退货服务延伸到了线上。

因此，好吃不是吹出来的，而是需要实实在在地干出来的；好吃不是单点布局，而是一个系统工程。它涉及经营的方方面面，需要所有人力出一孔，全员一杆枪，才能真正将"好吃"这个字眼植入消费者的心中。

讲到这里，你可能已经猜到了，这家公司叫百果园，今天早已做到了行业第一，成为水果连锁第一股，年营收超过百亿元。

百果园靠什么成功？靠的就是"好吃"这一核心价值。遗憾的是，今天有太多企业并不知道自己的核心价值到底是什么。企业是社会的器官，它能基业长青的前提是，为用户创造一个不可替代的价值，这是每位企业家一生中必须完成的事业，而企业家就是为这份事业而来的。

当然，即便你已经找到了价值上的"一"，这件事情也还没有真正落地。因为价值必须附着在一个载体上，这个载体就是产品。

价值追求的不是多,

而是独一无二。

企业真正赚的

不是用户一次的钱,

而是用户一世的钱。

降价之路并不通向增长,
反而是一把"杀猪刀"。

生意的本质是价值交换。

企业获取利润的唯一方法

就是在价值上

与竞争对手拉开差距。

从行业、用户和标杆
3个维度进行洞察，
最终行业制高点、
用户痛点和标杆
缺点重合的地方，
就是企业独一无二的价值锚。

第三章　产品战略：聚焦战略大单品，拿到金牌

不是在产品的广度上做加法，而是要在价值的深度上做加法。

产品即战略：产品是战略的载体，价值是产品的内核

本章是战略篇的最后一章。在战略篇中，我们讨论了战略的三个向度：第一章明确了战略定位的本质是标准，一号位必须择高而立，从一开始就要选择世界级标准，做雄鹰不做苍蝇，这是战略的第一个向度；第二章讨论了战略的第二个向度：价值——你等于什么？如果说标准是定位，那么价值就是占位；最终标准和价值都需要一个载体，这个载体就是产品，也是战略的第三个向度。

从战略定位到价值占位，再到产品战略，它们本来就是一体的。无论你的战略定位是什么，价值占位是什么，最终都要落到产品。为了表述得更清晰，我在这里分为三个维度来阐释：一是标准，二是价值，三是产品。

我以行动教育来举例。行动教育的战略是成为世界级实效商学院。你看，短短一句话就包含了战略的三个维度：世界级是标准，实效是价值，商学院则是产品。

从用户角度来看，用户并不关心一家公司的战略，因为战略是公司内部的事情，用户只关心这家公司的产品为其创造了什么价值，所以从外部角度来看，**产品即战略**。就像苹果公司的用户不会关心苹果公司的战略，他们只关心苹果出了什么新产品。从这个意义上来讲，所有商业竞争的焦点都在产品上。

但是，产品又是怎样来的呢？它是从战略定位开始的。当一号位选择雄鹰战略时，企业就有了雄鹰的标准；有了雄鹰的标准以后，企业还要开创独一无二的价值。然后，再通过产品来落地独一无二的价值。因此，**产品是战略定位和价值占位的落地呈现**。虽然用户只能看见产品，但产品始于战略标准，最终产品的竞争力来自它的价值。

也就是说，价值是产品的内核，也是用户真正购买的理由。价值要真正落地，让用户感知并被震撼，靠的是产品战略。这也点出产品战略的本质：**不是在产品的广度上做加法，而是在价值的深度上做加法**。

顶尖高手从一开始就明白这个道理：必须把产品的价值做到第一。为什么要做到价值第一？因为做到第一才会成为消费者的首选。第一意味着安全、有保障、有价值感，所以用户喜欢第一。

单点破局：一金胜过十银

如果我们对"产品"这两个字进行拆解，那么到底"产"和"品"哪个更重要呢？企业给出的答案不一样，时间和资源投入的方向就会完全不一样。

从我在一线对企业的观察来看，今天大多数中小民营企业的焦点在"产"。"产"是什么？生产。**生产思维的背后是一种以量取胜的逻辑，他们认为增长就是要靠生产更多的产品。**

"品"是什么？品牌。今天许多中小企业为什么做不大？因为它们没有做出品牌。顶尖公司为什么会成功？因为它们至少拥有一个伟大的品牌。如果你游历全球各个发达国家及地区，你就会发现无论在欧洲还是美国，市场上基本都是连锁大品牌，极少能见到个体户。即便是在家族文化影响深远的日本，60%以上的市场也被各大连锁品牌覆盖。

如何才能打造出一个伟大的品牌？不是靠产品矩阵，而是靠一个战略大单品。正如可口可乐这个品牌100多年来的持续成功，靠的是红罐可乐这个战略大单品；星巴克的品牌是靠它的战略大单品拿铁咖啡打出来的；麦当劳这个品牌的绝杀产品当数它的战略大单品汉堡；肯德基的品牌是靠它的战略大单品炸鸡……30年前，我服务了当时亚洲第一的烟草公司红塔集团，它的成功也是靠一个战略大单品——红塔山香烟。

如果仔细拆解各大品牌的营收结构，你就会发现战略大单品在其业务结构中贡献巨大：可口可乐2023年的营收为457亿美元，浓缩原液贡献了256亿美元，营收占比为56%，其中可口可乐的战略大单品是红罐可乐；苹果公司2023年的营收为3 833亿美元，仅战略大单品iPhone及其衍生的服务就贡献了2 858亿美元，营收占比为75%；伊利2023年的营收为1 262亿元，液体乳及乳制品制造业贡献了1 238亿元，营收占比为98.1%，其中一个战略大单品安慕希酸奶就贡献了300多亿元；茅台集团2023年的营收为1 472亿元，其中高端核心产品飞天茅台酒卖了1 266亿元，营收占比为86%；特斯拉2023年营收为968亿美元，其中汽车贡献了

824 亿美元，营收占比为 85%；波司登 2023 年营收 232 亿元，其中羽绒服业务贡献了 195 亿元，它将一件羽绒服做到了世界第一；创新集团 2023 年总营收 722 亿元，其核心大单品铝棒销量 324.91 万吨，在全球市场中占有率达 8.43%，排名世界第一……

由此可见，所有品牌都是靠它的战略大单品成功的。也就是说，**所有伟大品牌的诞生，都是一战而定**。它们要**集中资源打造一个产品，先拿到第一块金牌**。通过第一块金牌，将这条夺冠之路打通。企业如果将资源和精力分散到若干个产品上，就会导致所有产品都无力突破，每个产品都无法在市场上扎根，因为它们无法真正把用户价值做出差距。

西方兵圣卡尔·冯·克劳塞维茨在《战争论》一书中指出："战略上最高和最简单的法则就是集中兵力。"由此可见，战略的第一法则是集中，是聚焦。无独有偶，《孙子兵法》也有类似的理念："我专为一，敌分为十，是以十攻其一也，则我众而敌寡。"这也在提醒我们：一定要尽力让对手的兵力分散，而我方高度集中兵力。这样我们就可以用 10 倍的力量来打击对手，获得局部优势，形成敌寡我众的有利格局。

为什么聚焦会带来如此大的回报？让我们再回到利润公式：收入－成本＝利润。当企业把所有资源聚焦在一个产品上时，此刻的成本极低，因为企业的研、产、供、销、服等所有环节会自动力出一孔，也不存在任何资源的浪费。上下万众一心，因为只有一孔，没有二孔、三孔、四孔……

这就是取一舍九的力量：成本极低，同时价值极大，因为所有的力量全部集中在一个点上。当你拿到第一块金牌时，你就把整个产业链、市场端全部打通了。通过一个战略大单品，你就能获得源源不断的用户。然后，你再去拿第二块金牌、第三块金牌……千万不能分兵，不能转移焦点，而是一定要先把一个产品做到位，击穿第一曲线，拿到第一块金牌。当你在第一曲线拿到第一块金牌时，你再开始发展第二曲线的延伸业务，从第一块金牌迈向第二块金牌。

反观中小企业，它们大多数都是一个产品都没有拿到金牌，就开始做 100 个产品。它们忽略了资源的约束：中小企业资源少、时间有限、能力有限……如果企业欲望太大，一旦分兵作战，就永远也拿不到第一块金牌。

从用户角度来看，**企业的竞争本质上是产品的竞争，而产品竞争的底层逻辑是单点破局**——找到一个突破点，然后进行饱和攻击。就像跆拳道高手出拳时，力量看似集中在拳头上，实则全部集中在中指，靠的是一个点在发力。同样，企业也要把所有资源和力量全部聚焦在一个产品上，靠这个产品实现单点破局,直到拿到第一块金牌,然后,它才会为你拿下一个金牌创造平台和条件。

为什么中小企业喜欢分兵作战?这与其重"产"轻"品"的思维惯性有关。改革开放前30年,中国市场处于供不应求的环境中,只要有产品就能卖出去,这导致许多企业家形成了重"产"轻"品"的思维方式。但是,今天中国市场发生了颠覆性的变化,市场已经从"有没有"向"好不好"转变,这导致中低端产能严重过剩,高端产品非常紧缺。在这种新形势下,好产品才有好机会。所以,企业家要从错误的思维惯性中走出来,真正意识到:**以量取胜的时代一去不复返了,以质取胜的时代来了。**

管理学之父彼得·德鲁克曾说:"动荡时代最大的危险不是动荡本身,而是仍然用过去的逻辑做事。"如果企业家没有及时从"产"的思维转向"品"的思维,未来的路就会越走越窄。因为人总是喜欢投机取巧,在经营的路上,有无数人会诱惑你增加产品线。但是,每家企业都有两个底层枷锁:一是企业的资源是有限的,二是时间是有限的。尤其是时间,它是最大的限制因素,你如果到处挖沟,最后就没时间打井。你涉及的范围越宽就越乱、越散,你越不会成功。一旦你横向扩张,而不是纵向深挖,你就无法拿到金牌,最终就丢掉了自己的"品"。

产品本质上是价值的载体。因此，用户不是买"多"，而是买"好"。用户想要的是同类中最好的产品。什么叫好？第一品牌。用户想买第一，因为第一就意味着安全、高效和高价值。

那么，产品的高价值来自哪里？**取一舍九，把所有战线的资源集中到一个产品，聚焦一个点不断深挖，直到把一个产品做到第一。**因为消费者最终信任的是行业专家，是第一品牌。尤其是今天，企业面对的是全球化竞争，消费者的选择余地越大，他就越会挑选专业第一的品牌。市场越大，专业化公司就越多；市场越小，专业化公司就越少。随着全球市场一体化进程的加快，公司将不得不变得越来越专业化。

专业化来自哪里？聚焦。太多公司的产品杂而不精，这种公司在产品稀缺时代也许还有活路，但在产品过剩时代根本行不通。今天的公司只有聚焦才能参与竞争。如果你连一件事情都没做好，你为什么要去做10件事？与其10件事都做不好，不如把一件事做到最好，把精力放在最可能成功的业务上，这样才有可能集中资源，做到竞争力的最大化。因为企业一旦不聚焦，就意味着资源会被摊薄，成本会上升，从而产品的品质就上不去了。最后会造成什么结果呢？企业无法形成品牌力，因为品牌来自用户体验，来自用户的口碑。

即便你的思维从重"产"转到了重"品"，你可能还是没有找到产品的本质。为什么？因为用户买的不是你的产品，也不是你的品牌，用户买的是价值。比如，今天用户去理发店，他买的不是理发服务，而是美丽；他去服装店，他买的不是服装，而是时尚；他要装修房子，他买的不是装修服务，而是一个温馨的家。所以，**用户要的不是产品，而是产品背后的价值。用户买的是成果，因此，产品只是手段，价值才是目的。**

企业家不能用产品思维去做产品，而是要用成果思维去做产品。以经营过桥米线店为例，大多数人理解的产品非常简单，左手买菜，右手买鸡，熬汤做米线，然后卖给客户吃。但在这个过程中，他根本没有花心思去研究，最后客户当然觉得不好吃。这意味着这个产品失败了，它没有为客户提供成果。事实上，客户不是来吃过桥米线的，客户想要的是"好吃"的成果。

解决不了成果的问题，你就会发现生意越来越差。于是，你开始转型做第二个产品：面条。就这样，你的产品从A、B、C、D做到E，再加上大部分人本身就是机会导向，最后产品做了1 000米宽，却只做了1米深。然而，这1 000

米宽带来的都是成本，1米深却带不来收入，因为产品做得太浅了，没有与其他产品拉开差距，就没有办法给客户成果。最后，成本上去了，收入却上不去，企业必然节节败退。

因此，企业家经营企业必须超越产品思维，看懂产品的本质。再进一步思考：**用户想买的不仅仅是价值，还有终身价值**。这句话是什么意思？用户根本不想折腾，他希望一辈子到你的理发店，每次都可以解决美丽的问题，他希望每次理发服务都能让他感动、震撼；他希望到你的服装店，永远可以解决时尚的问题，你每次都能超出他的期望。做到这一点，你才是真正的企业家。

对真正的企业家而言，要做的不是产品，而是赢得人心。就像学员来听课，他不是为了买课，而是希望公司能够经营得越来越好，成为一家持续赢利的公司，或者成为一家伟大的公司。所以，我们始终要思考：如何才能推动企业真正改变？如何才能真正推动企业家成就一番伟业？归根结底，所有的产品最后都是为了赢得人心、赢得信赖。请注意，不是信任，而是信赖。信任只是相信你，而信赖不仅仅是相信你，还有依赖你的成分。因此，**经营企业的最高境界就是：让用户永远依赖你**。

其实，商业成功的本质就是先义后利：你先要成就用户，

为用户创造价值，最终才能得到利润。先义后利中的"义"来自用户价值，这个用户价值就是由你的战略大单品提供的。就像你今天要开餐厅，重要的不是你的菜多不多，而是你有没有招牌菜。无论是小炒肉还是水煮鱼，你必须有招牌菜，没有招牌菜就不要开张。这个招牌菜就是你的战略大单品，就是传递独一无二的用户价值的载体。

所有人和资源力出一孔的努力，最终都体现在这个战略大单品上。所有的努力，都是为了让用户感受到这个产品内在的灵魂、温度、特质，让用户尖叫和感到震撼。归根结底，产品战略的本质，就是要赢得用户的心。当你以用户价值为导向，真正站在用户的立场，真心实意地想要为用户创造价值的时候，你会发现整个产品战略的重心发生了根本性的变化。

理解了这一点，你就会明白：顶尖高手的产品一定要做得非常深，产品必须有温度、有灵魂。这意味着什么？企业必须非常专注、聚焦，拥有强大的工匠精神，并且从上到下精益求精，因为大家都明白产品必须让用户感到震撼，必须超出用户期望。并且，在这条路上，他们永不自满。所以，产品赢得人心的背后是一群奋斗者，他们非常热爱这份事业，并愿意为这份事业竭尽全力，一生一事，一战到底。

知止：从"挖沟"到"钻井"

咱们再继续往下思考：为什么大多数人会重"产"呢？本质上还是因为人性中的病毒——贪婪和自私——在捣鬼。下面我给大家讲讲自己的亲身经历，回顾一下在创业的过程中，这种人性的病毒是如何在我身上发作的。

1985年，我通过开跆拳道馆赚到"第一桶金"。到1991年，我准备创业，并开始留意身边的项目，考察过餐厅，也考虑过开工厂。就在我犹豫不定时，一个项目突然撞了上来。

那一年的7月，我突然想到跆拳道馆的一块户外广告牌快要到期了，但还没有续费。这块广告牌位于昆明市中心，虽然广告牌上只是简单地印着跆拳道馆的地址、电话和开班时间，但是它为我吸引了不少学员。因此，这个引流渠道非常重要。于是，我主动拨通了广告公司的电话，并要求续约。始料未及的是，广告公司告诉我这块广告牌已经卖给别人了。我说自己愿意加价，对方回复说，加价也没用，人家也加了。

由于这块广告牌是跆拳道馆唯一的引流渠道，因此我放下电话，马上跑到广告公司去找其总经理。这家广告公司是一家国有企业，当我进去找总经理时，这位总经理在打牌。我站在他的面前，用近乎哀求的语气说："这块广告牌对我非常重要，我愿意加价续约。毕竟还有两个月才到期，你们应该先询问我是否续费，然后再卖给别人。"结果我话音未落，他粗鲁地打断我，说："就是没有了。"那一刻，我才真正意识到，这块广告牌真的无法续约了。

从那家广告公司出来后，我马上去找别的广告公司。很快，我访遍了当时昆明所有的广告公司，结果没有一家公司可以达到要求。要么广告牌位置不行，要么广告牌太小。就在那一瞬间，我脑中冒出一个念头：我不是要创业吗？那为什么不开一家广告公司呢？这样我就可以给自己的跆拳道馆做广告了。

基于这样一个简单的念头，我来到了工商局，询问如何才能注册一家广告公司。工作人员告诉我，只要20万元的注册资金就可以了。我回到家中，找亲朋好友集资了20万元，顺利地拿到了营业执照。

拿到营业执照以后，我告诉所有入股的亲朋好友："虽然我不知道怎么经营广告公司，但是我从跆拳道运动中学会了定标、对标的逻辑。首先，定标要高，我们要成为中国一流的广告公司。其次，请大家给我几个月时间，我要去北京和上海找对标公司，找到一流的广告公司去学习。如果我学得会，我们就开广告公司；如果我学不会，我就把钱还给大家，我们就不做了。"

紧接着，我到北京做调研，拜访的第一家公司听说我要学怎么经营广告公司，毫不客气地把我赶出来了。被赶出来以后，我才发现自己犯了一个致命的错误：没有站在对方的立场上思考问题，人家凭什么要教一个竞争对手怎么经营广告公司呢？接下来，我调整了策略，告诉对方："我是红塔集团派来考察的，未来红塔集团要在北京做广告，先让我来北京考察市场。"

所有人都知道红塔集团是中国排第一的烟草企业。对方一听，立马来了兴趣："你要考察什么？"

我答道："我要考察你的产品。户外广告牌有多大？收费是多少？服务有哪些？品质怎么管理？流程怎么做？领导班子有多少人？一年的业绩有多少？盈利情况怎么样？竞争对手是谁？"

人家一边说，我就一边拿着笔记本记。1家、3家、10家、20家……我跑遍了北京最好的广告公司。接下来我又转战上海，用同样的方法跑遍了20多家上海最好的广告公司。

经过调研，我发现北京、上海的广告牌标准与云南的不同：北京、上海的广告牌大、收费贵，签约时间也长，一签就是5年；而云南的广告牌很小，每3个月签约一次，按月计费。尤其是在上海，我还看到了20世纪90年代颇具高科技特色的霓虹灯广告牌，这是我在昆明从未见过的新鲜玩意儿。

数月后，我返回昆明，直接就按照北京和上海的广告牌标准做，将过去四五块广告牌合成一块广告牌，并将签约时间拉长，相应地，价格也提高。很快，我就做起来了。1992年，工商局牵头组建了云南广告协会，年底评选最佳广告公司，会长在台上宣布：云南最大的广告公司，年收入1 500万元，利润是600万元，它就是风驰传媒。

我们就这样莫名其妙、懵懵懂懂地做到了云南第一。一年时间，我们赚到了600万元。我很快被胜利冲昏了头脑，觉得做企业真是太容易了，一点儿都不难。1992—1994年，我们又赚到了三桶金。到1995年，风驰传媒成功跻身全国五十大广告公司，年产值已经做到了1亿元，利润率也非常高。

人的欲望是逐步升级的，随着风驰传媒的业绩飙升，我人性中的病毒开始发作：我想做得更大。如何做大呢？公司要根据客户的需求进行多元化。

客户问："李践，你们做不做报纸啊？""做！"

"你们做不做电视代理？""做！"

"你们做不做印刷啊？""做！"

"你们做不做礼品啊？""做！"

"你们做不做活动啊？""做！"

"你们做不做展销会啊？""做！"

只要客户敢问，我们就敢做！这些都是客户的需求，我们恨不得把所有事情都做完。公司的产品线从A（户外广告牌）扩展到B、C、D、E、F……每年都要增加新的产品线。

那是一个产品稀缺时代，你只要有产品就有可能成功。果然，到1998年，公司收入做到了2亿元。那么，利润是多少呢？2 700万元。当时我们并不知道：虽然收入增加了，但由于不聚焦，我们的成本也增加了。

有一天看财务报表时，我突然感觉不对劲儿：创业第一年我们的利润率有40%，现在怎么只有13.5%？

我赶紧把财务总监叫过来，问他为什么我们的利润率会下降。

财务总监回答不出来。于是，我让财务总监把产品损益表给我做出来。

过了几天，财务总监拿着本子来找我说："老总，算出来了。最早的产品线户外广告牌的利润率是45%，接下来10个产品的利润率是5%，10个产品持平，还有16个产品亏损。"为什么是13.5%？因为加加减减，就只剩下这么点儿了。

除此之外，我还犯了第二个错误。从1995年开始，我们开始做多元化投资，我们的投资从传媒辐射到房地产、通信、软件行业。毫无疑问，我的精力开始分散，资源开始摊薄。我什么都想做，也以为自己什么都能做，饥不择食，到处跑马圈地，这就是人性。今天回望过去，公司命大的原因是幸运地遇见了那个时代。

1999年，一家名叫TOM户外传媒集团的香港上市公司开始在中国内地收购广告公司。他们首先来到中国广告协会，找到最赚钱的广告公司——风驰传媒。

同年，我们将风驰传媒以10倍的估值卖给了TOM户外传媒集团。（如果风驰传媒聚焦于户外广告牌业务，那么收购金额应该更大。）为什么要卖呢？因为虽然公司全员都非常勤奋和乐于付出，公司每年都在赚钱，但是股东几乎没有分到什么钱。因为所有赚来的钱马上全部投入生产，再加上多元化投资，处处都缺钱，所以股东手里根本没有钱。至今我还记得，1997年我买房子还需要贷款。

风驰传媒被卖掉以后，对方要求对赌，锁住我这个创始人。我答应了，并签订了6年的服务协议。2003年，TOM户外传媒集团董事会把我调到香港，并任命我为TOM户外传媒集团总裁，这段经历使我的经营思维发生了巨大的改变。

2003年，我上任以后，董事会要求我做预算报告，并抛出一个问题：如何做到世界第一？几天以后，我向董事会汇报，我本期待以自己的口才赢得满堂彩，结果等我讲完自己的方案，董事们的表情十分严肃。其中一位董事问："李先生，你认为客户买的是产品还是价值？"

我回答道："价值！"我心里还嘀咕，这点儿商业常识我还是有的。

他追问道："你确定吗？"

我答:"确定!"

他接着问:"你既然认为客户买的是价值,那么你为什么是产品思维呢?在你的报告里,你一直在讲A产品、B产品、C产品,你不断强调增加产品、增加投入、增加客户。你一直都在强调要多、要广,你挖了1 000米宽,却只能做1米深。你在挖沟!因为你的时间有限,你的资源有限,当你忙着挖沟的时候,你就不可能打井。如果客户买的是价值,那么你应该打井,做到1米宽、1 000米深,你应该做到专、精、深,你要聚焦。"

我还不服气地狡辩道:"我想要量,通过产品多元化可以把量做大。"

他说:"你的量也不是通过多元化的产品做大的,因为当你通过多元化的产品做大量时,其背后的成本也会增加。最后你挖的沟越宽,成本就越高。另外,产品做得浅,你的用户价值就会很低。当客户发现你的价值很低时,客户就不会买了。即便客户买了,他也可能会退款。这样一来,你就没有竞争力了。所以,真正的量来自哪里?来自你的品质和品牌,来自客户带来的复购率和转介绍率。我们要的不是客户的一次消费,而是终身的一万次消费。"

那一刻，我终于明白了自己失误在哪里。我以为是靠产品的多、全、广来做量，但是真正的商业高手抓住了本质：**量不来自挖沟，而来自打井。**你要通过把产品的价值做深吸引用户，再通过老用户的复购和转介绍积累量，最终聚沙成塔。因此，**量是靠用户给你做加法，而你自己必须做减法，才能把一个产品的用户价值打透。**与此同时，由于你没有挖沟，因此你的成本很低，价值反而很高。这才是真正健康的、可持续的量。

让我们再回到利润增长公式来看这个问题：价格 × 数量-成本 = 利润。企业只有把产品的价值做到第一，价格才有提升空间，同时通过复购和转介绍实现数量的增长。与此同时，由于你聚焦在1米宽的范围内打井，此时成本也会很低。如此一来，利润必然会实现最大化。

《大学》云："知止而后有定，定而后能静，静而后能安，安而后能虑，虑而后能得。"经营企业也要知止，与其将100%的资源分散地投入100个产品，不如将100%的资源投入1个产品，将这个产品做到极致。什么叫极致？你必须拿到金牌，把产品做到第一，做到别人做不到的高度。

纵观全球，许多顶级公司都是将一个产品做到极致，如可口可乐、麦当劳、苹果公司……然后，在这些产品的基础上不断升级，最终建立持久的竞争优势，形成极深的"护城河"。这些企业都是因为先把一件事做到第一才获得成功的。

这一切要靠什么？聚焦！你要非常聚焦！因为企业的竞争是价值的竞争，企业的竞争是第一的竞争。

为什么你愿意聚焦呢？因为你的起心动念不一样，你不是站在自己的立场上，而是站在用户的立场上思考问题，你想要成就用户，为用户创造终身价值。所以，你永远都不会输。

这次经历彻底改变了我的思维。2003年，我接受了董事会的建议，开始聚焦于户外广告牌业务。2004年，香港媒体报道：李践上任以后，TOM户外传媒集团实现了利润翻番。那一年，我们赚了5.7亿多港元的净利润。当然，我明白这不是个人的功劳，而是聚焦的威力。如果没有董事们的当头一棒，我可能连剩下的1亿元都要输掉。

我曾经读过一篇关于新东方创始人俞敏洪的文章。在这篇文章中，俞敏洪回答了一个别人经常向他提出的问题：你在创业之初，是坚持了哪些东西把新东方做出来的？

他的答案是，自己的成功来自5个方面的坚持，首先是"因为当时没有什么资源，我就坚持把1~2个项目做到极致"。新东方的第一个项目是托福考试。当时他全力以赴，从备课到对老师的挑选，在托福项目上下了很多功夫。结果，一年多的时间，新东方就把托福培训做到了全国第一，而且把竞争对手几乎全部打倒。这是新东方拿到的第一块金牌。紧接着，新东方才开始做第二个项目。

在这篇文章里，他还用了一个有意思的比喻：就像一个人读书，如果连一本书都没有读透过，想一下子读透 20 本书或者 50 本书，是完全不可能的。所以，我们一定要先把第一本书读透，再来读第二本书、第三本书，经营企业也是一样的道理。对于这个比喻，我深表赞同，它确实揭示了做产品的底层规律。

金牌之路：把 1 个产品做到 51% 的市场份额

所有企业的成功都是战略大单品的成功。而**战略大单品的背后，本质上是极致的用户思维**，它倒逼企业聚焦所有资源在一个产品上，为用户提供超越所有对手的极致价值，从而在这个产品上拿到金牌。那么，企业如何才能拿到第一块金牌，把 1 个产品做到 51% 的市场份额呢？在数十年的经营实践之中，我们找到了一条金牌之路。这条路可以分为四步走。

- 第一步：1米宽——取一舍九，锁定"冠军基因"大单品
- 第二步：1 000米深——未买先卖，集中资源到用户端
- 第三步：1万米深——深耕全产业链，做到品质第一
- 第四步：10万米深——复购带来复利，成就品牌第一

我要告诉你的是，这条金牌之路非常艰难。因为成功并非一蹴而就，它不仅仅要求企业聚焦，而且对企业聚焦的深度和力度都提出了极高的要求。因此，这条路越往后走，挑战越大。

1米宽——取一舍九，锁定"冠军基因"大单品

要拿到第一块金牌，企业首先要"选种"：找到一个具备"冠军基因"的大单品。因为"种子"的基因决定了这个产品未来能不能"长大"。草的种子再大，也不可能长成参天大树。同样，参天大树的种子再小，它也不会长成一株草。

这个选种的过程就是找"一"的过程。所谓"一"，就是反复问自己：哪件事能做到第一？这件事就是企业应该

聚焦的点。千万不要一上来就谈10件事。这就好比家长要提升孩子的学习成绩，不能一上来就要求孩子功课门门第一，你只能循序渐进：哪个学科最有可能拿到第一？先拿到一个学科的第一，再来考虑第二个学科……

怎样才能找到这件事呢？**这件事必须上接战略，中接价值，下接产品。**因为三者本来就是一件事，本身就是一体的。企业要成为第一，意味着战略定位上要选择世界级标准，紧接着要找到独一无二的价值占位，再通过产品来落地战略和价值。

因此，如果你刚开始创业，还没有任何包袱，此时你只需要基于战略定位以及价值占位来思考：哪件事能做到世界第一？这件事必须满足标准高、价值大、产品好的标准。但是，如果你是一名创业老兵，公司现有的产品种类繁多，你就要取一舍九，从中找到具备"冠军基因"的大单品。

恰如2003年，我刚刚上任TOM户外传媒集团的CEO，当时集团收购了17家公司，一下子有了几十个产品，怎么办？只能取一舍九，因为**我们不可能把所有产品都做成"招牌菜"，所以必须缩小边界，锁定1米宽的井口，只做一件事，先让一个产品拿到金牌。**

如何找到这个1米宽的井口呢？我们用了一个工

具——"四眼看天下"。

第一眼：看产品——收入和利润率。

客户买的不是产品，而是核心价值和成果。什么指标最能代表产品的核心价值呢？利润率。因此，企业在看产品时，首先要考察两个关键指标：收入和利润率。收入代表销售规模，利润率代表核心竞争力。当企业将所有产品的收入和利润率从高到低进行排序时，两项数据都居于前列的就是 A 级产品。

第二眼：看用户——复购率。

在公司内部，用户复购率最高的是不是 A 级产品？即便不是复购率第一名，A 级产品的复购率至少要名列前茅。因为复购率说明了产品与用户之间的关系是否紧密，代表用户对产品的认可度和忠诚度，代表产品的用户价值大不大。

第三眼：看对手——差异化。

基于这个 A 级产品，你的对手做到了什么程度？换言之，企业要看对手的差异化。如果对手做得比你还要深，那么这个产品就不可取。否则，对手会将你打得落花流水。所以，你选择的战略大单品一定要避开对手，与行业标杆错位竞争，千万不要在关公面前耍大刀。你必须以己之长，攻人之短，而非以己之短，克人之长。如果 A 级产品不具备差异化，不能拉开与对手的差距，企业还要通过价值创新，以区别于其他企业，做一只不一样的鹰。

第四眼：看趋势——市值或估值。

如何判断这个产品是否符合趋势？一个简单粗暴的方法是，考察这个赛道在资本市场的市值或估值，因为资本市场看的是未来价值。

基于这个产品，纵观全球资本市场，标杆企业有没有上市？如果已经上市了，那么市盈率有多高，市值有多大？这些都代表着未来的趋势，代表你所选择的主战场是"大"还是"小"。如果这个产品未来的市场空间不大，那么即便企业聚焦下去也做不大，很快就会碰到天花板。

运用"四眼看天下"这一工具，企业就可以取一舍九，锁定自己的战略大单品。**产品取一舍九的本质，就是为了在一个细分市场上成为冠军而收缩经营。**那剩下的产品怎么办呢？断舍离。如果产品已经成熟了，我们就把它卖掉；如果卖不掉，但还有团队，那就独立出来，让团队自己做，公司绝对不要控股；如果既卖不掉又不能让其独立，那么剩下的产品要全部关停。

为什么要断舍离？就是为了集中所有的人力、物力、财力到战略大产品上，将这口井打到1 000米深、1万米深、

10万米深……切记，这个时候千万不能分兵作战，因为企业的资源和企业家的时间是有限的，一定要集中所有兵力到一个产品上，力出一孔，万箭齐发。如果能做到这一点，创造出局部优势，其威力就不容小觑。

在行动教育第六届企业家校长节现场，河南豫之星的董事长李国建分享了他的创业故事，讲述了他是如何在产品上取一舍九的。

作为一个在农资行业耕耘了10多年的创业老兵，他的企业产品有200多个品种。遗憾的是，这200多个品种贡献的总业绩却只有3 000多万元。

上完我的课程，他开始思考：如何才能做出一个年营收破亿的大单品呢？这个想法似乎有些异想天开，因为当时行业里年营收最高的单品也就1 000万元。但是，他下定决心，一定要聚集公司所有的财力、物力、人力，打造出一个亿级大单品。

现在问题来了：这个大单品应该怎么选呢？一开始，企业做减法还比较简单，根据历史业绩表现，公司很容易就从200多个品种缩减到12个。接下来，难点来了：怎样从12个产品中挑选出1个？最后，他用了三个筛选标准。

第一，能生根。这个大单品在这个领域内一定要具备独一无二的优势。如果这个产品不能生根，以后这个大单品就一定会被别人生根的产品给挤走，所以你是在为他人打工。

第二，有潜力。这个大单品一定要有持续的高利润，才能支撑整个企业的发展。持续的高利润意味着企业要做用户未来需要的产品。当时的主流产品是杀菌剂，但如果农作物生病的概率随着种植改善而不断减少，杀菌剂对用户的价值就越来越小。再过几年，杀菌剂一定会被淘汰，所以价值必须升级。怎样升级？他当时想到的第一个方向是将价值占位从杀菌药调整为增产药，因为农民种地就是为了增产。

第三，有激情。一个好的产品，一定是全员持续不断地进行价值创造的结果。这个增产药的价值点在哪里？30元的产品要达到对手50元产品的效果，还要为老百姓带来200元的收益。接下来，团队所有人都围绕这个目标持续升级，每升级一次，团队的使命感和幸福感就增强一次。

按照以上三个标准，他选来选去，最后就剩下一款产品——小蓝帽。当时，小蓝帽的年营收还只有 2 万元，而另外一个杀菌产品的年营收为 1 000 万元。因此，所有的同事都反对他。因为一旦失败，满盘皆输。但他坚定自己的选择是对的。

果然，到了 2016 年，联合国因为该杀菌产品的高残留成分，把那个品类禁止了。这让他深刻地感悟到：在选择大单品时，企业一定不能只看三五年，还要看产品 20 年后的潜力。

好在皇天不负有心人，小蓝帽果然不负所望，开创了一个年营收破亿元的行业奇迹，成为名副其实的行业第一大单品。

古代先贤管子在《管子·国蓄》中说："利出于一孔者，其国无敌；出二孔者，其兵不诎；出三孔者，不可以举兵；出四孔者，其国必亡。"经营企业也是同样的道理。**企业一定要保证公司上下所有人的焦点只有一件事，利益全部来自一个地方。**利出一孔，才能力出一孔。就像上面案例中的这家农资企业，想要做出大单品，就必须把其他洞全部堵住。相反，产品多元化就等于在管道里开新的漏洞。

为什么这些漏洞不容易堵住呢？因为人性使然。老板是贪婪的，他们想要做更多、做更大；同样，高管也是贪婪的，每个人都期望能单独保有一片自留地。表面上看，这些高管是为企业开辟一片新市场，但实际上，大家都是在水管里面开新孔，最终这些新孔会拖企业的后腿，吃掉企业的老本。

经营企业几十年，我有一个深刻的体会：做加法容易，做减法很难。企业决定开一家新公司、成立一个新部门、开辟一条新的产品线……做加法总是人人鼓掌，而做减法都是得罪人，因为做减法意味着要伤害到许多人的利益、面子。从这个角度看，聚焦本身是反人性的。但我仍然要劝诫所有企业家，再难也得做。大多数人会选择做自己喜欢做的，而不是最重要的。但是，**真正重要的不是你想干什么，而是你应该干什么。**你要做真正为企业贡献价值的事情，而不是凭自己的好恶做事。

1 000 米深——未买先卖，集中资源到用户端

在你找到这一件事后，接下来，企业所有的时间、精力、财力、物力要像激光一样，全部聚集到这件事上。然而，经营涉及方方面面，到底要先把资源聚焦在什么地方呢？一定要聚焦在用户端。经营企业必须未买先卖，即在还没有做产品之前，先要解决卖产品的问题：用户在哪？用户的痛点是

什么？用户的大需求在哪？这些听上去老生常谈，实则很难，因为它违反人性。

人性是什么？大多数老板看到别人做一个项目赚了钱，于是他产生了一种错觉，认为这件事情自己也能干。接下来，他开始拉团队、配资源、找工厂……最后产品做出来了，他才开始找市场，结果发现根本卖不动。

实际上，他做反了，正确的逻辑是用户优先：先找到用户，再投入资源。经过40多年的高速发展，中国的经济环境发生了很大的变化。现在是产品严重过剩的时代，各行各业都在"内卷"中争夺存量市场，所以真正稀缺的是用户。**用户就是机会，用户就是未来，用户就是订单，用户就是市场**。然而，现在还有大量企业家仍然在用增量时代的思维方式经营企业。

有一次，我在上海总部讲课。一位企业家跑过来找我，说有个大项目要和我们合作。原来，这位企业家在房地产行业赚了第一桶金。随着地产行业下行，他也开始转型到教育行业。

为什么要转型做教育呢？这源于一个契机。3年前，他的家乡政府面向在外发展的成功企业家进行招商引资，承诺划拨给他一大片土地,并给了他一个中学生研学的教育项目。什么是中学生研学项目呢？10年前,教育部发布了一项政策,要求所有中小学生每学年至少参加一次社会实践活动。

我问他:"那你打算怎么做呢？"

他答道:"我就在当地划拨给我的土地上,建了一个'军事基地',里面有坦克、飞机、大炮模型……让中小学生来研学。"

我追问:"你投了多少钱？"

他说:"我投了几千万元！因为这个项目是我转型的第一个项目,所以我要一战成名……"说话间他依然难掩兴奋,讲得滔滔不绝,眉飞色舞。

但我接下来的一个问题直接浇灭了他的激情,我问他:"订单在哪里？"

"订单在教育局啊！"

"订单由教育局直接给你吗？"

"哦,那倒不是！用户在学校啊！"

"那用户是谁呢？"

"孩子啊！"

"那你和用户谈过话吗？你知道小学生的研学是怎

么做的吗？"

事实上，当地的中小学生研学是怎么做的呢？每个人只需要花2元，老师把学生带到田间地头，让他们享受阳光、认识花草、烤烤玉米……孩子非常喜欢，家长也很满意。

试问一下：这位企业家花了几千万元打造的"军事基地"，他要收多少钱的门票？显然，他对用户的情况一无所知。只要稍微调研一下用户，他就会意识到这根本就是个伪需求，因为真正的需求是来自客户非买不可的理由。如果他知道中小学生研学只需要每人2元，他还有必要在当地建一个大基地吗？即便他真的要做，他也没必要自己去建基地，完全可以用别人的资源和设备去满足用户的需求。

我告诉他："如果是我，我不会这样做。我一定是用户导向：用户在哪里？他们每年、每月、每周、每天愿意花多少钱？这些钱怎么花？目前是谁在满足他们的需求？对手在满足其需求的过程中，问题出在哪里？通过这些问题，我一定要先算出用户的订单量：1年有多少钱？10年有多少钱？一个区域有多少钱？……虽然我在研学上是外行，但我知道必须坚持用户导向、订单导向。现在，你唯一的办法就是重做。"

类似的悲剧可谓是数不胜数。经常有企业家告诉我："我现在有一个项目，政府非常支持，给我拨了土地，又给了各种优惠政策……"听到这里，你千万不要被机会冲昏头脑。因为土地不是重点，政府支持也不是重点，任何资源都不是重点。**在消费者主权时代，用户才是重点。**如果企业家只盯着资源、盯着机会，而不是去了解用户、了解市场，那么再好的资源也只是诱饵，终将把你引向失败的深渊。

因此，企业家一旦选好一件事，接下来最重要的工作就是把资源聚焦在用户端，未买先卖，先拿到订单。

1万米深——深耕全产业链，做到品质第一

订单的问题解决了，你还只是钻到1 000米深。接下来，企业还要继续往下打井，钻到1万米深。此时，企业需要解决什么问题呢？品质问题。

品质是企业的天条，产品就等于人品。

何谓品质？品，即口口相传；质，即价值要做到10倍好。什么叫10倍好？你的价值能被用户感知，让用户被深深震撼。假如你提出要做世界上最好吃的米线，那么你的米

线就要击穿用户心智，让用户被你的米线震撼。但不得不承认，这件事难度非常大。

为什么难度非常大？因为**品质管理不是单点管理，而是全产业链管理**。要让用户感知和震撼，你就必须对产品的全流程进行品质管理。正如竞争战略之父迈克尔·波特所言："当你和其他企业竞争时，其实是内部多项活动在进行竞争，而不是某一项活动的竞争。"

这意味什么？品质竞争不是一个点的竞争，而是全产业链竞争。什么叫全产业链竞争？给大家讲个故事。

几年前，我在湖南讲课时，遇到了一件特别开心的事情。10多年来，有不少湖南籍的餐饮企业家都听过我的课。其中，有一个企业家经营的餐饮品牌叫费大厨。

这个品牌的创始人听课以后，开始聚焦于一道招牌菜——辣椒炒肉。为什么选择辣椒炒肉？因为这道菜在整个湘菜里点单率最高，所以他选择辣椒炒肉作为自己的大单品。

早在去湖南之前，我就听人说，这个品牌做得非常火爆，它的招牌菜辣椒炒肉不仅每年销量在100万份以上，还揽获了业内几项大奖。所以，我打算利用这次出差的机会，前去体验一番。

当然，我并没有联系这家企业的董事长，而是直接通过手机地图找到了酒店附近的一家门店。这家门店位于商场内部，虽然商场内有很多餐厅，也不乏一些比较知名的餐饮品牌，但唯独这家餐厅前排起了长长的队伍。在费大厨的招牌旁边，一眼就可以看见4个大字：辣椒炒肉。从这个细节，我们就可以看到费大厨的差异化：别人做湘菜，费大厨却只做湘菜里的辣椒炒肉。

大约等了半个小时，终于叫到我的号。我跟随服务员走进餐厅，目光所及，从招牌到桌布再到员工的帽子、胸牌、围腰上全都印上了"辣椒炒肉"。我翻开菜单数了数，发现这家餐厅一共只有20多道菜。按照惯例，我请服务员推荐招牌菜。话音未落，服务员已经先发制人：辣椒炒肉。除了辣椒炒肉，服务员又推荐了其他两道菜。

等餐的过程中我环顾四周，发现这家餐厅比预料之中要大很多。我本以为费大厨主打一个单品，餐厅面积应该很小。出乎意料的是，这家餐厅容纳了约50张桌子，几乎每张桌子上的客人都点了同一道菜：辣椒炒肉。

没过多久，服务员非常隆重地把辣椒炒肉端到我面前，手上还拿着一个特制的固体酒精炉。上菜之前，服务员非常郑重地向我介绍：亲爱的用户，世界上最好的辣椒炒肉奉献给您……紧接着，服务员点燃了固体酒精炉。在辣椒炒肉送到嘴里的那一刻，我不得不承认，这确实是我吃过的最好吃的辣椒炒肉。

为什么费大厨能靠一道辣椒炒肉征服用户？因为从"地头"到"舌头"的每一个环节，费大厨都把品质做到10倍好。

费大厨要把辣椒炒肉做到第一，就必须从原材料开始做品质管理。因此，费大厨从辣椒的种植开始把控。所用的辣椒不是普通辣椒，而是由"辣椒大王"邹学校院士亲自确定的辣椒品种，并且还必须是采购于同一季节的最新鲜、最优质的螺丝椒；费大厨用的肉也不是普通的猪肉，而是来自湖南宁乡精选的土花猪；即便是炒肉的酱油，费大厨也精选传统工艺酿造的非转基因大豆酱油。同样，生产环节也要精心设计，费大厨一改辣椒炒肉上桌直接吃的方式，专门设计了一套带炉餐盘，并配大勺用于翻舀汤汁，以充分展示辣椒炒肉的色、香、味。此外，其他的生产流程、制作工艺，任何一个细节都会影响辣椒炒肉的口感。

在销售渠道上，费大厨还必须让客户知道并买到产品。当然，为了让用户吃到最好吃的辣椒炒肉，费大厨坚决不做外卖，因为中国菜讲究锅气，一旦离灶时间太长，再好吃的辣椒炒肉，用户也感受不到那种顶级的味道。所以，费大厨宁愿牺牲销量，也要追求品质和用户价值，因为最终一切都是为了震撼用户。谁能吸引到更多的用户，谁就能赢得最后的胜利。

由此可见，一道菜背后的竞争，远远不是一家企业与另一家企业之间的竞争，而是一条产业链与另一条产业链之间的竞争。这道菜本身的竞争是显性的，但其背后隐性的竞争其实体现的是企业对全产业链品质控制的深度。因为整条产业链共同组成了一个价值传送网络，最终竞争的结果是由其最薄弱的环节决定的。所以，研、产、供、销、服的每一个节点都关系到用户感知，这意味着企业在每一个节点都要建立世界级标准和流程。

从本质上看，全产业链竞争不是一个点的竞争，而是点、线、面、体的竞争。以麦当劳的汉堡为例，这个全产业链竞争的第一段是供应链，而供应链的第一段是原材料，汉堡中的一个主要原材料是面粉，那么麦当劳要沿着面粉往前推，研究小麦的品质，而小麦再往前推是小麦的种子，其复杂度可见一斑。即便解决了供应链的问题，接下来还要解决生产、工艺、流程、物流、营销、渠道、体验、服务、复购……所有环节都要做到精益求精，为了超出用户价值期望，企业需要把所有产业链全部打通。

那么，在整个产业链中，哪个节点最关键呢？我用一个真实的案例来回答这个问题。

数年前，有一家食品企业的创始人来上我的课，当时行业内部正在打价格战，产品单价一路从25元跌到20元、15元、10元、5元、3元……整个行业都不赚钱。当时，他的公司年营收大约在7 000万元，公司严重亏损。

上完课以后，他开始调整思路：锁定高端，做一个战略大单品。同时建组织，打造强大的经销商团队。这些动作做到位后，他的企业很快就从7 000多万元做到了20多亿元。

有一天，他跑过来找我，说："李践老师，我想做到百亿元！"

我告诉他："你要做到百亿元，如果继续锁定高端市场，那么你一定要在源头上控制好供应链，最好能把高端产品的关键原材料全部垄断。"

他听了我的话，回到原材料的产地，在土地、农民身上下功夫，成功将所有高端原材料垄断。等到竞争对手反应过来的时候，已经来不及了。

由于高端原材料被他垄断了，竞争对手就无法切入高端市场，只能做中端市场或大众市场。如此一来，这家企业就与对手形成了错位竞争，这就相当于整个高端市场被他垄断了。因此，短短两年时间，这家企业就从年营收20多亿元飙升到了百亿元。

真正的顶尖高手在商业上是垄断思维，而垄断的源头在供应链的原材料端。如果你要为用户创造独一无二的价值，那么你必须从源头开始控制好整个供应链，这样才能做到前无古人，后无来者，否则，你就无法实现价值的穿透。

10万米深——复利带来复购，成就品牌第一

企业如果要想在一个产品上拿到金牌，仅仅做到品质第一还不够，还要继续往下钻井，钻到10万米深，做到品牌第一。因为金牌来自用户的认知，来自用户的口碑和信任，

来自用户的重复购买和转介绍。只有到这一步，你的生意才真正激活了。

前面讲过，用户购买有两个前提：一是购买力，二是购买习惯。人是习惯的动物，一旦用户养成了购买习惯，他们就会从购买1次到购买10次、100次、1 000次……最后你的生意就长久了。因此，做生意本质上做的就是复购和转介绍。复购是指用户重复购买，转介绍是指进入用户的圈子，低成本地获取新客户。最终，**所有企业的竞争就是复购率和转介绍率的竞争。**

如何让用户持续复购和转介绍呢？企业必须循序渐进，做到三个"度"。

知名度。要想拿到金牌，首先你要让消费者知道你的品牌。怎样才能让消费者知道呢？企业必须做广告宣传、活动推广、线上线下引流……这背后是一系列的动作。并且，这些动作还不能停。因为一旦停下来，你的知名度就会下降，消费者就把你忘了。

美誉度。在客户知道了你的品牌后，他可能会被吸引来体验你的产品。比如，某个用户喜欢吃米线，他听说你的米线是世界级最好吃的米线，接下来他就会进店体验。这背后涉及哪些环节呢？体验、渠道和服务。你能不能震撼到他？你能不能让他尖叫？千万不要低估了用户。用户久经沙场，相当专业。他品尝过各个品牌的米线，知道谁家做得好吃，谁家做得不好吃。因此，在用户体验的那一刻，就是在考验你的产品和服务的深度能不能超越他的预期，能不能让他震撼。

什么叫震撼？你要让用户感受到对手与你的差距。这个差距必须是客观的，是用户可衡量的。如果做到这一点，你就有了美誉度。

忠诚度。有了知名度和美誉度，最后还要让用户保持对品牌的忠诚度。**忠诚度的本质不是要求用户对你忠诚，而是你要用价值来换取忠诚。**你要为用户提供终身价值，让他持续依赖你。这对企业的要求就非常高了。

为什么？因为用户对产品的预期是不断上升的。当用户第一次体验你的产品时，他的预期是80分，结果你的产品价值是100分，最终他被震撼了。但是，当他第二次来时，他的预期就变成了100分，如果你提供的产品价值依然是100分，那么他只会觉得理所应当。只有当你的产品价值提升到120分时，他才会被震撼。以此类推，当他第三次购买时，他的预期又变成了120分，现在你的产品价值必须升至140分，才能超越他的预期。

因此，忠诚度之所以难，就在于你必须持续超越用户预期。用户只有第一次被震撼，才有第二次购买；只有第二次被震撼，才有第三次购买；只有第三次被震撼，才有第四次购买……

如何才能让产品持续超越用户预期呢？唯一的办法就是持续迭代。**用户终身价值绝不是吹出来的，它是持续迭代出来的。产品只有持续迭代，才能满足用户不断升级的要求。**

过去我们总以为熟能生巧，事实并非如此。我从3岁起开始吃妈妈做的回锅肉，这道菜妈妈已经炒了成千上万次，为什么妈妈没有成为回锅肉大师？因为妈妈只是在低水平地重复，她没有持续迭代。只有持续不断地迭代、改进，才能让第2次比第1次好，第10次比第9次好，第100次比第99次好，第1 000次比第999次好，这才是真正的钻井。否则，你只会停留在同一个深度。

这背后是什么逻辑？**持续迭代会带来复利，复利又带来复购。**

复利的概念源于金融领域，它是一种利滚利的形式。其基本原理是将每次获得的利息纳入本金继续投资，第二次投资的本金就包含了第一次投资的本金和获得的利息。接下来，人们在进行第三次投资的时候，会将第二次投资的本金和利息用作新的本金，按照这种计息方式，随着时间的推移，本金会越来越多，利息也会越来越高。譬如说，你在银行存1万元，日利率为1%，按照一年365天计算，则最终回报是$1\times(1+1\%)^{365}=37.78$万元，这就是复利的魅力。

在商业领域，复利效应同样适用。如果一家公司聚焦于一件事情，每天进步1%，一年就能提升近38倍。因此，企业要想在一个产品上拿到金牌，那么每个环节、每个岗位都要持续迭代。也许一两天看不出效果，但时间一长，就能把对手甩出很远的距离。这个时候，差距就出来了。

水滴石穿不是水的力量，而是时间的力量。 最终，顶尖高手的成功来自哪里？来自时间的积累。**时间就是壁垒，所有后来者只能排队，这就是长期主义的价值。** 其实，聚焦很容易学，但长期的、深度的聚焦，对手是学不了的。聚焦再加上时间的积累，任何对手都没辙了。顶尖高手的深度，就来自时间的积累，这会让对手望而却步。当竞争对手想复制你的时候，他会发现复制到100米的时候，你已经做到1万米深了，竞争对手只能缴械投降，因为他根本没办法和你竞争。他要想做到1万米深，可能还需要10年。而这10年中，你还在持续迭代，当他钻到1万米时，你已经钻到10万米深了。这就是时间所构筑的护城河。

任何一个伟大的产品，一定来自时间的积累。甚至可以说，所有伟大的产品都是不断改出来的。

以行动教育为例，我的"浓缩 EMBA"课程已经讲了 521 次，这意味着这门课已经迭代了 520 次。

从我每次开始讲课的那一刹那起，台下教学组就在做记录。为什么要做记录？因为三天课程结束以后，教学组要根据这个记录召开课程改进会。接下来，每一期课程都会推倒重来，把每一次当成第一次来备课。因为我们希望第 522 期能比第 521 期讲得更有实效性。

这个实效的标准不是静态的，而是动态的，每一次都要比上一次更加有实效性。为了提高实效的标准，全员上下都要持续改进，从研发、设计、生产、销售到服务，每个岗位的员工都要各司其职，对自己的工作进行学习、反省、改进，这个迭代的过程永无止境。正是因为汇聚了所有人的努力，这个产品才能从 4 800 元到 8 800 元、12 800 元、15 800 元、19 800 元、23 800 元、29 800 元、35 800 元、39 800 元……

事实上，不仅仅是我的课程，行动教育所有老师的课程都在持续迭代。每周二晚上 8:00—10:00，所有课程导师都要针对自己的课程，提交反省改进方案，并由我亲自担任检查组的组长。为什么要这样做？因为只有持续迭代，我们才能实现产品价值上的突破，才能产生时间的复利效应。

价值是利润的基石。前面我们反复强调：利润增长的底层逻辑是价量双增。价量靠什么能实现双增？靠的就是持续迭代。通过全员上下聚焦一件事，全押所有精力和资源，将一个产品的价值做到极致，直到拿到金牌。一旦价值上拿到金牌，价格的增长空间就出来了。同时，由于价值征服了用户，他就会复购和转介绍，最终数量就上来了。因此，这才是激活利润增长的底层逻辑。

反观今天的中小企业，它们最大的问题就是在用户价值上做得太浅了，浮于表面，没有一个产品能扎到1万米深。真正的企业家必须持续聚焦一个1米宽的井口，扎到10万米深。并且，这条路永远没有终点。最终，从用户的角度来看，要的是一生一世，而从企业家的角度来看，必须一生一事，一战到底。

产品是战略定位和

价值占位的落地呈现。

如何才能打造出
一个伟大的品牌呢?
不是靠产品矩阵,
而是靠一个战略大单品。

企业的竞争本质上
是产品的竞争，
而产品竞争的底层逻辑是
单点破局—找到一个突破点，
然后进行饱和攻击。

经营企业的最高境界就是：

让用户永远依赖你。

商业成功的本质就是

先义后利：

你先要成就用户，

为用户创造价值，

最终才能得到利润。

做生意本质上做的就是复购和转介绍。

第二篇　经营篇

第四章　组织裂变：增长不是来自产品，而是来自组织

组织的底层逻辑是"1+1+1=111"。

从 0 到 1 靠经营产品，从 1 到 N 靠经营人才

从战略定位到价值占位，再到产品战略，企业终于解决了从 0 到 1 的问题。接下来，企业想要做大，从 1 发展到 10、100、1 000……靠什么？组织裂变。这可能是许多中小企业万万没想到的答案，这就是绝杀。

所有顶尖高手的成功最后都来自两个词：一个词叫"一剑封喉"，前面的战略篇就是为了解决这个问题，把战略大单品做到一剑封喉；另一个词叫"千家万户"。**要让"一剑封喉"发挥出最大的作用，你必须把产品送到千家万户。而靠什么才能把产品送到千家万户？千军万马。**所以，最终企业做大靠的是组织，而组织的基本单位是人。

组织是什么？"组"是指人的组合，"织"是指人的分工合作。因此，它的焦点在人身上。在课堂上，我经常会做

一个小调研：作为企业家和管理者，你有没有把60%以上的时间花在选人和育人上？举手者寥寥无几。

时间花在哪里，结果就在哪里。时间是你最大的资源，也是你最大的成本。如果你没有把60%以上的时间花在选人和育人上，会带来什么问题呢？先给大家讲一个故事。

1937年，美国有一对兄弟在自己的家乡开了一家汉堡店。1937—1945年，兄弟俩凭着对汉堡的一腔热情将这个汉堡店做得非常成功，也赚到了"第一桶金"。也就是说，这家企业完成了从0到1的飞跃：产品成型了，商业模式也跑通了。

这时，兄弟俩不再满足于从0到1，他们想要做大，完成从1到N的跨越。

怎样才能从1到N呢？兄弟俩马上想到了一个词——复制。这个词非常经典，因为所有企业最后成功的关键都来自复制。那么，如何才能实现复制呢？兄弟俩将焦点放在产品复制上。由于他们卖的是汉堡，接下来他们针对店面的选择、产品、定价、营销、服务……花了三四年时间，形成了一整套标准。

1948年，兄弟俩开始在全美范围内招募加盟商，通过向加盟商贩卖标准，告诉加盟商如何开店、如何选址、如何做产品……当然，兄弟俩的条件是加盟商必须向其缴纳管理费。1948—1953年，兄弟俩招募了几十家加盟商，品牌也开始做大了。但是，随着他们不断做大，问题开始暴露。

有一次，一个老人在加盟店吃了汉堡后生病了，不治身亡。老人去世以后，家属将兄弟俩的品牌告上了法庭，最后得出的结论是，老人确实是吃了他们的汉堡导致中毒。作为一家食品企业，这个结论无异于对这个品牌宣判了死刑。随着媒体报道和丑闻的发酵，所有加盟店的生意都出现了断崖式下滑。这对那些加盟店来说是致命的打击，许多加盟商开始扯皮，并拒绝继续缴纳管理费。

一波未平，一波又起。不久，一个年轻人在他们的加盟店吃汉堡，结果打开汉堡，发现上面有一只蟑螂。蟑螂是怎么跑出来的？没有人知道。但是，在这件事被媒体曝光以后，汉堡加盟店的生意更加一落千丈。

1954年，就在兄弟俩焦头烂额之际，一个叫克罗克的人找上门来，请求兄弟俩将自己的品牌在全美各地开连锁分店的经销权卖给他，兄弟俩答应了，但提出的条件相当苛刻，他们规定克罗克只能抽取连锁店营业额的1.9%作为服务费，而其中只有1.4%是属于克罗克的，0.5%归兄弟俩所有。一心想干一番大事业的克罗克，毫不犹豫地接受了这个条件。

1955年，克罗克在芝加哥东北部开设了第一家真正意义上的现代特许经营店。虽然在此之前兄弟俩也特许他人经营，但管理上极为混乱，严重影响了这个品牌的声誉。

到1961年，这家企业的连锁店已发展到228家，销售总额突破3 800万美元。克罗克终于以270万美元的天价从兄弟俩手中买下了这个品牌。从此以后，克罗克完全按照自己的经营逻辑来做。他的目标非常清晰，要把这个汉堡店从小地方开到大城市，开遍整个美国，再开遍全世界。为此，他抵押了自己的所有财产，全身心投入。

你大概已经猜到了，这个品牌就是麦当劳。今天麦当劳在全世界非常成功，一年净利润超过400亿元，市值1万亿元。但是，它的成功并不是源于创始人麦当劳兄弟，因为兄弟俩只做了几十家店就状况频出。真正让麦当劳走向世界的是这个叫克罗克的人，他才是当之无愧的"麦当劳之父"。

"麦当劳之父"克罗克是靠什么成功的呢？事实上，他走的也是复制之路。不同的是，麦当劳兄弟复制的是产品，而克罗克复制的是人才。1961年，克罗克收购麦当劳以后，马上着手做了一件事：在麦当劳一家门店的地下车库成立了麦当劳汉堡大学，这是全世界第一所汉堡大学。麦当劳在地上生产汉堡，在地下培养人才。

最后，麦当劳成功靠什么？表面上看是靠复制门店，但实际上支撑门店经营的是人才复制。从那以后，麦当劳的焦点放在人才复制而不是产品复制上。也就是说，正是先人后事的逻辑，才开启了真正的麦当劳王国。

你知道麦当劳兄弟和克罗克的区别在哪里吗？麦当劳兄弟没有把焦点放在人的身上，这是他们最大的失误。在一个组织里面，基本上可以分为两类人：一类人关注事，另一类人关注人。所有的专家和一线员工的工作都应该关注事。然而，只要走上管理岗位，即便是一个小组长，甚至是带教师傅，他的工作就不再是以事为导向，而是应该以人为导向。因为领导者的绩效是通过别人完成的。如果你领导10个人的团队，你就需要关注手下的10个人；如果你领导100个人，你就要关注100个人……

管理者是通过别人拿结果，因此一定要把关注点放在人上，让别人为你工作。让别人为你工作意味着什么？你要通过选人来取长补短。就像刘备知道自己的武艺不行，因此他需要关羽和张飞这样的虎将。但是，仅仅有武将还不行，他在曹操身上看到了自己还需要谋士，因此他三顾茅庐，让诸葛亮成为自己的智囊。在他把组织建起来后，他就能所向披靡。正如韩非子所言："下君尽己之能，中君尽人之力，上君尽人之智。"这就是领导者，他非常清楚自己的缺点，因此他的思维方式不是去做事，而是把焦点放在人身上。

如果管理者错误地把焦点放在事上，靠自己低头拉车，他就会累得鸡飞狗跳，并且效率极低。因为他的时间有限，能力有限。他只有一双手，一天只有24小时。一旦他手停了，业绩就停了。所以，职位越高的领导者，越需要把焦点放在选人和育人上。选人是为了让别人为你工作，育人就是要复制人才，提升绩效，成就员工，推动组织裂变。只有帮助下属成功，你才能成功。

麦当劳兄弟为什么最后做不起来？因为麦当劳兄弟不是领导者思维，他们是典型的个体户思维，个体户只会把焦点放在事情上。他们虽然想到了产品复制，但没有想到人才复制。追本溯源，是因为他们没有理解人才和组织对增长的价值，不懂得这件事情的重要性。

为什么今天很多中小企业做不大？正是因为企业管理者

走进了这个误区：他们以为企业做大是靠把产品做多。其实，**产品做得越多，企业就越乱。企业真正做大靠的是组织，是人。**在你的战略大单品做出来以后，你要发展千军万马，把这个战略大单品送到千家万户，这才是企业做大的底层逻辑。

一天，一位企业家来拜访我。他告诉我，他想追求增长。

我反问他："你有几员大将？有多少市场人员？有多少渠道大军？有多少门店销售？"为什么我会这样问？因为人是一切的创造。在企业中，人是唯一的活性资源，其他一切资源，如机器、厂房、设备，甚至钱都是"死"的。人才是决定成败的关键。如果你只是个体户，只有一杆枪，而竞争对手有一千杆枪，你怎么可能以一敌千呢？

归根结底，增长来自人。人来自哪里？来自组织。组织又来自哪里？组织力。因此，增长的背后需要的是一套强大的组织体系。从这个角度来看，**组织才是第一增长力。**

组织的底层逻辑："1+1+1=111"

组织如何才能从单枪匹马走向千军万马呢？我们要理解组织裂变的底层逻辑。如果用一个数学公式来表达，**组织的底层逻辑是"1+1+1=111"**。

这个公式是什么意思？我们还是要先回到组织的定义："组"，组合；"织"，编织。也就是说，**组织就是为了达成一个共同的战略目标，将一群人科学、有序地组合和编织在一起。最终，通过组织来取长补短，将所有人的力量汇聚成一股，形成一个铁打的营盘，实现整体效率最大化。**

这样讲可能还是有些抽象，给大家分享一个经典的故事。这个故事源于经济学鼻祖亚当·斯密在1776年出版的《国富论》。

200多年前，英国人需要一种商品叫大头针。当时，大头针的制作全部要依靠人进行手工制作。按照惯例，一枚针的制作流程通常是由一个人从头到尾负责。即便是最熟练的工人，一天最多也只能生产20枚大头针。

但是，有一家从小作坊转型过来的工厂，它的老板改变了自己的思维方式：他先梳理出整个制作大头针的过程一共分为18道工序，然后又雇用了10个工人。当然，他并没有让10个工人独立制作大头针，而是将18道工序又分成10个环节，每人负责其中一个环节：1人抽铁线，1人拉直，1人切截，1人削尖线的一端，1人磨另一端，1人装圆头，1人涂白色，1人负责包装……请注意，此时老板在干什么？分工和组织。

与普通作坊不同，老板自己并不工作，他的逻辑是通过分工和组织，让别人为他工作。具体来说，他做了以下3件事。

- **流程再造**。生产一枚大头针本来需要18道工序，但他通过流程再造，将这18道工序进行合并，最终变成了10个环节。流程再造的目的是什么？就是为了让别人为他工作。
- **岗位分工**。针对这10个环节，他设计了10个岗位。每个岗位定责定量，各自负责不同的任务。通过分工合作，他将大头针的制作流程变成了一条流水线：从第一个环节到第二个环节，再到第三个环节……就像传球一样，球传到最后一个环节，大头针就生产出来了。

- **因岗定人**。岗位责任明确了，具体的人才标准和人才培养的逻辑就出来了，他就知道了这个岗位需要具备什么样能力的人，进而人才画像就出来了。接下来，他只需要根据画像来招人、育人，组织就建起来了。

最终效果如何呢？这10个人一天能制作48 000枚大头针。也就是说，平均每人每天可以生产4 800枚大头针。相比之前每人每天最多制作20枚，这简直是天文数字！

从20枚到4 800枚，生产效率整整提升了240倍。这就是企业通过分工来提升劳动效率的过程，也是对"1＋1＋1＝111"最好的注解。

更重要的是，这家工厂的老板自己没有陷进去。一旦订单多了，他还可以再增加一条生产线、两条生产线……慢慢地，企业就做大了。这就是组织驱动增长的逻辑。

时至今日，分工似乎是老生常谈的话题，仿佛人人都明白这个道理。但实际上，从我们对企业的观察来看，多数企业除了生产端的流水线是分工思维，大多数环节都没有真正践行分工理论。

比如在销售环节，许多企业都是单兵作战——由单个销售人员完成所有销售流程，从拜访客户到为客户提案，再到为客户答疑、商务谈判、签单……整个销售流程都是由一位销售人员从头跟到尾。试想一下，如果要让每个环节都做到100分，那么对销售人员的专业要求有多高？只要其中一个环节没有做到位，整个订单可能会功亏一篑。其实，企业完全可以用分工来解决问题。《国富论》早就提出了"分工产生效能"的理论：**一个人完成所有工序的效率必然大大低于每个人只做一道工序的效率。**

以行动教育开发大客户为例，整个销售过程分为三个流程节点：拜访客户交给一线的销售人员，销售人员一旦确认客户有购买意向，就会预约客户时间为其提案；到了提案环节，我们就不能再安排一线销售人员去服务客户，而是由更加专业的分公司总经理进行提案，这样才能大幅提升提案的成功率；在提案结束后，客户如果需要进一步体验课程，这个时候可能就需要课程导师对其进行服务和一对一沟通，直至成交。换言之，整个销售流程的分工越细致，对人才的要求就越低，同时服务客户的专业度也越高，成交率也会越高。

由此可见，销售环节也要进行分工：从第一个节点到第二个节点、第三个节点……节点之间无缝连接，彼此首尾相接，最终贯通整个流程，生产效率自然就提升了。**只有流程标准化，才能可复制；只有可复制，效率才会提升；只有效率提升了，企业才能做大。**

以此类推，经营的任何一个环节都要进行分工。分工的意义是什么？是让别人为你赚钱，而不是靠自己苦干。因为你的时间有限、能力有限、资源有限，所以你只能靠人的分工与组合，来建立一个强大的组织。这个世界上最具竞争力的是组织，没有一家企业能够凭借创始人的一己之力成功。所以，一个老板如果创业到最后没有去发展组织，就大错特错了。

打个比方：组织就是要从一根筷子到一捆筷子，从一根草到一床草席。众所周知，一根筷子很容易被折断，但是一捆筷子很难被折断；一根草会随风摇摆，而一床草席能遮风挡雨。因为草席经过编织以后，它的本质和功能发生了变化。草席有了紧密度，能够隔温隔热，这是一根草无论如何也做不到的。所以，当企业家发现个人的力量太渺小时，才会意识到组织裂变的重要性。

尤其是当企业通过产品创新完成从 0 到 1 时，企业会迎来一个快速发展的时间窗口期。如果企业这个时候的人才复制跟不上，组织裂变的速度太慢，不能快速地从 1 复制到 N，就会白白错失这个时间窗口期。因为一旦复制者跟上来了，企业的创新红利就消失了，其在用户心中独一无二的价值占位也会逐渐淡化。此时悲剧就发生了：你会发现自己起了个大早却赶了个晚集。所以，从 1 到 N 这一阶段，组织裂变一定要快。

如何才能快速实现从 1 到 N 呢？企业家一定要提前着手创建组织，甚至在产品成熟之前，企业家就要着手准备这件事。因为**组织工作天生是个慢活儿，没有捷径可走，只能靠时间慢慢积累，靠一砖一瓦建设**，这也是经营组织最大的挑战所在。

本质上，组织裂变是一个"点—线—面—体"的进化过程。当你是个体户时，你就是一个"点"；等你有了两个人，就能连成一条"线"；随着更多的人加入，你们可以形成一个"面"；最后，不仅企业内部纵横交错，而且全产业链的利益相关者都将编织进来，组织就进化成了"体"。事实上，企业家最大的创造力，就在于创造了这个"体"。

任何一家伟大企业的成功，一定来源于组织的成功。

组织增长公式：业绩 = 人效 × 人数

任何组织都是从小到大发育出来的，那么组织如何才能完成从 1 到 10、100、1 000、10 000 的裂变呢？这件事的关键在于一号位，一号位至少要把 60% 的时间花在下面 4 件事情上。

- 搭班子
- 增人效
- 涨人数
- 建人梯

如果一号位不亲自抓这 4 件事，最后一号位就成了光杆司令。具体来说，这 4 件事应该如何来抓呢？下文将依次来拆解。

搭班子：搭建组织的"四梁八柱"

为什么要搭班子？其源头可以追溯到企业的基因选择。

当你选择成为雄鹰时，这个高远的战略目标就决定了你一个人干不了所有事。要保证目标落地，你必须发展组织，把一个人变成一群人，并且还得前赴后继、生生不息，才有可能实现战略目标。所以，**企业的战略目标越高远，组织发展的需求就越迫切。**

组织发展的第一步就是搭班子,也就是先把组织的骨架给搭起来。具体来说,班子应该怎么搭呢?企业要按部就班做好以下 3 个动作。

- **顶层设计:一号位 = 组织设计师**

组织是第一增长力,这就意味着一号位的角色需要重新定位:过去一号位可能是业务高手或技术专家,现在他必须成为组织设计师。组织设计不能授权给他人,必须由一号位亲自操刀。系统组织理论创始人切斯特·巴纳德将组织定义为"有意识地协调两个或两个以上的人的活动或力量的一种系统"。也就是说,一号位的职责是将各部门、各单元的能力有机地串联起来,使其发挥出"1+1+1=111"的效果。

纵观历史,所有优秀的一号位都是优秀的组织设计师。流程设计就是组织设计,也就是关键环节设计。因此,优秀的一号位一定是一个流程专家,也是一个组织设计专家,他必须对组织设计负全责,对流程了然于心,对每个岗位的职责权利了如指掌。

- **主体架构:搭建组织的"四梁八柱"**

一号位要靠谁来落地目标呢?搭班子首先要确定主体架构,就像盖房子先要架起"四梁八柱"。同样,组织也有"四梁八柱",它被我们形象地称为组织的"四大天王"和

"八大金刚"。"四大天王"是指组织中负责人、财、物、销四大模块的一号位，分别是：人力资源一号位、财务一号位、供应链一号位和销售一号位。"八大金刚"是指"四大天王"各自配备的两位副职，共8位。

　　一家健康的企业就如同一个健康的人，心、肝、脾、肺、肾一个都不能少，因为五脏各有分工。麻雀虽小，五脏俱全。再小的企业都必须功能齐全。为什么组织必须功能齐全？因为企业这样做的目的是取长补短，优势互补。只有组织的功能齐全，才能保证整个经营系统的完整性，确保组织各部门协同，从而形成合力去实现用户价值。因此，企业在进行组织设计时，考虑的第一个因素就是价值链分工：人、财、物、销四大职能构成了完整的价值链。

　　"人"是什么？人力资源管理。其通过对人的选、育、裁、留的全周期管理，来实现组织的战略和目标。

　　"财"是什么？这里指的是财务管理，即经营的检测系统。因为经营企业的任何决策，最终都会反映在财务结果。从财务报表中，我们能看到每一分钱的来龙去脉：钱从哪里来？又用到哪里去？如何使用和管理钱才更有效率？如何让每一分钱都实现投资收益率最大化？……这也是稻盛和夫强调"会计是经营的中枢，不懂会计就不会经营"的缘由所在。

"物"是什么？这里指的是企业的供应链，包括整条供应链的设计、研发、生产、物流、IT（信息技术）等部门。这条供应链决定了你的产品是否有竞争力，能否在价值上与对手拉开差距。

"销"是什么？它不是指狭义的销售部门，而是要解决让客户知道并买到的问题的工作方式，因此"销"包含推广和渠道。**推广解决让客户知道的问题，渠道解决让客户买到的问题。**推广考验的是企业的"火力"；渠道考验的是企业的"兵力"，包含各种业态、多元化渠道……这些全都是企业的前台。企业想要做大，必须把重兵压在前台。

物有本末，事有先后。如果请你为人、财、物、销这4件事的重要性进行排序，你会把哪件事排在第一位？哪件事排在第二位？

在现实经营中，绝大部分企业把"销"排在第一位，因为"销"离用户和订单最近，因此许多中小企业一号位把60%以上的时间都压在这里。这个选择的背后，其实是企业家心智模式的一种投射，说明他们认为"销"更重要。

事实并非如此，正确答案是"人"。成功的创业者一定是把60%的时间压在"人"上。就像刘备就是最大的"招聘官"，我相信即便是"十"顾茅庐，他也要请诸葛亮出山。

他和许多伟大的企业家创业的逻辑是一样的，即便在组织不完善的情况下，也要首先解决选人和育人的问题。

反观中小民营企业，许多企业一开始就有缺陷，它们没有人力资源部，甚至干脆由办公室主任兼任人力资源负责人。事实上，人力资源是相当专业的部门，覆盖人才的选、育、裁、留全周期管理。仅仅以人才选拔为例，就涉及人才的选才标准、招聘渠道……这些专业工作都不是办公室主任能胜任的。因为在"人"的每个环节都要建立系统思维：人才怎样选拔？如何进行人才培育？如何将不合适的人及时淘汰出队伍？如何将优秀的人才留下来，以防他们变成竞争对手？每个问题背后都是一套系统，都需要建章立制。这些工作需要一号位花费大量的时间。

第二重要的是哪件事？你可能没有想到，答案是"财"。"财"关系到经营的来龙去脉。大多数创业者"死"就"死"在缺少这根弦，因为所有东西都和钱有关。你收到多少钱？支出多少钱？库存、应收账款、固定资产是多少……即便你把"人"这条线理清楚了，但"财"这条线没有做好，基本上你就等于白做。实际上，诸葛亮的角色之一就是"财务总监"。财务总监本质上就是老板的军师，他提供的是一套经营结果的检测系统，并通过检测系统来指导一号位和管理者做决策。如果不懂这套检测系统，那么决策就如无根之木、无源之水。

第三重要的才是"物"，"物"是供给侧，供给侧决定了这家企业产品上的竞争力。如果供给侧的问题没有解决，那么企业就不可能有产品力。即便销这条线再怎么发力，产品也不好卖。

前面三件事都解决了，最后才轮到"销"。也就是说，**这4件事的重要性排序为：人＞财＞物＞销**。如果一号位在组织逻辑上没打通，部门之间孰先孰后的关系没理顺，那么企业最终会走向歧途。

在调研企业时，我看到不少老板以为自己高薪聘请了一个专业的人力资源负责人来帮助他管理人的问题，他就可以抽身了，这是对人力资源最大的误解。**人的问题非得一号位躬身入局不可，一号位必须是首席人才官，人力资源负责人只是辅助一号位落地的人，他解决不了人的问题。**只有当一号位亲自解决了搭班子的问题，其他三条线才可以授权给各自领域的负责人来管理。

因此，即便是规模再小的企业，一号位也要配齐"四大天王"。另外，"四大天王"还要继续搭班子，各自配齐副职，组成"八大金刚"。这也意味着：从组织架构上来看，一号位的知识面必须宽，每个模块都要懂，因为人、财、物、销是横向覆盖的，而"四大天王""八大金刚"必须纵向发展，做到专、精、深。

- **添砖加瓦：从上往下搭班子**

上文只是以一号位为例来阐述搭班子的逻辑，但这并不代表只有高层管理者才需要搭班子。实际上，**搭班子是一个从上到下的系统工程，只要是管理者，就必须培养搭班子的意识和能力**。从一号位往下，每条专业线的管理者都需要层层搭班子。

在行动教育，上到总裁，下到部门经理，都必须学会搭班子。比如，公司规定每个部门经理至少要管理6名员工。那么，这6名员工应该怎样来管呢？这时，部门经理需要搭班子：从这6个人中选出3名教官，组成师傅团队。然后，由每位师傅分别带教1名新员工，这样管理团队就简单多了。否则，如果这个部门增加到10个人，那么靠部门经理一个人肯定管不过来。只有通过搭班子，这个团队才能快速实现复制和裂变。

因此，组织发展是一层一层往下推的。只有一层抓一层，总裁抓副总裁，副总裁抓总监，总监抓经理，经理抓教官，教官抓新员工，组织才可以快速实现裂变。只有通过层层搭班子，才能培养出更多的干部，保证人才梯队建设跟得上，真正实现人才辈出。

增人效：找到顶尖关键人才

班子搭好后，接下来的关键是增人效。

人效首先来自哪里？产业链这条线的研发环节。在产业链中有一个著名的"微笑曲线"，即产业链中最有价值的是两端——研发和市场。而大多数中小企业基本就是卡在技术研发这个地方了，**一旦企业能占据技术研发这个制高点，产品价值就会有重大突破，人效自然也能上一个大台阶。**

比如，如果你要开餐馆，你的人效来自哪里？厨师。如果你要建学校，你的人效来自哪里？老师。如果你开工厂，你的人效来自哪里？技术员工。如果你建医院，你的人效来自哪里？医生。如果你做服装，你的人效来自哪里？服装设计师。因此，无论你从事任何行业，真正决定人效的就是供应链端的顶尖关键人才，而这种人才往往也是非常稀缺的。

什么是顶尖关键人才？他能以一敌百甚至以一敌千。尤其是中小企业，由于没有品牌光环，也没有资源优势，在供应链端更需要顶尖关键人才的加持。山不在高，有仙则灵；水不在深，有龙则灵。因此，**越是小公司，越要找顶尖关键人才。**大公司反而无所谓，因为它的品牌已经做出来了，用户是冲着大公司的品牌来的。而小公司没有品牌光环，用户就是冲着顶尖关键人才来的。因此，越是小的服装品牌，越要找顶级设计师；越是小的教育公司，越要找顶尖名师；越是小的饭店，越要找顶尖厨师……

我猜测此刻你的心里不免嘀咕："我也想要顶尖关键人才，关键是庙小供不了大菩萨呀！"作为中小企业，在没有品牌力加持的情况下，如何才能找到顶尖关键人才呢？我从实践中总结了三条指导原则，供企业家参考。

第一条原则：全球招聘。

追本溯源，**一家企业对人才的选择标准其实是由其战略目标决定的**。如果你立志要成为一只不一样的雄鹰，定位世界级标准，那么你就必须匹配世界级的人才，这才符合战略的一致性原理。

以行动教育为例，我接手行动教育 11 年来，在全球招聘了多位世界级顶尖名师。因为我们的战略目标是要成为世界级商学院，这就意味着我们不会只在四川找老师，不会只在北京找老师，而是要放眼全球，找到顶级的老师。因此，企业的战略目标其实就决定了企业的人才标准。

第二条原则：用师者王。

古人云："用师者王，用友者霸，用徒者亡。"任何一个组织要想强大，首先是人力资源要强大，因为人是原点，人是一切的创造。

当然，出于利益的考量，有人会觉得别人的才干可能会对他构成威胁，这是人性使然。但事实上，我还从未见过谁因用强将而失败，反而成功者将用强将奉为一生的原则。正如美国"钢铁大王"安德鲁·卡内基的墓志铭上所写："这里躺着的人知道选用比自己能力更强的人来为他工作。"

在管理学中，有一条著名的奥格尔维法则，据说这条法则来源于一个真实的故事。

一次董事会上，美国奥格尔维·马瑟公司的总裁奥格尔维在每个董事面前都摆了一套俄罗斯套娃。董事们面面相觑，不知总裁何意。

奥格尔维说："大家打开看看吧，那就是你们自己！"

董事们打开套娃后，发现大娃娃里有个中娃娃，中娃娃里有个小娃娃，小娃娃里有一个更小的娃娃……这些娃娃一个比一个小，直到他们打开最里面的娃娃时，看到了一张小纸条。纸条上写的是："如果你经常雇用比你弱小的人，将来我们就会变成矮人国，变成一家侏儒公司。相反，如果你每次都雇用比你高大的人，那么日后我们必定会成为一家巨人公司。"

这个故事教会我：在用人时，企业一定要不断地升级标准：不仅一号位要找比自己强的人才，所有的领导干部都要用比自己强的人。假设你手下有7名员工，那么招进来的新人一进来就应该排第一，而不是排老幺，这就倒逼领导者必须精挑细选。如此一来，原本的第7名可能要出局，人才就流动起来了，团队的战斗力也会越来越强。

第三条原则：从雇佣制到项目制合作。

提到全球招聘顶尖关键人才，这就意味着这类人掌握了核心关键技术，他们相当稀缺，自然也身价不菲。这也是许多老板一开始就在心里打退堂鼓的原因，因为他内心真实的想法是："我没有钱，怎么可能吸引到顶尖人才？"

请注意，**作为创业者，钱不是障碍，千万不能因为没有钱而自我设限**。记得多年前，我在一本书上读到这个观点时，突然有一种被击中的感觉。是啊！创业者的任务就是赚钱，钱怎么可能是障碍呢？只要有人，就会有钱，所以钱从来不是问题。

可是，从策略的角度看，小公司怎样才能与顶尖关键人才达成合作呢？我的建议是：从雇佣制转向项目制合作。也就是说，顶尖关键人才不是像普通员工一样招聘来的，他是通过项目合作的方式"采购"来的。

譬如说，当行动教育需要一名讲战略的世界级名师时，我们会在全球范围内搜索战略领域的顶尖名师，并向他们咨询："如果我们邀请您讲三天三夜的战略课程，您需要多少钱？"如此一来，再大的"神"也能请得起，因为我们只占用了他三天三夜的时间，他不可能开出天价。

纵使这会让企业投入不小的成本，但这些关键人才的产出更大。因为在技术研发环节，靠的不是人才数量的积累，而是人才质量的飞跃。即便只是项目制合作，这些顶尖关键人才也会直接拉升企业的产品力，而人效就源于产品力。

涨人数：创造营销势能的兵力法则

提人效的同时，企业还要涨人数。为什么要涨人数？因为利润增长取决于两个要素：一是收入增长，二是成本降低。如果要实现收入增长，就要回到收入公式的原点来思考：价格 × 数量 = 收入。

价格是如何做大的呢？靠产品力。 从战略定位到价值占位，最后通过聚焦一个战略大单品，把它的价值做出深度，价格就有了增长空间。

数量又是如何做大的？靠的是老用户的复购和转介绍。 而复购和转介绍不是自然而然发生的，它们背后都要靠营销团队来支撑。

营销团队要解决两件事：一是让用户知道；二是让用户买到。假设你是卖酒的企业，用户如果想喝酒，他能不能第一时间想到你的品牌？如果想不到，那就说明你的品牌力弱了。品牌力是怎么打造的呢？企业要在市场推广时投入足够的营销资源，通过广告宣传、品牌活动等方式进行"地毯式轰炸"，解决让用户知道的问题。

在用户知道你的品牌后，他能不能买到你的产品？仅仅有品牌力还不够，企业必须解决让用户买到的问题，这就是渠道力。渠道力来自哪里？企业要有足够的"陆军"对渠道进行"饱和式攻击"。

因此，**品牌和渠道的背后**，本质上是人海战术，是千军万马。比如麦当劳是怎样做大的？归根结底是靠门店扩张：从1家店、2家店、3家店……到3万家店。每个店都需要店长，店长越多，企业渠道就越多，最后销售量就越大。因此，营销部门的职责就是攻城略地，而攻城略地需要千军万马，所有管理者都需要"兵力"。所以，企业一定是先有人才增长率，后才有业绩增长率。

如果没有人才增长率，企业的业绩就不可能增长，甚至还会出现负增长。因为在攻城略地的过程中，人员死的死、伤的伤、跑的跑、丢的丢……即便你千辛万苦稳住了队伍，也抵抗不过人的惰性。一场接一场的战斗会让人疲惫和怠惰，人员战斗力会下滑。所以，你必须持续补充"兵力"，优先保证人才增长率，才能保证业绩增长率。

一言以蔽之，品牌力是走进千家万户，而渠道力是布局千城万店。无论是走进千家万户还是布局千城万店，这些都需要企业有千军万马。尤其是在今天产品过剩的市场环境中，竞争越来越白热化，经营的逻辑从产品竞争转向市场竞争，从生产导向转向用户导向，因此"兵力"配置的逻辑也要随之转变过来。比如，过去投入生产线与营销线的"兵力"配比是10∶1，今天企业的"兵力"配比需要倒过来，变成1∶10，甚至有的企业会变成1∶20。

最终，判断一家企业在市场端是否具备竞争力的标准，就是《孙子兵法》中的"兵众孰强"。你的手底下有多少精兵强将？你的营销线拉了多长？你的兵力有多少？如果今天你已经创业10年，却还没有自己的兵，那么最后怎么可能打赢别人呢？

自古以来，为人津津乐道的一个成语叫"以少胜多"，这实则是一种投机思维，它是违反战争规律的。读过《孙子兵法》的人都知道，《孙子兵法》的精髓从来不是以少胜多，而是以多胜少。其中有一句话可以作为明证："故用兵之法，十则围之，五则攻之，倍则分之，敌则能战之，少则能逃之，不若则能避之。"如果你的兵力是对方的十倍，你就可以围住对方打；如果你的兵力是对方的五倍，你就可以正面进攻；如果你的兵力是对方的两倍，你就可以先把对方分散了再打；如果你们双方兵力差不多，你还可能设法一战；如果敌人兵力比你多，那你就赶紧逃走，不要打；如果敌人兵力比你多很多，那你就必须主动避开。

由此可见，孙子的逻辑是要在有足够胜算的情况下才能打。怎样才能有足够的胜算呢？关键就是要集中兵力，以十打一，甚至以百打一，对对手形成碾压之势。

经营企业数十年，我有一个切身的感悟：**企业一开始可能是拼智力，但打到最后，一定是拼体力。**谁的人多，谁的体力就好，谁就能赢得竞争。从这个角度讲，营销的逻辑推演到底层，就是兵团作战，就是要让市场体系、销售体系、渠道体系从上到下铺天盖地，人多势众，势不可当。

归根结底，营销最终打的是势能。品牌力是势能，渠道力也是势能。反观中小企业，如果其营销部门只有老弱病残，势单力薄，怎么可能创造出这种势能？因此，**真正优秀的企业考核管理者的第一指标不是业绩，而是人效和人数。**

在行动教育，我们考察任何一个管理者，其手下最低配置是 6 个人。一旦人数不达标，低于 6 个人，管理者会被撤职；一旦人效不达标，管理者会被降级。所以，针对管理者，我们会优先考核人才指标，管理者的底薪与人才指标直接挂钩。对于部门经理级别以上的管理者，我们专门设置了人才奖金。与此同时，所有管理者都必须按照团队业绩享受提成，其手底下员工越多，管理者的收入就越高。如此一来，机制也会倒逼领导者把焦点放到人身上。只要人数和人效持续增长，企业增长就会水到渠成。

建人梯：构建人才生产线

最后是建人梯，因为企业还要解决未来可持续发展的问题。假设今天你要做一个世界级过桥米线品牌，这就不是开一两家店的问题，而是至少要开 1 万家店。这就意味着企业至少需要 1 万个店长、3 万个店员。请问，这些人从哪里来？显然，仅仅靠外部招聘还不足以解决问题，企业还必须构建自己的人才生产线，让人才生产线源源不断地为企业输送优秀人才。此时，企业就不仅仅是一家企业，还是一所培育人才的学校。因此，组织裂变推演到最后，你会发现每家企业都必须做教育，教育就等于赋能。这是我很早以前就明白的道理。

20世纪90年代，我就在风驰传媒的门口写过这样一句话：我们是学校，不是企业；我们生产人才，不生产产品。因为商业的本质是成就他人，对外成就用户，对内成就员工。从领导者把员工招进公司的那一刻开始，他就要帮助员工持续成长，把员工从新兵打造成精兵，再从精兵打造成强将。而员工的成长来自哪里？教育。因此，最有效的办法就是**把企业当成学校，把企业变成人才工厂，把企业家变成校长，把领导变成老师。**

然而，在实际经营过程中，很多企业家都没有意识到教育的重要性。

我们曾经面试过一家著名的地产企业大学执行校长，我们问他："你们董事长重视企业大学吗？"

他回答说："非常重视，集团每年为企业大学投资2亿元。"

我们追问道："哦，那他亲自去授课吗？一年大概去企业大学几次呢？"

他告诉我们："董事长不会亲自授课，每年大概到访两次，基本都是去开预算会的。"

显然，这位董事长并不是真正重视教育。虽然他每年为企业大学投资 2 亿元，但**一把手最重要的投资并不是钱，而是时间和精力**。只有一把手亲自担任校长，才能真正落地人才复制。而要想落地企业大学，首先领导者自己在学习上必须率先垂范、躬身入局。我给大家讲讲自己的心路历程。

2014 年我出任行动教育总裁以后，在制定集团的 5 年战略时，我们已经看到了线上教育的趋势。要想达成行动教育成为世界级商学院的战略目标，意味着我们必须学习新科技，拥抱互联网。因此，我们在公司做了一次全员总动员，将 2014 年 4 月 3 日定为行动教育的互联网日，并发布了行动教育未来 10 年的大智移云战略。

然而，我个人之前从未接触过互联网，但是这并不能阻止我拥抱它的步伐。在定下大智移云战略之后的 5 年间，我开始如饥似渴地学习与互联网相关的知识。

5 年间，我学习了 100 个互联网大佬的视频和音频课程。从 2014 年开始，我每天早上 6 点起床，起床的第一件事情是打开音频，接下来从吃早餐到上班路上的一个多小时全部用来学习。如果恰巧中午还有时间休息 20 分钟，我在闭目养神的同时，也会收听音频课程。

5年间，我总计阅读过200本与互联网相关的书。其实从创业开始，我始终保持着一个习惯，每天晚饭后学习2~3个小时。

5年间，我带着行动教育的首席信息官，一起学习了两所名校的相关课程。2015年，我们在上海交通大学上了为期一年的互联网班；紧接着，我们又去硅谷最著名的旧金山大学学习了两年的数字化转型课程。

经过如此高密度的学习，我逐渐理解到互联网是一个集成技术，它大体可以分为三大技术：IT、CT（通信技术）和DT（数据处理技术）。

接下来，我们一边学习，一边实践。从2014年开始，公司就要求改变全员上下的作业模式，所有人的工作流程全部必须在线化：你拜访过什么客户，在什么时间节点拜访的，拜访的内容是什么……所有信息全部都要录入CRM（客户关系管理）系统。首先，通过CRM让公司的管理和产品在线；其次，公司又推出行动在线商学院，这意味着我们的客户在线、员工在线……如此一来，业务、客户、产品、收入、管理全线打通。

战略不是喊口号喊出来的，而是做出来的。当然，这些事情都不是由我亲自指挥，早在数年前，我们就花了4个月的时间邀请到用友公司前任副总裁王海升老师出任行动教育的首席信息官。既然有专人负责，为什么我自己还要学习呢？因为我是最终决策者，老板就是公司的天花板。如果自己不学习，我就没办法做决策，事情就无法推进下去。当首席信息官告诉大家要上线系统时，一定会有反对的声音："过去只要成交客户就好，现在所有过程全部都要在线上操作，太浪费时间了，太麻烦了……"但是，我要告诉大家为什么这么做，一切为了未来。

未曾料想，后来正是由于公司上线了这些数据系统，行动教育才得以顺利在主板上市。要知道，在今天的教育行业，没有一家教育公司能够在中国资本市场上市。为什么？因为教育行业的客户太分散了，收入无法证明，成本无法证明，审核起来难度非常大。中国上市公司大多是工业公司，因为这类公司的客户简单、供应商简单、销售简单、成本简单……审核起来相对容易。所以，当行动教育开始走上市审批流程时，证监会提出要进行现场核查，最终派出了18名财务专家、法律专家到行动教育进行现场核查。

核查组组长首先单独找我们谈话，开门见山直接让我们撤材料。我们不理解地问他："为什么要撤材料？"

他直截了当地告诉我们："你们经不起查。如果查出问题，就不是撤材料能解决的事了，那就是违法。况且，以你们这种模式，如何才能证明你们的收入呢？如果收入不清晰，还怎么上市？"

"你看看我们的内容再说嘛！"

"不用看，中国这么大，哪里有一家教育公司上市？"

"我们可以用数据说话。"

"我知道你们的数据。"

"我们的数据不像你想象的，我们有强大的在线数据系统，我们可以说清楚每一分钱的来龙去脉。"

"你真的敢吗？"

"敢！"

"好，你给我们准备18张行军床！"

就这样，专家组在行动教育的多功能会议室住下了，他们花了整整40天的时间将行动教育所有的账查了一遍，其中涉及的每一笔收入、每一笔支出都要一一查验，并且每一个地方都必须做到环环相扣。这意味着行动教育的管理必须极其细致。

2020年11月26日，证监会第十八届发行审核委员会最终同意了行动教育在主板首发上市。显然，如果没有强大的数据系统在背后支撑，行动教育根本不可能在主板上市。其实，我一开始学习互联网技术，只想到了科技的力量对业绩的助益，未曾料想，它会给公司带来管理效益的提升，以及管理逻辑的改变，更没有想到的是，它会支撑行动教育的上市。

为了完成这场变革，我个人对全员上下做过多少次宣讲和培训呢？整整150天的宣讲和培训课程。所以，**战略从来不是一句话，校长也不是一个称谓**。要想让它们名副其实，你必须躬身入局、刻苦学习、努力践行、培训宣导、考评跟踪……试想一下，如果没有我前面学习的100个视频和音频课程、200本书、两所名校课程，就没有后面发生的所有故事。

除了一把手亲自出任校长，躬身入局外，企业家还必须为企业大学选择一位执行副校长，其核心工作就是建立大学的运营标准和制度流程。然后，在每一条垂直专业线上都设一位副校长，比如人力资源副校长、营销副校长、研发副校长、财务副校长等。请注意，这些副校长并不是从外部聘请，而是由各部门负责人兼任，这就是所谓的"一套班子，两块牌子"。设立这些副校长的目的，就是让企业大学的教学更具针对性、实效性。最后，企业大学还需要设置专门的学习官，对学习的数量和质量进行跟踪检查。

企业大学的班子搭起来以后，接下来就开始着手建立企业大学了。企业大学本身是一套专业的系统，由于本书篇幅有限，无法全面深入地展开，这里只是结合企业在人才培育过程中常见的误区，重点阐述人梯建设中的3个关键问题。

- 学什么：训战结合，打什么，学什么

员工到底需要学什么？企业要回到战争的逻辑来思考。什么叫战争的逻辑？训战结合，打什么，学什么。如果士兵要打巷战，那么他的上级就要教他怎么打巷战；如果士兵要打游击战，那么他的上级就要教他怎么打游击战。因为一个组织最大的资产是每一位成员的时间，时间是最大的稀缺资源，它不可再生，因此每分每秒都必须产出价值。所以，企业的学习必须真枪实弹，一切围绕业绩提升。打仗打什么，你就要学什么。

譬如说，针对新员工，你要思考学什么能让他尽快升级为金牌员工，从一年业绩100万元变成300万元。达成这个目标以后，你要再思考学什么能让他从金牌员工升级为部门经理，从一个人做300万元的业绩到带领团队达成1 500万元的业绩呢？也就是说，如果你是员工，你学习完课程后，绩效必须得到提升；如果你是管理者，学完课程后，你的思维格局、管理能级和管理效率就必须得到提升。你要学会选人，学会带将，学会让别人工作，学会帮助别人成功。

举个例子，在行动教育，要成为营销部门总监或部门经理，你不仅要学习提升销讲能力、咨询顾问能力、大客户经营能力以及销售心理学等与专业能力相关的课程，还必须懂得团队正能量建设、有效激励、过程管控等团队管理技能。如果要成为一位总经理，你就不仅要将价值观落地，而且还要熟练掌握财务报表使用、政府关系协调、销售额及利润管理、主题演讲技能、招聘面试方法、人才发展方案制订。所以，作为一位总经理，其必备的学习和研究课题就包括总经理百分之百担当责任、正能量建设、商业逻辑、领导力模式、打造团队六个一、招才选将、企业商学院建设、果断授权、绩效管理、非财务人员的财务管理、品质为王、品牌的力量、大客户提案、政策趋势分析等。

综上所述，所有这些学习内容，最终都是为了不断提升高、中、基层员工的胜任力，赋予组织成员专业作战能力，从而实现业绩提升。

那怎么验证学习的成果呢？我们要用业绩成果来倒逼领导者：每增加一个兵，其必须增加100万元的业绩收入；每增加一个将，其要增加1 000万元的业绩收入；每增加一个帅，其就要增加300万元的利润，达不成目标就得撤职。

- 怎么教：团队分层标准化

明确了学什么，接下来的问题是怎么教。团队要进行分层标准化，建立人才生产线。行动教育属于直营模式，因此整个营销体系就是一个金字塔结构（见图4-1）。它自上而下分为四个层级：帅（分公司总经理）、将（团队总监）、兵（一线销售伙伴）、客（用户）。

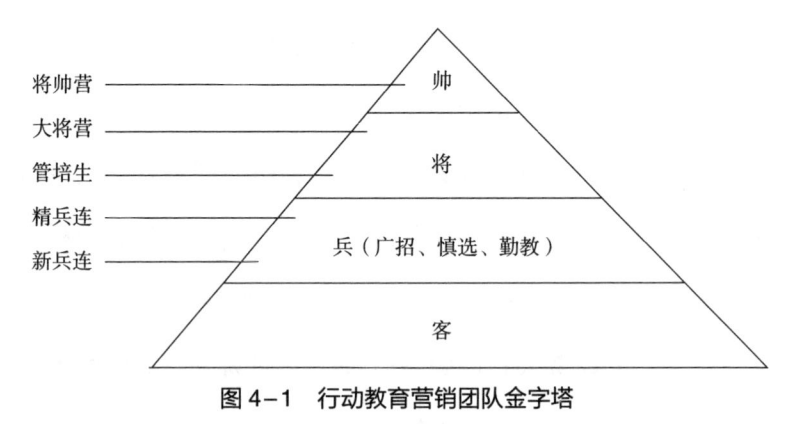

图4-1 行动教育营销团队金字塔

一线销售伙伴负责找客，因此兵必须广招、慎选、勤教。如果明年企业想要业绩增长30%，那么必须把人力资源增长30%，并将其定义为第一指标。换言之，外部市场要增长30%，内部团队就要增长30%。因此，**增长要考核的第一指标不是业绩，而是人。**

接下来，企业要把这30%的人力资源指标分解到管理层：每个帅要承担多少？每个将要承担多少？然后，再分解到年、月、周、日，使人力资源增长的责任到人、到天。为什么增长要以内部团队为抓手呢？因为外部市场是不确定的，客户是不确定的，唯一可以确定的是内部团队。内部团队每天在干什么？他们是怎么做的？企业都可以抓得一清二楚。哪怕外部市场不好，企业也能为未来储备兵源，为未来的业绩增长做准备。

为了保证找客的兵源充足，我们首先要设计第一条人才生产线——新兵连。新兵连由谁负责？由各个分公司的将帅负责。任何一名新兵进入公司，马上就会有教官来培训他：这个组织的文化、制度、流程以及标准分别是什么。接下来，教官还会教他战术动作：第一天做什么，第二天做什么，第三天做什么，具体做哪些动作才能达标，用什么标准来评估他能否晋升，一切培育流程全部标准化了。因为**只有流程标准化，才能真正称为人才生产线。**

接下来，根据二八法则，20%的员工能创造80%的业绩，因此我们还要把关键的20%筛选出来，并为其设计一条叫精兵连的生产线，这就是第二条人才生产线。精兵连由谁来负责？集团总部的学习官。再往上走，第三条人才生产线叫管培生,这条生产线的目的是培养未来的将。管培生的来源有两个:一是内部升级,二是外部招募。这条人才生产线该由谁来抓?由人力资源副总裁亲自抓。第四条人才生产线是针对团队营销总监的大将营。同样,大将营也要建标准、建流程。请注意,我们不是教他们怎么做大将,而是让他们直接照着做,细化到每天要做哪些动作、哪些服务,全部都要清晰明了。大将营由谁来抓?由营销副总裁亲自抓。最后一条线是针对分公司总经理的将帅营。谁来负责这条人才生产线?我作为一号位要亲自抓,营销副总裁作为副总教练来辅助我。

综上,整个营销团队自下而上,针对不同的团队层级,划分为5条人才生产线:培育新兵的生产线叫新兵连,培育精兵的生产线叫精兵连,培育未来大将的生产线叫管培生,培育营销总监的生产线叫大将营,培育分公司总经理的生产线叫将帅营。针对不同的生产线,每人每天要做什么动作,全部要进行标准化,最终通过训战结合,提升每个人的专业作战能力。因此,我们不是在教他们怎么做,而是给他们一套标准流程,让他们照着做就能出成果。

为了帮助读者更直观地理解人才生产线的逻辑,下文就以"大将营"为例,来拆解人才生产线应该如何构建。

在行动教育,我们把销售总监特训营称为"大将营"。大将营的培养对象是未来的销售总监。那么，参加集训的是哪一个层级呢？部门经理。只要部门经理管理的员工数在6个以上，就可以参加大将营的集训。

那么，行动教育如何培养"大将"呢？我们提炼了一本标准化的培育手册《行动大将手册》，并严格按照这本手册进行人才复制。这本手册分为4个模块来培养：行动军魂、大将职责、管理模式和制度保障（见表4-1）。

表4-1 《行动大将手册》内容大纲

项目	必备知识与技能		课题
大将营（管理手册）	行动军魂篇	使命为先 敢打能胜 永争第一	军魂锻造
			战模式四部曲
	大将职责篇	品德/价值观 企业家思维	大将角色认知
		领导力	大将领导力提升
	管理模式篇	精选人才	人才画像、人才来源、人才招选
		精选客户	客户画像、客户来源、客户管理
		战略	核心战略、核心战场、作战地图
		带教	带教流程、工作流程、绩效流程
	制度保障篇	三大纪律规范 业务管理制度	文化及价值观、业务管理流程
		晋升制度 学习制度	晋升通道、学习文化

• 行动军魂篇

首先，企业要从三个维度塑造大将的行动军魂，培养大将使命为先、敢打能胜、永争第一的精神。

• 大将职责篇

在第二篇，公司首先提出了对大将的品德要求，即"诚信为本，实效第一"，塑造其文化价值观。与此同时，大将还必须具备企业家思维，理解商业的本质是为了成就用户、成就团队和成就社会。

其次，公司重新定位了大将的角色（见表4-2）。大将的第一个角色是人才官，负责选兵、练兵和强兵；第二个角色是指挥官，负责执行公司战略，并指挥团队打赢战役；第三个角色是教练官，带领员工共启愿景，并以身作则，做好日经营，包括每月启动会、每周绩效会、每日晨夕会，同时做好过程督导，有效指导员工、及时反馈并兑现奖罚激励。

表4-2　大将的三个角色

角色	任务
人才官	选兵：人才招选和团队组建（10人以上） 练兵：日常业务服务的场景实战训练、通关 强兵：提升团队专业力（产品、业务、服务）
指挥官	执行战略、指挥战役
教练官	带领：共启愿景、以身作则 带教：日经营（三会一报、过程督导） 三会：每月启动会、每周绩效会、每日晨夕会 过程：过程督导、有效指导、及时反馈、奖罚激励

最后，公司还从两个维度量化了大将的成果标准：一是人才指标，从数量上要求人才招选和团队规模达到10人以上，从质量上要求年人均绩效达到200万元；二是业绩指标，每人每月至少成交一组校长课程。

• 管理模式篇

公司将大将的管理模式提炼为"211"模式。其中"2"代表两个精选，即精选人才和精选客户，后面两个"1"分别代表"1个战略"和"1个带教"。

大将的一项管理任务是精选人才。在这本手册中，我们详细讲解了人才画像、人才来源和人才招选，每个环节都要细化到最小单元的管理动作。譬如，如果大将要在BOSS（老板）直聘上招选人才，那么具体应该如何操作，如何介绍自己，如何邀约应聘者，如何打动应聘者，如何进行面试，如何测评应聘者的德与才……然后，还要细化到具体的"价值观评估表""面试评估表"等管理者所需工具表格。

大将的另一项管理任务是精选客户。在这本手册中，也细致到了客户画像、客户来源和客户管理，其中每个关键动作、关键工具和关键节点都需要一一标准化。只有将所有动作结构化、简单化甚至"傻瓜化"，员工才能快速上手。

选对员工、客户以后，紧接着大将还要梳理出核心战场以及作战地图。

在行动教育，对大将而言，核心战场只有两个：一个是课程现场，另一个是日常提案。以课程现场为例，整个作战地图也被勾勒得一清二楚：课前、课中、课后分别需要做什么？整个作战地图要细化到每个小时的具体动作、责任人、检查者以及配套的奖罚措施。

最后一个模块是大将的团队带教，其中包括带教方式、带教流程等。带教方式包括心理建设、共启愿景、绩效面谈，带教流程也要细化到每月、每周、每日、每个具体动作要完成的目标成果。比如，每周绩效流程怎么做，每天早上的晨会和晚上的夕会如何开。在晨会的带教中，每一个带教动作都要细化到时间、流程、成果、动作甚至话术。

• 制度保障篇

任何动作的落地，都需要制度来保障。对大将而言，制度保障包括价值观三大纪律、八项注意、客户开发制度、会议制度、电网制度、学习制度、带教制度、读书会购书制度、线上学习制度等。

通过以上案例，你应该已经对行动教育人才复制的逻辑有所了解。事实上，这只是企业人才复制的冰山一角。任何一家企业都有多条类似的人才生产线，企业必须将每一条生产线按照标准化的逻辑，将所有细节和动作全部提炼出来，并形成标准化手册。

我们曾经与不少公司年产值上百亿元的企业家交流，发现其成功的核心秘诀就在于人才复制。甚至可以说，**一家企业人才复制的速度决定了企业发展的速度**。相反，那些最后沦落为"孤家寡人"的老板，其致命的错误就在于没有将自己60%以上的时间都花在人才身上，没有真正重视企业的人才生产线建设。

从上面的案例不难看出：人才生产线的建设是一个细致活。天下大事，必作于细。企业的经营管理和人才培育都需要扎到深处：每人、每天、每件事、每个动作都需要管得非常细。因为只有管理的颗粒度足够小，形成标准化流程，才能保证各个环节的品质。反之，当企业管理粗放，没有标准化流程时，员工就会"放羊"，效率极低，业绩就是上不去。

企业的失败源于哪里？管理。请注意，**企业的成功基于人才，但是失败基于失败的管理**。一家公司做不起来，通常是由于其管理太弱。为什么管理太弱？因为企业从上到下都没有把精力放到组织发展上，没有做到细节管理，没有做到流程管理，没有建制度，没有建标准。所以，人才复制推演到底层，就是从上到下做细节管理、流程管理、制度管理、标准管理。如果没有细节、流程、制度和标准，那么人才是复制不出来的，人梯也建不起来。

综上，企业做好了搭班子、增人效、涨人数和建人梯这4件大事，就能顺利地完成组织裂变。归根结底，组织裂变要解决什么问题？解决从个体户到企业家，从一个人到一群人，从单枪匹马到千军万马的问题。只有企业从上到下，每个人都把焦点放在人身上，谁需要、谁招聘、谁培育，不断地补充兵源，这样才能拥有千军万马，进而布局千城万店，企业才能做大。这也是经营中最难的部分之一。但无论多难，这件事都意义非凡，正如丘吉尔讲过的一句名言："人们塑造组织，而组织成型后换为组织塑造我们了。"

经营企业的时间越长，企业家越会认识到组织力量的强大，一切成功都来自组织。**组织决定了企业的大小，决定了利润增长的快慢。**即便一家企业能凭借市场机会迅速做大业绩，但是，如果它的组织在萎缩，人才在流失，这家企业就没有未来。因此，今天的企业家最重要的任务就是打造一个战无不胜的组织，先从搭班子开始，排兵布将，接下来提升人效，扩张人数，建立人梯。唯有从一号位开始躬身入局，自上而下做好人才发展，组织才能人才辈出；唯有人才辈出，企业才有业绩倍增。因为人才的量决定了收入的量，也决定了最终利润增长的幅度。

利润增长的底层逻辑不是靠把产品做多，而是要把组织做大。真正的成功不是以一打十，而是以十打一。从千家万户到千军万马，再到千城万店，形成铁打的营盘，打造出一种不可抗拒的势能，从组织上碾压对手，形成俯冲之势，才能从偶然成功走向必然成功。

管理者是通过别人拿结果，

因此一定要把关注点

放在人上，

让别人为你工作。

组织裂变是一个

"点—线—面—体"

的进化过程。

企业的战略目标越高远，
组织发展的需求就越迫切。

越是小公司,
越要找顶尖关键人才。

把企业当成学校，
把企业变成人才工厂，
把企业家变成校长，
把领导变成老师。

真正的成功不是以一打十，

而是以十打一。

第五章　营销破局：价量双增的增长路线图

营销的核心要素是价格和数量这两把刀。

营销的本末：价决定生死，量决定大小

组织裂变的问题解决了，接下来本章要解决一个所有企业都非常关心的问题：企业是如何做大的？试想一下：企业的年营收怎样才能从1 000万元增长到1亿元、10亿元、100亿元？本章就是要找到企业收入做大的本质规律，即营销。尽管市场上有成千上万的图书和文章都在剖析营销，但要理解营销的本质，我们还是要回到收入公式：价格×数量＝收入。

从这个公式可以看出：**营销的核心要素是价格和数量这两把刀**。这两把刀之间是倍数关系。一旦价量双增，收入就会实现倍数级增长；一旦价量双减，收入就会出现断崖式下滑。

举个例子：假设某企业初始的价格和数量都是2，当价

量双增时，收入演变的规律如下。

- 2 × 2 = 4
- 3 × 3 = 9
- 4 × 4 = 16
- ……

也就是说，当价量双增时，收入会出现倍数级增长：4—9—16；反之，一旦价量双减，收入就会断崖式下跌：16—9—4。即便只有1个要素往下掉，收入也会快速下滑：16—12—8。

一旦认识到这个规律，你就会明白什么该做、什么不该做。比如，降价绝对不能做。因为一旦降价，收入会迅速下降，最后你根本拉不住这根缰绳，企业就会兵败如山倒。更要命的是，一旦价格卡不住总成本，利润还会变成负数，销量越大，企业亏得越多。

因此，从收入公式来拆解，我们很容易就能找到营销的本末。营，经营；销，销售。本质上，**经营就是价，销售就是量**。现在结论不言自明：**营是本，销是末；价是本，量是末**。然而，大量企业死在本末倒置：丢价保量。实际上，一旦丢了价，你的量是保不住的，最后它会害死你。因此，正确的做法是丢量保价：哪怕再困难，宁愿丢掉量，你也要保住价格。只要保住了价，即便量少一点，至少也保住了利润，保住了品牌，保住了企业。但是，如果你把价格丢了，企业最后很可能就没了。

一言以蔽之，价决定生死，量决定大小。因为价关系到利润的正负，它决定着企业的生死；而量只关系到销售规模，它决定着企业的大小。

营销"1+3"钻石模型：定价是"1"

在西方的管理历史上，有一位营销学大师洞悉了营销的本质，他将营销的逻辑抽丝剥茧，最终提炼出一个简单、可操作的框架，这就是今天大家耳熟能详的4P理论。4P理论是如何产生并流行起来的呢？我们只有沿着这个理论产生的时代轨迹，才能更深刻地理解它的价值。

任何理论的流行必然是因为其回应了那个时代的困境。在20世纪60年代，美国的企业到底面临哪些困境呢？一个典型的困境是，大部分美国企业都是以工厂为导向，而不是以市场为导向。企业家主要把精力放在产品创新和技术创新上，因为当时美国企业已经通过产品创新打开了全球发达国家的市场。但是，随着生产的产品越来越多，美国企业出现了产能严重过剩的危机。所以，彼时许多美国企业也像今天的中国企业一样，面临价格战的死局：不降价是等死，降价是找死。在这种现实背景下，美国涌现出了一批研究市场营销的专家，各种理论蓬勃发展，其中最著名的当数杰罗姆·麦卡锡教授提出的4P理论。

这个理论指导了很多美国企业家，他们发现：如果企业想要做大，就一定要把4P做强。可以说，从20世纪60年代到今天的移动互联网时代，没有一家企业可以逃脱4P的逻辑框架。所以，经典就是经典，它找到了营销组合的4个关键元素。

那么到底什么是4P理论？4P是对4个英语单词的简称：产品（Product）、定价（Price）、推广（Promotion）和渠道（Place）。实际上，4P是一套连环拳。企业如果只解决其中的一个问题，那么最后还是很难成功。那么，这4个关键元素对于企业分别意味着什么呢？我们要拨云见日，洞悉其背后的本质。

- **产品是王道**。大家经常说产品为王，因为产品必须是最开始的那个"1"，如果产品是"0"，那么后面的一切都没有意义了。所以，产品是王道，是后面3个元素的基石。如果没有好产品，那么后续的3个元素就是空中楼阁。

- **定价是王中王**。定价是客户的支付成本。定价关系到什么？它关系到你的市场定位，关系到你的客户是谁。你是锁定高端市场还是锁定大众市场？比如，你的过桥米线是卖108元还是卖18元？这背后不仅是市场定位的问题，也是资源配置的问题。

- **推广要解决让客户知道产品的问题**。有了产品和定价，接下来要解决让客户知道的问题。比如，如果你家的过桥米线非常鲜，那么如何让客户知道你这里有世界第一鲜的过桥米线呢？这就是推广需要解决的问题，即通过公关、广告等宣传方式，与目标客户沟通产品独一无二的价值，并激发客户的购买欲望，最终使你的品牌产生光环效应。这就是品牌的价值，企业要通过品牌来抢占客户心智，牢牢地抓住客户，让客户成为终身客户。

- **渠道要解决让客户买到产品的问题**。如果客户看到你的产品广告动心了,那么接下来,客户要去哪里购买呢?这就是人、货、场的问题,所以你必须建设渠道网络:企业可以通过自己培养的团队拓展直营渠道,也可以通过经销商、代理商、加盟商建立分销渠道。总而言之,你必须让客户在动心以后,马上就能买到你的产品。请注意,即便是互联网,本质上也并没有改变4P理论的框架,它只是将推广和渠道融合在一起。比如,当你在抖音上看到某个产品的广告时,你一键就可以将其收入囊中。

按照4P营销理论的基本框架,不管在什么行业,如果你想做到第一,以上这4件事就是硬实力。你的产品有独一无二的价值吗?你的定价锁定了哪个客户群?你的推广能让客户知道产品并为之动心吗?你有多少线上渠道和线下渠道?客户每天消费多少?这个消费量能否让你成为第一?最终,企业的成功就源于你把每一件事都扎扎实实做到位,无论是产品、品牌,还是渠道、组织,这些都需要长时间的积累,没什么捷径可走。

虽然这4件事都非常重要,但做任何事情都不能眉毛胡子一把抓。物有本末,事有先后。我们必须分清主次和先后顺序，想清楚先做哪个，后做哪个。因此，对于这4件事情，我们仍然要取一舍九，找到其中的牛鼻子。

要找到牛鼻子，我们还是要回到收入公式：价格×数量＝收入。如果对照4P理论来看，其中**价格取决于产品和定价，而数量取决于推广和渠道**。价格决定企业的生死，数量决定企业的大小。因此，产品和定价在前，推广和渠道在后。

我们还要明确，到底是产品在前还是定价在前呢？一般来说，企业应该优先考虑定价。**因为定价决定你的用户群，而用户决定了你的产品。所以，如果我们要从4P理论中找到牛鼻子，那么定价才是真正的王中王**。因为定价关系到产品，定价关系到推广，定价也关系到渠道。

因此，定价是"1"，整个4P理论可以转化为一个营销"1+3"钻石模型。如图5-1所示，中间是定价，三个角分别代表产品、品牌和渠道。

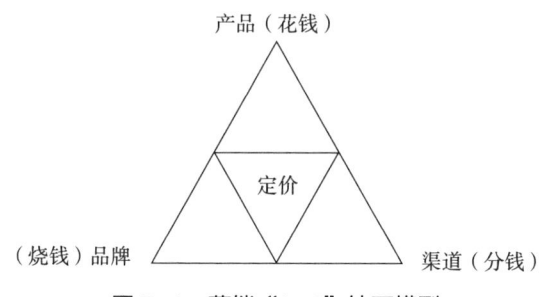

图5-1 营销"1+3"钻石模型

为什么定价在中间？因为**定价是唯一的入口，剩下的全是出口**。产品研发和迭代需要花钱，品牌需要烧钱，渠道需要分钱，这些钱全部要靠定价来支撑。如果定价支撑不起来，就没有产品力、品牌力和渠道力。

在服务企业的过程中，我发现许多企业经常走进一个误区：它们希望靠低价来解决产品的销售问题。实际上，我们如果站在用户的角度，就会发现低价根本解决不了这个问题。例如：假设你是一家卖车厘子的企业，你的精准用户是怎样筛选出来的呢？从用户的角度来看，筛选过程有4道关卡（见图5-2）。

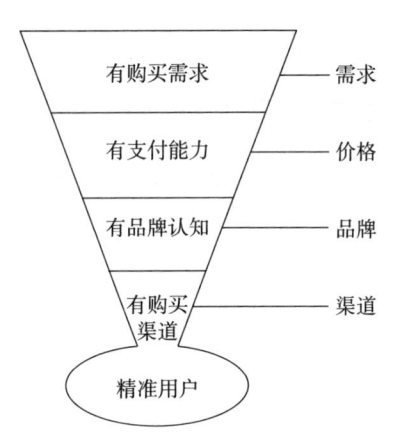

图5-2 精准用户的"筛子"模型

首先，你要锁定那群有吃车厘子需求的人。你要知道，不是每个人都喜欢吃车厘子，仅凭这一个条件，你面对的客户就有了一定的范围。接下来，假设你所卖车厘子的价格是98元/千克，那么在这一部分爱吃车厘子的人中，只有一小部分人拥有支付能力，这意味着你又要淘汰掉一些人。然而，仅仅满足这两个条件还不够，因为无论是街边还是菜市场，到处都是卖车厘子的店。用户为什么要买你的车厘子呢？因此，你必须解决用户对你的品牌认知问题：你是谁？为什么要买你的车厘子？经过这一道筛选，就只剩下很少一部分人发自内心地相信你。最后，你还要解决用户的下一个问题：我在什么地方能买到你的车厘子？这背后的渠道环节涉及人、货、场、用户体验等一大堆因素。等你把这个环节打通了，符合你条件的用户已经所剩无几。因此，每个条件都是一层过滤网。在这个过程中，企业一直在做减法，最后经过层层筛选，剩下的才是企业的精准用户。

现在，让我们再回过头来看低价这个解决方案。毫无疑问，低价唯一的作用是解决支付能力的问题，它既不能解决需求的问题，又不能解决品牌认知的问题，更不能解决渠道的问题。而要解决品牌认知和渠道的问题，低价这条路根本就是死路。因为你一旦放低价格，就更没钱去解决品牌认知和渠道的问题，这就成了死路。所以，如果你的车厘子卖不出去，你非但不能降价，还要提价，这样才可能解决产品销售的问题。

定价定天下：定价的3个本质

定价是营销的牛鼻子，那么定价的本质到底是什么？我想先用几个真实的故事来回答这个问题。

有一次，我在成都讲课，课堂上来了一位复训的老学员。我看着这位老学员感觉非常眼熟，近半年他好像来复训过好几回，于是我邀请他分享自己的体悟。

这位学员接过话筒，说道："早在十几年前，我就听过您的'赢利模式'课程。第一次上课时，我的店里只有3个人，每月业绩不到20 000元。但是，当时我就拿出12 800元来上课。上完课以后，我回去做了两件事：第一件事是改价格……"

原来，这位学员所从事的行业是儿童摄影。十几年前，这个行业还处于起步阶段，大家普遍不敢定高价。他的影楼当时定价也不高，价格一共分为4档：99元、199元、299元、399元。如果员工成交一个399元的单子，企业就会额外给予奖励。

听完课程以后，他发现自己定价过低，于是开始全线提价：直接从299元起步，最高提到了6 999元。结果提价后第二天，店里就接了一个6 999元的单子，这一单把之前10天的业绩完成了。十几年后的今天，这位学员还在感慨："这是一件非常简单的事，我就把价格改动了一下。"

当然，这个价格也不是乱提的。**提价的背后是他的产品价值能够支撑高定价，否则就是"找死"**。所以，提价的背后一定有连环动作，那就是产品要做差异化创新，在产品上去挖掘照片背后更深的价值。

譬如，市面上传统的儿童摄影套餐，仅仅是简单地给孩子拍几张照片。但是，这家企业的团队开始思考：照片背后究竟有哪些意义？最后，他们找到了照片背后的亲情价值——孩子可以联动全家人，包括爸爸妈妈、爷爷奶奶、外公外婆。为了更好地凸显情感价值，他们又把声音、视频等元素全部加入进去。这样一来，产品更深层次的价值就体现出来了。

实际上，在提价之后，员工反馈销售反而更容易了。因为过去他们是靠销售能力强行卖出产品，而现在情况发生了大逆转——客户自己看了照片以后，觉得非常感动，他们发现了照片的价值，心甘情愿地掏钱。这位老学员兴奋地告诉我们："过去大家都说影楼是暴利，现在拿到产品以后，客户发自内心地认为这个钱花得值。"

从这位学员的故事中，不知道你得到了什么启示，又是如何理解定价的。实际上，这个故事向我们揭示了定价的本质。

定价是什么？我们可以从3个维度来理解。

定价是战略

就像上文故事中的这家企业，在其最高价格从399元调整到6 999元以后，企业的战略就变了。过去这家企业锁定大众市场，采取的是成本领先战略；而现在这家企业锁定高端市场，用的是价值创新战略。基于此，企业必须回过头去挖掘产品深层次的价值；紧接着，企业的产品设计也变了，开始联动孩子的亲人，加入声音、视频等新的元素。

定价就是战略，定价就是标准，定价就是资源配置。 在你的定价确定后，这就意味着战略已经定下来了。这是什么意思？定价决定了你的成本配置，决定了你的客户群体，决定了企业要走的路线图。影楼老板定价399元注定了他只能采用成本领先战略，而定价6 999元就只能采用价值创新战略。因此，定价看似是一项简单的决策，实则其背后决定了所有关键要素。也就是说，从定价反推回去，你的所有东西都已经定完了：你的战略、标准、成本、资源配置、用户、市场等全部被定价卡死了。因此，**定价和战略是一对孪生兄弟，定价的背面就是战略。**从这个意义上讲，**定价即战略，战略即定价。**

定价是杠杆

如果这家企业想增加收入，只有两个途径：要么提高价格，要么提高销量。如果这家企业想要提高销量，它必须再投入一倍的兵力或者再开一家店。但是，这样做谈何容易？你要复制一家店，意味着你需要复制所有的生产要素，包括店面、店长、员工、生产工具、客户资源、管理能力等。所以，量的复制不是立竿见影的，它有一个积累的过程。相反，如果从调整价格入手，收入的增长就一定是立竿见影的。

举个例子：假设一家企业单个商品的利润公式是10−9=1，如果你想要利润翻番，你只需要把价格调高10％。一旦价格提升10％，利润公式就变成了11−9=2，利润立马翻番。从这个角度看，定价就是高杠杆。反之，如果价格降低10%，企业的利润就变成了9-9=0，这会要了企业的命。

有一次，我在广州讲课，一位女企业家站起来说："老师，我们公司是做团餐的，这次我带着先生和高管一起来上课，希望能够提升我们的利润……"

"你现在年营收是多少？"

"20亿元。"

"赚了多少钱？"

"2 000万元。"

听到这里，我和她开玩笑说："你找对人了！利润翻番非常简单，我教你一招就够了，把定价提升1%。"

你可以算一笔账：这家企业年营收为20亿元，净利润为2 000万元，也就是说，其净利润率为1%。如果企业把每个菜的定价提升1%，那么在销量不变的前提下，其利润一定增长100%。

美国沃顿商学院曾经披露过一组数据：如果飞利浦的电子产品价格上升1%，其利润就上升28.7%；如果福特汽车的价格上升1%，其利润就上升28%；如果雀巢的产品价格上升1%，其利润就上升17.5%；如果可口可乐的价格上升1%，其利润就上升6.4%。这些数据充分表明，定价绝对是提升利润的杠杆。因此，**所有伟大的公司都是利用价格杠杆的高手，它们常常会通过产品升级来实现价格升级。**

根据我的观察，大多数中国企业家极少注意到价格是一个重要杠杆，他们几乎把所有时间和精力都投入在如何提升销量和控制成本上，而忽视了价格才是提升收入和利润的重要杠杆。这不能不说是一种本末倒置。据说，定价总监等岗位在欧美国家已经非常普遍，但在中国企业中还很少见。

定价是全局

什么叫定价是全局？我再给大家讲个故事。

有一次，我们在长沙遇到一家做酱料的企业。这家企业的创始人告诉我，他的目标是做中国的"酱老大"，这说明这位企业家的格局很大。我问他："假设你的一瓶酱料的生产成本是10元，你如何定价呢？"

他告诉我："定价18元。"

我遗憾地告诉他："如果你的定价是18元，那么你非但做不了'酱老大'，还会做成'酱要没'。"为了告诉他错在哪里，我给他举了一个例子。

假设你在上海买了一件意大利生产的名牌衬衫，这件衬衫售价4 000元。但是，这件衬衫的生产成本是多少呢？大约400元。你不要觉得惊讶，这是因为欧洲人工贵。如果这件衬衫是在中国生产的，其生产成本可能不到100元。

从400元到4 000元，难道这背后的差价都被意大利品牌商赚走了吗？并不是！如果你打开这个品牌商的财务报表，你就会发现品牌商也只有10%～15%的净利润。那么，中间的差价到底去哪里了？这件衣服从生产到送到用户手中，要经过一条长长的产业链：原材料—设计—生产—品牌方—全球总代理—亚洲总代理—中国区总代理—华东区总代理—上海总代理—品牌专卖店。请注意，每个环节都需要耗费大量的成本，推广、渠道、库存、装修、广告宣传、培训等每个环节都是要花钱的。所以，最后这件衬衫的定价至少是生产成本的10倍。

中小民营企业为什么打不穿这个链条呢？因为定价失误了。大部分人只看到了已经发生的显性成本——生产成本，但是，在你将衣服生产出来后，这件衣服还没有被交付给用户。要打通整条产业链，把它交付给用户，其背后还有需要耗费重金和重兵的两件事情。一是品牌，你要击穿用户的认知，让用户知道你的产品。这背后意味着你的火力要猛，需要大量的广告宣传、活动……这些事情全部要烧钱。二是渠道，你要让用户能够买到你的产品，为此你还要建立强大的渠道体系。无论是培养亲兵（直营团队）还是发展雇佣军（经销商团队），你必须团结一切可以团结的力量，想方设法实现线上、线下全域覆盖。总之，**用户的场景在哪里，你就要跟到哪里**。那靠什么来团结这些人呢？分钱。只有把大量的钱分出去，你才能和渠道伙伴形成"命运共同体"，才能真正实现大胜。

这两件事是企业必须打的硬仗，必须下的苦功，没什么捷径可走。企业必须稳扎稳打，步步为营，持之以恒，日拱一卒。企业如果定价过低，就没有火力去做品牌，也没有钱去养渠道。这就是为什么意大利品牌商最终选择 10 倍级定价——4 000 元。

事实上，意大利品牌商并没有获得你想象中的暴利，它只有 10% 的净利润，那么剩下的钱去哪里了？除了被品牌烧掉和被渠道分掉的钱，还有一些钱投在产品研发上。正因为意大利品牌商把所有环节需要耗费的成本都考虑进来了，所以它才能够把整条产业链做得很深，能够把标准拉得很高，能够创造出独一无二的价值，使经营进入正向循环。

现在让我们转到用户的角度来看：用户为什么会买这件衬衫？用户不是因为衬衫便宜才买，而是因为其价值。由于意大利品牌商在产品力、品牌力和渠道力上花够了钱，因此，当用户挑选衬衫时，他会感知到这个品牌的用户价值更高，所以他最终选择了4 000元的意大利品牌衬衫。

由此可见，**企业家的任务就是做大价值、拉升价值，通过创造价值、传播价值、贩卖价值，把价值做到独一无二，而不是去贱卖价值**。降价就是贱卖价值，打折促销也是贱卖价值。

价值做大以后，才有定价空间。价值如何做大呢？这就要回到前面的战略篇：你必须做世界级公司，否则你的品牌建不起来，产品根本卖不动；你必须有独一无二的价值占位，否则产品根本卖不动；你必须聚焦战略大单品，在产品的深度上拿到金牌，否则你根本卖不动。只要把前面这3件事做好，你的定价空间就出来了。

现在你应该知道当"酱要没"这位企业家定价18元时，接下来会发生什么事情。首先，他不可能有品牌，因为他根本没有钱投入品牌建设；其次，没有人帮他卖，因为他的价格养不起渠道；再次，他甚至连店都开不了，因为他的定价根本覆盖不了开店的成本；最后，他只能自己背着背篓摆地摊。所以，定价会影响到全局。

定价是真正的要害，是蛇的七寸，是牛鼻子。如果你抓不到这个要害，其他环节就都会出错。遗憾的是，民营企业家中有太多"酱要没"，他们的定价方式决定了企业做不起来。真正的高手绝不会像"酱要没"一样定价。

我的课堂上曾经来过一家特殊的企业，这家企业是一款"国民级"保健品的代工企业，这款保健品在终端渠道的零售价接近200元，而这款保健品每年为企业贡献的利润超过20亿元。我好奇地问这家代工企业的老板，这款售价近200元的保健品的生产成本是多少？他告诉我原材料成本不到5元。你看，这才是经营高手的定价逻辑。否则，这家企业哪里来的重金投入推广？又哪里来的重兵投入渠道？

定价的两大致命陷阱

中小企业为什么会定价失误？它们在定价上最容易走入

哪些误区？从我们对中小企业的调研来看，它们最容易落入两个定价陷阱。

陷阱一：定价过低是自杀

第一个定价失误来自哪里？定价过低。很多企业的生产成本是4元，老板定价8元，最后企业死定了，因为1倍定价根本支撑不了企业做品牌和渠道。我见过的最离谱的定价是，产品的生产成本是400元，企业定价440元。这意味着这家企业根本没有成本思维。企业家经营管理团队一定要明白：除了生产的投入，还有品牌的投入、渠道的投入、客户服务的投入、产品研发和迭代的投入……其背后的成本可谓相当大。

那么为什么企业家认识不到成本之大呢？因为他们的认知不足导致思维出现了漏洞：他们没想到品牌烧钱的问题，也没想到渠道分钱的问题，更没想到产品研发和产品升级的问题。本质上，他们是销售员思维——80元进货，100元卖掉，中间就赚了20元。所以他们压根没有考虑过品牌、渠道和产品升级的问题，没有意识到这是一个非常庞大的经营体系。

那么他们通常基于什么定价？一是基于成本定价。估计案例中那位做酱的企业家是因为在课堂上才壮着胆子喊了个高价。在实际经营中，他可能连18元都不敢定。但是，他不知道的是，**客户买的不是成本，而是价值。没有一个客户会因为商家成本高就多买，他们只会因为产品的用户价值高多买。**

二是基于对手定价。问题在于，很多老板眼里的对手太弱小，对手是一些没有受过商业训练的老板。结果，对手和他们犯了一样的错误：定价过低。所以，当他们把错误的对手当作参照时，自己也掉进了坑里。说来惭愧，我自己就犯过类似的错误。

1995年，我开始多元化经营，进军房地产行业。众所周知，房地产行业有一个黄金规律：地段至上。所有开发商都紧盯市面上的好地段，我自然也不例外。没过多久，我得到了一个消息：昆明一家国有企业想卖一块30亩[①]的地。这块地位于昆明市的交三桥，这个位置靠近昆明地标性建筑东风广场，并且紧邻昆明唯一的一条江盘龙江，可谓得天独厚。更令我惊喜的是，这块地的

---

① 1亩≈666.67平方米。——编者注

价格也不贵，售价每亩200万元。

于是，我们果断以6 000万元的价格买下了这块地。风驰集团的副总裁出任地产公司的总经理，我亲自出任董事长。请注意，这位总经理可不是一般人，他是我同学的父亲，也是一位退休的大校。

紧接着，我们按部就班地开始设计、规划、申报……经过一系列行政审批后，风驰集团终于拿到了商品房预售证，准备卖楼花了。卖楼花，就意味着我们要先定价。但是，无论是我还是这位总经理，都没有房地产行业的相关经验。

如何来定价呢？我们商量后决定，参考竞争对手的定价。没几天，这位总经理把周边的竞争对手全部研究了一遍，然后向我汇报："我们附近有一个竞争对手，其商品房的软硬件条件都和我们不相上下，定价是3 000元/平方米，并且已经销售一空。"

听完总经理的汇报，我还是有些不放心。于是，我假扮成买房的客户，亲自去竞争对手那里打听，结果发现其价格与总经理说的并无二致。就在这时，财务部门的核算数据也出来了，我们房子的成本为2 300元/平方米。如果按照3 000元/平方米的价格出售，预计风驰集团在这个项目上的利润有1亿元。

很快，风驰集团的商品房以3 000元/平方米的定价进入市场，其销售果然非常火爆。到1998年，所有的商品房都卖完了。同年12月31日，公司召开了房地产部门的表彰大会。在表彰大会上，我兴高采烈地对员工说："今年大家的成绩很好，现在董事会决定拿出利润的10%奖励给大家。利润的10%，也就是将近1 000万元。"讲完这句话，我还吩咐总经理尽快把这笔钱发下去，最好在春节前发完。

未曾料想，几天以后，总经理带着财务总监来找我，说："这次的房地产项目，公司没有赚钱，还亏损了2 500万元。"听完这个消息，我的第一反应是哈哈大笑，我以为他们是在和我开玩笑。接下来，我还承诺未来公司会将优质资源都整合到房地产部门，大力发展房地产项目。但是，总经理听完我的话，仍然眉头紧锁。

我这才意识到问题的严重性，他们并不是开玩笑，公司真的没有赚钱。为什么我们没有赚钱，还亏损了2 500万元？我百思不得其解。在此之前，我们不是做过分析调研吗？按理说，这个项目应该给公司带来1亿元的盈利。这1亿元怎么突然就没了呢？我首先想到是不是销量出了问题，可是不对啊，我们的商品房早就卖完了。

最后，我又回到利润公式上来思考：收入－成本＝利润。既然不关销量的事，那么是不是成本太高了呢？这时候，董事会的人在背后劝我一定要彻查这位总经理，他们断定这位总经理贪污了，否则，怎么解释一个上亿元利润的项目，眨眼之间就变成了亏损的项目呢？

后来，这位总经理真的被查了，他因为觉得委屈，没过多久就离开了风驰集团。然而，我们经过多方查证，发现他并没有贪污。

真正的问题出在哪里？问题就在于我们定价太低了，一套房子的真实成本并不是2 300元/平方米，而是3 000元/平方米。在第一次核算成本时，很多成本并没有产生，它们是在后面产生的，所以财务并没有把后面产生的成本算进去。比如，广告宣传成本、融资成本……这些都没有核算进去。

由于我们定价过低，一个明明可以赚到钱的好项目，最终却让所有人白忙活一场，赔了夫人又折兵。直到多年以后我才明白：**定价不是基于成本定价，也不是基于对手定价，而是要基于价值定价。**

陷阱二：薄利多销是伪命题

许多中小企业的老板为什么定价低呢？因为他们的思维深处长着一颗"毒瘤"：薄利多销。他们错误地以为，价格是最大的杀器，只要价格低，产品就好卖。但实际上，你只要在电商平台调研一下，就会发现，许多产品即便价格低到地板价了，也卖不好。

实际上，多销到底来自哪里？来自品牌和渠道。一旦你追求薄利，哪里有钱去发展渠道？哪里有钱去优化用户体验？哪里有钱去建设品牌？因此，**真正的多销反而是需要高毛利来支撑的。**由此可见，薄利多销真是一个毒性极大的伪命题，我也是在交了不少学费后才明白了这句话是错的。

现在让我们转换立场，从客户的角度来看一下价格的真面目。请认真回忆一下自己的购买经历：当你不知道一个商品的质量是好还是坏时，判断的唯一标准是什么？价格。价格是产品价值中最重要的标签。因此，**在许多客户心里，高价就等于高质，低价就等于低质。**

当你告诉顾客这件衬衫很便宜时，他会担心质量不好；当你告诉顾客这个馒头很便宜时，他会害怕你的产品不安全。事实也的确如此，因为便宜就有可能偷工减料。通常情况下，压低价格只能证明你对自己的产品没有信心。最后，真正买你的产品的是什么人呢？根本不是你的目标用户，而是占便宜的人。因此，站在顾客的角度，薄利多销的逻辑也不成立。当顾客把价格看作判断产品品质的指标时，低价会使顾客对产品品质产生怀疑从而放弃购买。

定价委员会：从个人定价到组织定价

企业如何进行科学定价呢？在创业的路上，这个问题也着实让我苦恼了许久。虽然我一直非常爱学习，无论是在中欧商学院还是在长江商学院，我都是第一批学员，但多年来，我始终没有把定价的逻辑学到位，这直接导致我在定价上屡犯错误，始终找不到要害在哪里。直到2003年我前往香港出任TOM户外传媒集团总裁，一起偶发事件彻底改变了我的认知。

2003年，我刚出任TOM户外传媒集团总裁，这个时候我的心态变了，变得急于立功。作为一家上市公司，集团需要利润来支撑股价。因此，我每时每刻都在思考：怎样才能快速提高业绩？在这种状态下，人的动作也变形了，对那些能够快速拉升业绩的"捷径"非常敏感。

有一天，营销副总裁告诉我："集团下属17家子公司，其中有3家子公司的总经理要求降价。"

我问他："为什么？"

他说："他们发现竞争对手一旦降价，其收入立马就增长了。"

这句话一下子就点燃了我。我急忙追问道："真的吗？增长了多少？"

他回答："增长了好多。我们很多大客户都流失了。"

我问："那他们要降多少呢？"

他答："15%。"

我反问道："为什么不是30%？我们可以让17家子公司全面降价30%！"

为了快速落实降价政策，我还要求营销副总裁将所有子公司的总经理集中到香港来，我要亲自对他们进行统一降价培训。今天回过头看，这个动作无异于带领全公司上下集体"跳楼"。但人性就是如此，人一旦急于求成，其思维和动作就会变形。

几天后，我去参加集团会议。会议结束以后，我准备收拾东西离开，无意间对董事长说了一句："董事长，我们准备全面降价。"

董事长坐在我对面，杵着腮帮子问："降多少？"

我回答："降15%。"我原本打算降30%，但不知为什么，话到嘴边打了个五折。

董事长拿过手边的计算器，噼里啪啦一通按，按完以后把计算器递给我说："如果降价15%，我们就会亏损1.5亿元。"

说实话，听到这句话，我的第一反应是董事长肯定算错了，怎么会亏损1.5亿元呢？我心里盘算着："薄利可以多销。一旦打折，大客户的订单就来了，收入只会增加，怎么可能亏损呢？"想到这里，我十分懊悔自己"嘴欠"，过早地把降价的消息透露给董事长，要是直接给董事长"惊喜"该多好……

董事长应该是从我的眼神中读到了什么，他认真地对我说："你带着手底下的几个副总去和记黄埔一趟，和记黄埔在这个问题上比较专业。"他说这句话的时候，还非常郑重地把每个副总的名字点了一遍，这是董事长第一次如此郑重其事地点名。

两天后，我接到董事长秘书的电话，便带着高管团队去了和记黄埔。这次和记黄埔之行，让我终生难忘。我们一行人来到了位于香港维多利亚港湾的和记黄埔大楼。在这幢大楼的12层，我从接待的秘书手中拿到一张纸条，上面写着5个字：定价委员会。我第一次听说还有这样一个委员会，看到这么正式的称谓，我还忍不住调侃了一番，因为那个时候我还没有读懂这个词的分量。

我进入会议室后，等待开讲。主讲人相当神秘，仿佛生怕被人偷听似的，特意跑到门口往外望一望，然后关门开讲。接下来主讲人的一番话，让我悔不当初，自己要是早来听，就不会白白浪费了那么多年的时间。

原来，这个世界上真的有定价委员会这种组织。李嘉诚能够成为华人首富，在定价上靠的就是定价委员会。与一些老板一拍脑门就定价不同，李嘉诚团队靠的是组织定价，这个定价委员会一共有17个人，由总裁、高管和各部门的核心专业人才组成。

为什么要从个人定价升级为组织定价呢？因为定价太重要了。定价是战略，定价是标准，定价是资源配置。这是一件非常慎重的事情，不能靠个人盲目定价，而是需要总裁、副总裁以及核心高管，甚至一线员工，从上到下反复斟酌、仔细研究，权衡上下各种不一样的声音，最后完成集体决策。

反观中小民营企业，通常是由老板拍脑袋、凭感觉定价，最多再参考成本和对手定价。而大企业之所以能够做大，正是因为它们把很多关键决策上升到委员会，甚至上升到一个集体。比如，如果集团的产品要降价，那么集团一定要通过组织来降价——定价委员会的17个成员全部到齐，并充分讨论降价的必要性。

因此，要做好定价这件事情，企业首先要成立定价委员会，从老板个人定价升级为组织定价。定价委员会需要总裁、副总裁，以及财务、营销、研发、设计等部门的核心高管全部参加。因为**定价关系到产业链，关系到整个企业经营的全局，关系到经营的生命周期，关系到经营的来龙去脉，从战略到价值、产品、品牌、渠道……全部都要考虑进来。**

而个人定价之所以容易失误，就是因为从一号位到"四大天王"，他们的视野和思维具有局限性，导致他们只看到了眼前的一口小井，而看不到更宽阔的海域。所以他们以为的成本只是生产成本，而对品牌烧钱、渠道分钱以及产品升级花钱的成本结构根本没有认知。这就导致他们最后拍脑袋定价，莫名其妙地跟风打折。

战略定价法

从个人定价转向组织定价解决的只是定价主体的问题，但还有一个核心问题没有解决，那就是组织要基于什么逻辑来定价呢？在多年来的经营实践之中，我们总结出了一套战略定价法，它包括以下 4 个关键步骤。

基于战略：战略 = 标准 × 价值

第一个步骤，定价要基于战略。定价首先要回到原点，也就是思考你的战略：你选择了什么样的标准？你选择了什么独一无二的价值？譬如说，你要做一家世界级过桥米线公司，定价是选择 108 元还是 18 元？当你的价格定下来时，其实你的战略就定了。当你定价 108 元时，说明你选择了世界级标准，选择了价值创新战略；当你定价 18 元时，说明你选择了成本领先战略。因此，定价本身就是战略。

基于标杆：要么卡位，要么占位

第二个步骤，定价要基于标杆。**如何基于标杆定价？用卡位或占位来区隔定价。什么叫卡位？**给大家分享一家学员企业的案例。

数年前，我们与深圳一家上市公司的董事长有过一次交流。早在十几年前，这位董事长就已经听过我们的课程。据他自己说，那次学习经历让他领悟到自己的企业必须走成本领先战略这条路，后来他用这套理论将公司做到了今天年营收上百亿元的规模。

有一次，这位董事长又带着手下60多位高管来上课。课前，他提出希望得到我的专门辅导。我问他："你想要听什么呢？"他说："老师，您再给我们讲讲定价吧！我想让高管都能理解得更清楚一些。"那个晚上，我为这家公司的全体高管讲了一遍如何卡位与占位。实际上，我那晚对这家公司管理层所讲的，就是自己当年在和记黄埔大楼12层会议室听到的定价"真经"。

和记黄埔是如何做的呢？其首先用到一个工具——"成本价值表"（见图5-3）。

这个表的横轴是总成本，纵轴是价值。实际上，定

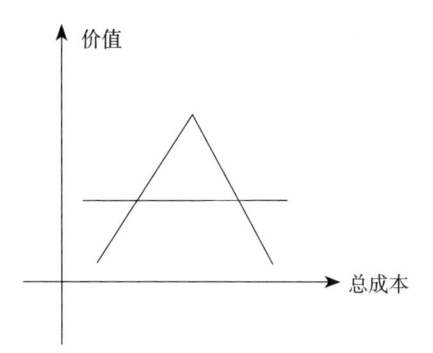

图5-3 成本价值表

价必须建立在对成本和价值的准确衡量之上。如前所述，成本是很难计算的。除了各种显性成本，还有不少隐性成本，甚至还有机会成本、沉没成本。正因如此，和记黄埔除了有定价委员会，还在财务部门设立成本会计专岗，专门锁定成本进行一一分析。在对成本和价值了如指掌以后，其再根据自身的战略路径决定选择卡位还是占位。

面对这家上市公司的高管团队，我们之间发生了如下对话。

"你们现在做什么产品？定价多少？"

"我们现在做显示屏，定价3元。"

"好，那么竞争对手呢？"

"差不多，竞争对手的定价在3.1元左右。"

"你们现在一个产品的总成本是多少？"

"2.5元。"

"2.5元的成本，3元的定价，也就是有0.5元的利润。那对手的总成本呢？"

"应该在2.7元左右。"

听到这里，答案就清晰了。我告诉这位董事长："像这种情况，你们是无法卡位的。对手的总成本可以做到2.7元，哪怕是定价3.1元，它也有0.4元的利润，与你们不相上下。"

"那我们该怎么做？"他急忙问道。

我回答："你们现在必须继续走成本领先战略道路，把干毛巾拧出水来。你们要下定决心，从原材料采购成本到生产成本，从流程管控到后续服务，哪怕逼疯自己，也要把总成本降下来。"

"降到多少？"他非常关心。

我回答得很干脆："降到全行业最低，越低越好。"其实，到了这里，我已经开始在讲如何卡位了。

假设这家公司能够将成本降到1.8元，接下来就可以卡位了，把价格定在1.99元。在这种情况下，竞争对手的成本却是2.7元。也就是说，这家公司的定价必须做到比对手的成本还要低。这样一来，竞争对手根本无法招架。因为如果它接招，将自己的价格也定在1.99元，根据企业的利润公式，其利润瞬间就变成1.99－2.7＝－0.71元。

这个时候，这家上市公司就会把对手逼入进退两难的境地：接招，亏得很惨；不接招，客户会被这家上市公司的价格优势大量吸走，输得更惨。一旦对手熬不住它的卡位战，这家公司就可以慢慢等待时机去收割"韭菜"了。

细心的读者应该已经发现了：**卡位是与成本领先战略配套使用的**。正是从这个意义上，我们才说定价就是战略，定价就是要把自己逼疯，给对手致命一击，这就是卡位的巨大威力。

那什么是占位呢？**占位其实是定价的另一端：你的成本要高于竞争对手的定价**。与卡位不同，占位是要与价值创新战略配套使用的。因为价格和价值是一体两面，第一的价格背后是第一的价值。只有把价值做大，才会有定价空间。因此，如果你要选择占位，即抢占价格高位，你就必须匹配价值创新战略，用更高的资源配置打败对手。

譬如说，如果你要做世界第一鲜的过桥米线，那么你就要用最高的资源配置打败对手。你要在产品和服务的品质上做到极致：最好的原料、最好的服务、最好的体验……所有环节都要用最好的资源，最终你会发现，你的成本远远高于对手的定价。如此一来，你就能在定价上与竞争对手拉开差距。但是，高定价的背后一定是超高的产品品质和服务品质，以及市场第一的客户价值。你必须让客户感受到贵有贵的道理，让客户觉得物有所值，这样你才会真正得到客户的认可。你只有提供与高价格匹配的高价值，才能在客户心目中实现世界第一鲜的占位。

此时，对手敢提高价格吗？答案是不敢，因为你的成本都比他们的定价高。他们一旦提高定价，立即就会损失一大批客户。客户的眼睛是雪亮的，他们不会花高价去消费低价值的产品。反过来，他们敢降价吗？也不敢！因为打价格战会让他们陷入更严重的亏损状态。最终对手左右为难，涨价涨不起来，降价也不敢降，只能苟延残喘直至出局。

基于用户：匹配用户的价值定位

定价的第三个步骤，是匹配用户的价值定位。请注意，我们不是要满足所有用户，而是要满足精准用户，满足一部分用户。前文提出了筛选用户的4道关卡，它们分别是有购买需求、有支付能力、有品牌认知以及有购买渠道。请注意，其中每个条件都是一层过滤网。经过这 4 道关卡的层层筛选，最终剩下的一部分用户才是企业的精准用户。

那这一部分用户要买什么价值的东西？我们的定价要基于这一部分用户的价值定位，找到这一部分用户要买的最关键的价值。

分清先后：先定价，再做产品

定价的第四个步骤是**先定价，再做产品**。这句话非常经典，其背后是一种先谋后动的思维方式。先定价是什么意思？企业千万不要自顾自地先做产品，而要先定价。因为定价是战略：价格一旦定了，标准就定了，竞争路径就定了，用户群就定了，资源配置也定了。因此，先定价意味着企业先考虑用户与市场，先考虑打败对手的策略。如果这些问题都没有梳理清楚，企业一旦做了产品，再来定价就来不及了，所以定价一定要前置。

其实，在你的商业模式设计出来以后，用户价值就设计出来了。这个时候，你还不能开工，而是要先把价格想清楚。否则，你的产品就没有针对性，就容易滞销。因此，**企业定价一定要以用户价值为导向，以标杆对手为导向，找到市场**

空缺的价值区间，然后再来做产品。

经营企业数十年，我们从顶尖高手身上看到一个规律：大部分高手定价都是取高不取低。为什么？因为取高的背后意味着你的标准上去了，这会倒逼你提高资源配置。这里需要说明的是，提高定价并不是为了增加利润。实际上，利润是卡死的，可能就只有20%，剩下的利润空间要全部用于用户服务、研发设计、品牌建设、渠道建设等。最后，你要把这些钱全部反哺到市场和用户身上。

战术定价法

定价的实际操作涉及经济学、社会学、心理学等多个学科的知识及原理，其内容纷繁复杂，在本书的框架内很难全面展开。在此，我重点选择了几种简单实用的战术定价法，以飨读者。

小数点定价法

第一种方法叫小数点定价法，这种定价方法在超市里随处可见，如9.98元、29.99元一类的商品定价。为什么价格要带小数点？首先，小数点会给用户一种精算的感觉，仿佛商家精算了成本才最终得出定价，进而让用户产生一种信任感。其次，小数点比较复杂，而人们天生喜欢简单，讨厌复杂，这样就会降低顾客对价格的敏感度。

价值定价法

第二种方法叫价值定价法，房地产公司经常使用这种定价方法。比如，某家地产公司买了一块地，地中间有不少农田。那么，怎样才能提高这块地的价值呢？常用的方法就是在开发的楼盘中间开挖一个湖，放几只天鹅进去，取名为"天鹅湖"。

这背后的逻辑是什么？无中生有。如果对手已经取名为"天鹅湖"，那么你也可以放几只鸳鸯进去，取名为"鸳鸯湖"。因此，真正的企业家一定善于创造，因为有了创造才有价值空间，没有创造就没有价值空间。我在前文强调，价格和价值是硬币的两面。实际上，此处的逻辑就是要把价值这一面做厚，然后就有了价格空间。

"1+N"定价法

第三种方法叫特价定价法，也叫"1+N"定价法。譬如说，如果一家公司的产品可以分为A、B、C三类。其中，A产品是引流产品，它是诱饵，因此定价极低，虽然这个产品不赚钱，但它是吸引用户的钩子；B是利润产品，是差异化产品，它是通过产品组合来赢利的产品；C则是配套产品。因此，真正的顶尖高手一定是定价专家。

不二价

第四种方法叫不二价。聪明的顾客明白一个道理：一旦有二价，就会有三价、四价、五价……譬如说，有一家服装店天天打折，今天打8折，明天打7折，后天打6折……老板的初衷是想通过打折促销，但他忽略了人性。怀疑是人的天性，当产品出现二价时，消费者马上就会怀疑产品的价值。因此，产品的价格要卡死不能动，这会减少顾客的犹豫和等待，从而促使顾客更快地做出购买决定。与此同时，不二价还会给顾客传递一个清晰的价值信号：这个产品物有所值。

套餐定价法

第五种方法叫套餐定价法。这种定价方法在麦当劳、肯德基等连锁品牌中很常见。为什么要用套餐定价法？因为套餐定价是捆绑定价，即用它的拳头产品来带动其他产品的销售。这就是对产品的合理配置。此外，套餐的销售效率很高。假设套餐中有 10 个产品，如果你要单独销售，那么你要卖 10 次。现在你把这 10 个产品捆绑在一起，你就只需要卖 1 次。

重新定价的本质是重新定义价值

现在我们再回到之前的降价案例。参观过和记黄埔的定价委员会后，我们回到公司马上学习、反省、改进。原本我打算召集所有子公司的总经理进行降价培训的，现在我意识到自己的失误了。面对竞争对手降价抢客户，公司非但不能降价，反而要涨价。因此，我给所有人培训，讲透了为什么不能降价，很快所有人达成共识，接下来公司产品开始全线调价。

怎么调价呢？第一，开发新产品；第二，改良旧产品。这样做的目的是什么？做大价值。过去，我们的产品就是最传统的广告牌，一年收费 20 万元。但是，我们这次开发新产品的标准非常高，对标世界级标杆，从创意、材料、视觉等多个环节向世界级标杆靠拢，对广告牌进行创新。结果，推出新产品以后，几乎所有客户都放弃了旧产品，转而购买高价的新产品。比如，当时我们为奥迪汽车、雅戈尔衬衫等多家企业做了广告牌的创新设计，获得客户的一致好评。这支撑了我上任之后的利润翻番。

2020年，我在上海虹桥机场候机时看到《第一财经》栏目在采访一个人，这个人是上市公司圣农的董事长。这位董事长告诉记者："我们一生只做一件事情，并且要把这件事情做到极致……"最后，我在听到其财务数据时，吓了一大跳。这家上市公司的业务非常单一，专注于养鸡，而且只养白羽鸡。但是，其年营收是140亿元。更吓人的是后面的数字：税后利润40亿元。

听到这位董事长的发言，我有一种似曾相识的感觉，内心不禁冒出一个念头：他会不会是我们的学员？于是，我立刻向集团销售管理中心负责人求证。果不其然，这位董事长就是我们"赢利模式"课程第59期的学员。也就是说，这位董事长十几年前就"潜伏"在我们的学员里，并且把这套定价方法用在企业经营上。经过十几年的聚焦深耕，圣农今天已经成长为一家年营收百亿元的企业。

我们还服务过一家企业，即湖南的口味王，这家企业的董事长在2007年上过我们的课并持续复训，他的团队也一直来上课。当年这位董事长第一次来上课时，整个槟榔行业的价格战正打得一塌糊涂，每包槟榔的价格降到 2 元，这导致行业越做越乱。上完课后，这位董事长转换思路，走价值创新路线，从原料采购、生产流程、品质把控、精准定位市场到重新定价，一切都是为了给消费者提供最好的槟榔、最好的服务。经过 10 年的努力，这家企业也成为年营收百亿元的行业龙头。2020 年 6 月，我们还为这家企业做了 400 多人的"浓缩 EMBA"专场。2020 年 11 月，我们在长沙讲课时，这家企业的董事长专门来找我们，并给我们带来了这家企业 100 元一包的最新主打产品，董事长说，它在市场上抢手得很。目前，在湖南这一产品的高端市场中，口味王的市场份额占据了七成。

我讲这两个例子，想说明什么？当企业的战略清晰、用户价值明确时，企业的定价最终决定了其产品创新，决定了其标准和品质。**你要有世界级定价，就要做世界级产品**。从这些学员的案例中，我们也看到了定价是当之无愧的王中王。

10 倍级增长路径：价量双增路线图

现在让我们再回到原点公式：收入−成本＝利润。其中，价格×量数=收入。那么，如何将收入从10提升到100、1 000、10 000呢？企业要从价格和数量两个维度来提升，而且这两件事有先后顺序。

首先，企业要通过产品升级和价值拉升来卡住价格，进而支撑产品的10倍级定价。2013年，行动教育之所以亏损，就是因为公司总裁和副总裁被对手打蒙了，于是降价成了他们抓住的最后一根"救命稻草"。可是，当他们发现降价也不行时，真的就黔驴技穷了。实际上，那些打价格战的培训公司最后几乎全军覆没，全被自己打死了。当我接手行动教育时，我反其道而行之，开始涨价。因为我明白定价即战略，所以我做的第一件事是价值提升，即通过产品升级和产品迭代把价值拉升起来。在价值拉升起来后，我们就开始一路涨价，目前我们的课程已经涨到了39 800元/人。涨价背后的逻辑是什么？产品升级、客户升级和定价升级。

只有在价格空间出现后，你才有钱来解决量的问题。量是怎么提升的呢？其背后有两个关键词：一是品牌，二是渠道。品牌需要火力，它需要烧钱；渠道需要兵力，它需要分钱。二者都需要定价来支撑，这就是为什么价的问题不解决，你就解决不了量的问题。

在服务中小民营企业的过程中，我们发现了一个奇怪的现象：很多企业明明产品很好，但就是数十年如一日，始终做不大。问题出在哪里？就在于兵力投入不足。一方面，中小民营企业的推广太弱，既没有在各种推广渠道发声，也不做活动，所以客户根本听不到它们的声音，不知道它们的存在；另一方面，中小企业的渠道很少，一家企业只有几条"枪"，最多几十条"枪"，这几十条"枪"勉强打下一个小的区域市场，要打下省会市场甚至全国市场几乎是天方夜谭。

20世纪90年代，风驰传媒被卖给TOM户外传媒集团以后，很多广告公司来我们公司参观。许多人非常好奇，为什么被收购的偏偏是一家地处云南边陲的广告公司？

有一次，一群广东的企业家来风驰传媒参观取经，我全程陪同。参观结束以后，大家纷纷来到会议室交流。其中一位企业家站起来说："咱们今天看到的这家公司，它根本不是一家广告公司，而是一家销售公司。你看，大部分广告公司都没几个人。"紧接着，他指了指同行的人说："你们数数，咱们所有公司的人数加起来，还不及他们公司员工的一半。所以，这个仗怎么打呢？"

为什么这位企业家会发出如此感慨呢？因为当时风驰传媒一共有400多人，坐满了2 000多平方米的办公区，其中大部分是一线营销人员。

过去我们在广告行业时发现，所有国际一线品牌进入一个新市场，基本上都遵循同一个套路：先是"空军"发力，电视、报纸、户外广告等全媒体地毯式轰炸；紧接着，"陆军"出动，地面部队对各个渠道进行饱和式攻击。其基本逻辑都是一样的：双管齐下，火力开道，兵力推动。

当时我们就在思考：为什么这些企业有那么多钱去做这些事呢？后来我们才想明白，定价定天下。这些企业的管理者首先在定价上就把空间卡住了，他们明白企业要做大，必须烧钱做推广，分钱建渠道，花钱做服务。而这一切的前提条件是定价上必须留有空间，因为一旦定价失误了，后面就没有兵力、没有弹药、没有粮草了，最后"海陆空三军"就建不起来了。

因此，所有世界级企业不是靠某一招成功的，而是靠兵力成功的。人人都喜欢以少胜多的传奇，但孙子所推崇的兵力原则根本不是以少胜多，而是以多胜少。**要想有绝对的胜**

算，就必须以数倍于竞争对手的兵力，形成压倒性优势。真正的增长之道是靠兵力拉动的，要想获得 10 倍级增长，就必须投入 10 倍级兵力。最后增长多少，完全取决于企业的"陆军体系、空军体系和海军体系"。

"海陆空三军"的所有兵力最后都要靠什么来支撑？还是要回到定价这个王中王上，因为只有高毛利才能支撑企业去发展"海陆空三军"。这就是为什么企业要把定价作为 4P 营销理论的牛鼻子。

定价空间留出来后，企业如何用最少的资源、最快的速度把量做大呢？这里要讲一个绝杀招式——"营销闪电战"，这个词借用了闪电战一词。

什么是闪电战？它是德国名将海因茨·威廉·古德里安在第二次世界大战时期创建的一种战术。它充分利用飞机、坦克和机械化部队的快捷优势，以突然袭击的方式制敌取胜，用机械化部队快速切割敌军主力来达到预期效果。闪电战的核心元素是速度、奇袭、集中。

如果要探究闪电战的底层逻辑，我认为它与孙子所讲的"速胜"有异曲同工之妙。《孙子兵法》第一篇为《计篇》，讲的是道、天、地、将、法，其背后是全胜思维；第二篇为《作战篇》，讲的就是速战思维。在孙子看来，要么全胜，要么速胜。

为什么要速胜呢？孙子的解释也非常简单，因为打仗打的是资源。打仗就是日费千金、劳民伤财，因此不能拖，一拖就天下大乱，一拖就人心涣散，一拖就会延误战机。其实，孙子已经明确告诉我们一个道理：战争最大的成本是时间。时间的背后是什么？是时间窗口期，是资源的损耗。因此，**你要与时间赛跑，通过加速度和提节奏来获得成功。**

同样，企业要在竞争中获胜，也要追求速胜，打营销闪电战。企业经营的成本极大，每时每刻都在花钱，每多一天，就多一天的资源损耗和时间损耗，因此你必须抓住时间窗口期，速战速决，以最快的速度、最短的时间成为第一，否则最后成本会拖死你。

那怎样才能打好一场营销闪电战呢？《孙子兵法》也提供了一套可以参考的方法论，它分为三个关键步骤。

- **并力**。所谓并力，就是集中资源，集中兵力，集中火力。
- **聚焦**。找到一个焦点，把资源聚集到一个市场，聚集到一个区域。

- **比快更快**。最大限度地提高速度，调动所有人的节奏和速度，重新优化动作和流程，让整个流程围绕用户旅程来构建。就像足球运动员一样，不要一个接一个地传球，而是直接把球传到球门那里去，删掉这个过程中所有无效的动作和流程。

归根结底，**企业是通过速度来取胜的，因为速度就是势能**。企业要通过并力、聚焦和比快更快，形成降维打击，实现事半功倍。对此，孙子还做了一个至美的比喻："激水之疾，至于漂石者。"意思是说，石头之所以能在水中漂起来，靠的就是速度。

这套方法论如何应用到企业的经营实践中呢？我们可以通过三个具体动作来落地。

- **第一个动作叫品牌聚焦**。首先要选择一个焦点市场，通过火力聚焦进行密集曝光，形成光环效应。反之，如果你像撒胡椒面一样，那么品牌很难形成势能，也就很难产生光环效应。举个例子，我们如果要打成都市场，那么一定要对成都市场进行细分。如果你是To B（面向企业）企业，你一定要把成都市场的行业分出来；如果你是 To C（面向用户）企业，你一定要分区域。然后，市场部要针对一个个细分市场去做品牌聚焦，进行密集曝光，使其产生光环效应和品牌势能。

- 第二个动作叫渠道大决战。接下来，企业要集中资源，调动人力、物力、财力，集中在品牌聚焦的区域进行大决战，锁定市场制高点。如果你是 To B 企业，你一定要锁定行业的龙头企业；如果你是 To C 企业，你一定要绑定关键意见领袖，抢占行业最重要的大客户，让意见领袖为你背书。

- 第三个动作是在线化，借助互联网。企业今天要学会借助科技的力量，通过大数据加持以及互联网运营等，对目标用户形成长期、持续的口碑传播，最终逐渐形成圈层爆破，让品牌像病毒一样疯传。

只有三管齐下，才能真正把量做大。量靠什么做大？火力和兵力。火力和兵力从何而来？靠速战速胜。**企业要设定一个时间点，聚焦一个区域，瞄准一个目标舍命狂奔**。在这场战役中，一号位要动员组织上下全部参与到这场营销闪电战中，上下同欲，士气高昂，并投入全部的装备和武器，在一个关键地点开始大决战。

比如，你是一家江西企业，但你在江西的市场还没有成为第一品牌，那么你首先要在江西市场进行大决战，在你的根据地市场拿到第一。为什么要这么做？因为你的资源有限、时间有限，而外面的市场是无限的。你只有通过并力和聚焦，才能实现蓄势和借势，最终才能大获全胜、势如破竹，这就是闪电战的核心——通过势能一下子把竹子劈开。

回想我自己的创业史，风驰传媒之所以能快速成为云南第一的广告公司，其实得益于一场营销闪电战。虽然彼时我还没有学习《孙子兵法》，但不得不承认，我的成功暗合了孙子所提倡的速胜思维。

在创办广告公司之前，我前往北京学习如何开广告公司。在这个过程中，我遇到了一个标杆广告公司的老板，他告诉我品牌很重要。一开始我并没有真正理解这句话，等到开业以后，我突然发现一个问题：用户不知道我是谁。我打电话人家不接，即便接了，人家也不愿意买我的广告牌。

就在我不知所措之时，我脑中突然出现了之前在北京遇到的那个老板的身影，他告诉我一定要做广告宣传，一定要让精准用户知道你是谁。于是，我每日苦思冥想，四处寻找让用户知道我的办法。

一天，我在《云南日报》上看到一篇文章，文章里说全国人民正在积极声援北京申办奥运会，多地举行各种盛大的体育活动以支援北京。我突然想到，云南还没有举办过类似的活动。于是，我马上找到云南共青团的团委书记，询问云南是否要举办类似的活动。他告诉我要做，但没有人来协办。我立马提出，由我们来协办。他又提出没有方案，我承诺我们可以拿方案。

很快，我们就策划出了万人长跑的活动方案——组织1万人从昆明最繁华的市中心跑到火车站。这1万人从哪儿来的呢？正是云南共青团从各个大型国有企业找来的。请注意，大型国有企业正好就是我们的客户，因为只有大客户才会做广告。所以，我们决定把所有的精力、时间和资源全部聚焦在这场品牌公关宣传活动上，必须一炮打响，让大家知道风驰传媒是谁。

在举办这次活动的过程中，云南共青团召开了5次新闻发布会，各大电视台、报纸等媒体争相报道。而这些报道都会出现风驰传媒的信息，我们不用花一分钱去做宣传。此外，云南共青团还派了专人来指导这场活动。

这1万人要形成第一方阵、第二方阵、第三方阵……大家要穿什么衣服？喊什么口号？打什么旗子？……毫无疑问，这些衣服、口号、旗子等全部都会植入风驰传媒的广告。随着云南电视台对这场活动全程跟踪报道，风驰传媒一下子就出名了。接下来，沿着云南共青团这条线，我们找到了云南省委宣传部，云南共青团的团委书记也亲自为我们引荐了各大企业相关负责人。

其实，1991年我在北京调研标杆企业时，一位从英国回来的标杆企业负责人就告诉我："一定要主动出击，一定要组建一个强大的营销团队，才能抢占大客户。"因此，从北京回来后，我首先就组建了一支强大的营销团队，现在这群人可以发力了。

我们在与各大企业建立连接后，立马安排营销团队与品牌部门进行对接，分行业、分部门锁定大客户，进行各个击破。

最终，风驰传媒在这场营销闪电战中大获全胜，一年时间内就实现了收入1 500万元，利润600万元，成为云南第一的广告公司。这个成绩，不仅是对标标杆的功劳，也是这一场闪电战的战果。

遗憾的是，当年还没有互联网，无法更好地放大声量。但是，仅仅通过品牌曝光，再利用强大的营销团队锁定大客户进行大决战，我们也赢得了这场战役。

究其根源，我们赢在了什么地方？火力和兵力。遗憾的是，今天太多企业在定价上就失误了，导致后面火熄了、兵跑了。没有子弹、没有弹药、没有人，仗还怎么打？

由此可见，营销必须回到起点：**经营即定价，而销售本质上是拼火力和兵力**。当企业把价格定对了时，其就有了足够的钱投入火力和兵力。为了让火力和兵力发挥出最大的力量，企业从今天开始就要设立一个目标，聚焦一个关键市场，打一场营销闪电战，调动所有资源快速实现突破，与时间赛跑，用速度来赢得胜利。

价格取决于产品和定价，
而数量取决于推广和渠道。

定价和战略是

一对孪生兄弟，

定价的背面就是战略。

所有伟大的公司都是

利用价格杠杆的高手，

它们常常会通过

产品升级来实现价格升级。

没有一个客户会因为商家成本高就多买,他们只会因为产品的用户价值高多买。

你要有世界级定价，

就要做世界级产品。

真正的多销反而是

需要高毛利来支撑的。

企业是通过速度来取胜的，

因为速度就是势能。

第六章　用户经营：
成就第一的用户

企业要在用户经营上取一舍九，成就第一的用户。

钓鱼陷阱：99%的中小企业找错了"渔场"

前文谈到营销的关键在于"价量双增"：价来自10倍级定价，量来自"兵力"和"火力"。但是，这是从企业的角度来看的。实际上，"价量双增"离不开用户，因为真正买单的是用户。企业要如何经营用户，才能实现"价量双增"呢？这就是我们这里要讨论的问题。其实，答案并不复杂：**企业要在用户经营上取一舍九，成就第一的用户。**但要理解这一点，我们先要梳理清楚：在用户二字之中，到底谁是本，谁是末呢？

用是体验，户是数量。我们可以理解为体验比数量更重要。体验的本质是以质取胜，它关系到用户价值。企业必须踏踏实实地做到10倍好，让用户体验到你与对手的差距，用户才能被震撼，这才能支撑"价量双增"。

今天大多数企业失误在哪里呢？答案就是它们没有追求用户的质，而是只追求用户的量。这种思维的漏洞源于什么？人性中的贪婪。古人云："欲多则心散，心散则志衰，志衰则思不达。"这句话提醒所有人：当你希望客户越来越多时，你的心思便会被分散，最后你就会眉毛胡子一把抓。一旦心思被分散，你的能量就会下降，你给用户创造的体验感就会衰竭。最后，你自然就抓不住大客户，只能与"泥鳅"为伍。当你与"泥鳅"为伍时，你最多也只是一条"肥泥鳅"，这是由一个人的思维漏洞导致的。因此，要做好用户经营，首先要找对用户。用户不在于多，而在于精准。

当服务企业时，我发现许多企业根本不知道自己的用户在哪里。在每一期"赢利模式"课程现场，我都会向在场的近千位企业家提出同一个问题：假如你成立了一家初创小公司，你会选择做大众市场还是高端市场？

现场99%以上的企业家学员都会选择做大众市场。当我追问他们为什么选择做大众市场时，他们给我的答案不外乎以下三点：大众市场"鱼"多，企业钓到"鱼"的机会大；刚刚创业资源少，企业只能从低端市场切入；大众市场门槛低，客户要求的标准低。

放眼世界，在美国、日本百年的商业历史上，几乎所有新公司和小公司都会选择做大众市场。然而，结果是什么呢？九死一伤。90%的企业都倒闭了，**大众市场不是一个"馅饼"，而是一个陷阱**。活下来的10%的企业也是伤痕累累，拉长时间线来看，这些企业基本上也是难逃厄运。大众市场的愿景看上去很美，实则是海市蜃楼。

为什么大部分人会做出错误的选择呢？这是因为他们根本没有真正看懂大众市场，"鱼"多、资源少、门槛低，这三个理由都是错的。

"鱼"多，这是一个陷阱。

"鱼"多，在企业中最忌讳的就是这句话。九死一伤的根本原因在哪里？在于大部分人都犯了一个致命的错误，他们总觉得客户越多越好、流量越多越好、机会越多越好。但是，实际上他们错了，企业的人力、物力、财力是有限的，每一个动作背后都是成本。所以，企业不能用机枪打鸟，扫射只会浪费子弹。

成功的关键根本不在于多，而在于精准。一个钓鱼高手就像狙击手一样，他知道哪里有鱼，所以他不会去大海捞针。弱水三千，他只取一瓢。他要锁定清晰的格子，把鱼集中起来。一旦鱼分散了，他就钓不到鱼了。

企业的成功不在于客户多，而在于只为一小部分客户服务。没有一个企业能够服务全世界，即便是可口可乐这样的大众化产品，也只能为一小部分人服务。因此，客户不是越多越好，而是越精准越好。企业根据年龄、性别、职业、收入、偏好、购买动机等将用户的模样画出来，客户的定位越精准，企业"钓起鱼"来就越高效。

以行动教育为例。我们服务中小企业，但十几年来，行动教育也只服务了10万多家企业，而中国的中小企业总数在2 000万家以上。更有趣的是，随着对经营的理解越深入，我们越发意识到：服务10万多家企业还是太多了，这造成了公司的资源分散。所以，在公司的数据化系统建成后，我们一直在做减法。近几年来，我们对员工讲得最多的是，请他们放弃客户。

过去，公司有数以万计的客户池，很多销售人员希望自己的客户越多越好，最好公司能给他100个客户，这种想法大错特错。因为我们后来发现：如果一名员工一年能服务好10名精准客户，那么他为公司创造的业绩至少有1 000万元；相反，如果他非要服务100名客户，那么最后的结果反而是一地鸡毛，因为他无法为这100名客户真正创造成果和价值。

资源少不是问题，心眼小才是问题。

对企业家来说，资源少从来不是问题。所有的企业家都不是万事俱备才创业的。企业家是什么？他相信自己是一切的创造。如果企业经营是基于资源来做的，那么企业最后一定会被资源拴住，画地为牢。并且，资源越多越做不好，因为企业家把自己局限在资源里面，限制了自己的创造力。

无论是大公司还是小公司，都会缺人、缺资金、缺技术。对企业家来说，**缺资源不是问题，梦想不大、标准不高才是问题**。为什么大公司更容易找钱、找人呢？因为大公司梦想大、格局大，让人觉得其成功的可能性也大。而小公司鼠目寸光，找钱难，找人更难。你的标准越低，你就越难找到钱，越难找到人才，也越难找到各种资源。所有的资源和人都是往上走的。所以，真正的问题就在于企业家的心眼小，目标定得低，标准定得低。

门槛低，也是一个陷阱。

很多人以为大众市场客户的标准低。不对！客户怎么会把标准降低呢？任何人不管买什么东西，即便是用一元买一块豆腐，他也不会把标准降低。他不会因为自己只付了一元，就认为自己可以获得一块品质不好的豆腐。

客户不会降低标准，这是本质。还是以过桥米线为例，大众市场的客户对过桥米线的要求是什么？肉多、便宜。肉多、便宜的背后代表了性价比。肉多是指性能，便宜是指价格。高性价比的背后有两个要求：既要性能好，也要价格低。这个门槛不低，甚至可以说相当高，因为这两个要求本质上是矛盾的。

什么企业能满足高性价比呢？行业的龙头。为什么可口可乐、麦当劳这样的品牌进入中国市场，在房租、原材料成本、人工成本都上涨了数倍的情况下，二三十年几乎没有涨过价呢？因为性价比源于标准化、流程化，源于强大的运营能力和管理能力，源于大公司天然的资源优势、产业链优势、品牌优势、客户优势、口碑优势、流程优势、营销优势……这些优势最终都会转化为成本优势。而小公司怎么会有成本优势呢？小公司的成本优势只可能来自偷工减料，最后把自己给"杀"了。

因此，中小企业唯一的选择是锁定高端市场。高端客户是价值导向，不是性价比导向。高性价比需要满足两个条件：一是性能好，二是价格低。但是，高端客户只有一点要求：把东西做好。什么叫把东西做好？企业要通过价值创新，提供一个独一无二的产品给用户，并超出他的期望值。

中小企业能不能做大众市场呢？能做。等到有一天，你也有了品牌优势，做大了规模，有了资金积累和竞争优势，人才储备也够了，你就可以猛虎下山，慢慢渗透，把大众市场打下来，从高维到低维，降维绝杀，这是完全有可能的。

格子圈养法：弱水三千，只取一"格"

你如果去逛商场，就会发现一个规律：上下两头儿的品牌生意都特别好。以服装行业为例，世界顶级奢侈服装品牌的店里在排队，锁定大众市场的优衣库店里也在排队，而中间的品牌活得远不如两头儿的品牌滋润。为什么呢？因为中间段的品牌被上下两头儿的品牌打败了，它们的价值主张远不如上下两头儿的品牌清晰。也就是说，过去我们误认为整个市场高、中、低端的品牌分布是金字塔状，但是实际上，它是哑铃状。两头儿的品牌的成功来自：**要么锁定高端市场，走价值创新这条路；要么锁定大众市场，走成本领先的道路。**

除此之外，我们还发现一个现象：新公司一定是锁定高端市场更容易成功，并且，越高端越容易成功。这又是怎么回事呢？其实不难理解，因为高端客户的需求非常清晰，这代表其要求企业提供的服务也很清晰，这样就不会让企业左右摇摆。譬如，假设企业要做世界级内衣，这件内衣的定位是高端客户，那么企业的价格不会低。要支撑高价格，企业必须把价值做到最高：材料好、工艺好、质量好、设计好、版型好……所有环节全部必须用一流的标准：一流的原材料、一流的设计师、一流的源头采购、一流的工艺、一流的制造商、一流的服务……一言以蔽之，在你将客户群精准定位以后，一切都变得非常简单了。

但是，锁定高端市场并不意味着所有高端客户都是你的。就像高端饮料市场里有矿泉水、茶水、苏打水、柠檬水……每个高端市场都被划分为很多格子。作为一家小公司，你必须集中资源锁定一个细分市场，弱水三千，只取一"格"。最终，企业只为一小群客户服务。这一小群客户必须具备两个先决条件：一是购买力，他们能买得起你的产品；二是习惯力，他们有购买此类产品的习惯和偏好。

如何才能找到适合自己的细分市场呢？我们总结了一个非常有效的方法——"格子圈养法"。所谓"格子圈养法"，就是企业从购买力和习惯力两个维度对用户进行细分。

首先，企业要从购买力的维度进行细分：根据二八定律，20%的客户贡献了80%的销量；如果对这20%的用户再进行细分，那么4%（20%×20%=4%）的客户就决定了64%（80%×80%=64%）的销量；如果再进一步细分，1%（4%×20%≈1%）的客户就决定了51%（64%×80%≈51%）的销量。无论企业是选择锁定高端市场还是锁定大众市场，企业从一开始就要瞄准购买力最强的1%的客户。

接下来，企业再从习惯力的维度进行细分：即便在这1%的客户中，企业也可以按照客户的购买偏好，将他们分到"鲜、香、甜、辣"等若干个格子里。企业只需要从中挑选一个小格子的客户进行价值创新。

少则得，多则惑。经营企业首先要改变观念，只要你不是平台型企业，你就不需要那么多客户。经过了精准细分，这些市场领域已经成为一个个对企业来说最有价值的"格子"。如果企业在一个小"格子"里打拼市场，必然是分类越精准行动越有效。对中小民营企业来说，越是规模小、底盘弱，就越应该锁定精准客户进行差异化经营。这样一来，企业有限的资源才够用，其核心价值优势才会更突出，才有利于企业对市场的占领。

最终，我们会将市场细分为一个个小"渔场"。从此，企业不要在大海里钓鱼，而是要在渔场里"圈养"客户。企业要聚焦这一小群客户，最大化利用有限的资源，给他们提供一个不可替代的价值。

举个例子，假设你的公司经营的是奶制品，从购买力的角度，你一开始就锁定高端市场，接下来，高端市场可以按照以下的逻辑进行格子化：牛奶行业—高端奶粉—高端婴儿配方奶粉—0~6月龄高端婴儿配方奶粉……也就是说，企业永远可以到一个细分领域去做创新，找到一个山头做到细分领域的第一名。

渔场清晰了以后，这个渔场好不好？所有人都觉得这个渔场太美了。但是，这个渔场适不适合你？你有没有这样的资源和用户价值匹配起来？很多企业家没想清楚这些问题，以为渔场好就能赚到钱，却忘了评估自己能不能为这个渔场的用户创造价值。

永远不要忘了商业的逻辑，商业的逻辑是让别人成功，商业逻辑的本质是创造用户价值，而不是你自己赚多少钱。为什么很多企业会活不下去？因为它们太想让自己成功了。所谓鱼多、门槛低、资源少，所有起心动念都是为了自己：我怎么赚钱？但是，你本末倒置了：你只考虑自己，反而活不下去。要活下去，你必须考虑创造用户价值。既然你资源少、势单力薄，那么你更要只聚焦一小群人，为他们制造用户价值。

用户价值！用户价值！用户价值！你为用户想得越多，

你的价值就越高！

现在请你告诉我，你的渔场在哪里？

锁定大鲸：撬动价量双增的杠杆点

用户分类管理："价格 × 数量"标签法

在找到属于自己的"渔场"后，企业如何才能锁定"大鲸"呢？要回答这个问题，我们又要回到二八定律。100多年前，意大利经济学家帕累托发现：在意大利，20%的人掌握了全国80%的财富。接下来往下研究，他发现二八定律也广泛存在于其他领域。任何事情都可以被分成两类：一类是"次要的多数"，占总数的80%，但只决定20%的成果；另一类是"关键的少数"，占总数的20%，却能产生80%的成果。二八定律揭示了一个本质规律：少数决定多数。在企业里面，你有100个员工，其中20个员工创造80%的业绩；你有100个客户，其中20个客户贡献80%的业绩……

为什么很多企业投入产出比低？就是因为它们做了80%不重要的事，只产出20%的成果。它们为什么会做80%的事，产出20%的成果呢？因为它们没有抓住商业的本质与规律，它们的思维方式是：一定要多！就是这个"多"字害人。比如，很多销售员喜欢客户越多越好，结果这样导致他们的时间和精力非常分散，一堆小客户把他们的时间和精力浪费掉了，大客户却没有做深。他们把80%的时间和资源花在了不赚钱的产品、客户和员工身上。如果他们把时间都耗费在捡芝麻上，就没时间去找西瓜了。

商业的逻辑是反人性的，人性中有很多弱点，譬如贪婪。我们以为越多越好，其实错了，任何资源都是有成本的，最后你会发现，投入是80%，产出是20%，结果是20%-80%=-60%。因此，做事情一定要抓重点，不能眉毛胡子一把抓。

顶尖高手做到高效的秘诀是什么呢？**关键在于两个动作：区分和取舍。**

第一步，区分和取舍。

哪些是20%的员工和客户？哪些是80%的员工和客户？区分的目的是将这些资源进行优化组合，把20%留下来，把80%舍弃掉。我们不是要做多，而是要做少。

第二步，再区分，再取舍。

舍弃掉80%，留下20%还不够，我们还要再区分20%的20%——4%。如果你有100个客户，那么这100个客户中有4个客户为你贡献了64%（80%的80%）的业绩。同理，4%的员工带来了64%的业绩。

第三步，再再区分，再再取舍。

按照这个思路，我们继续区分4%中的20%，即0.8%，这0.8%最终决定了64%中的80%，即51.2%。四舍五入后，我们发现最关键的1%就决定了51%的结果。所以，在一家企业中，通常只有1%的员工和客户是组织中最关键的，他们是企业的"牛鼻子"员工和"牛鼻子"客户。

基于此，公司的客户战略需要升级，我们先要找到"牛鼻子"客户。按照上面的思路，企业首先要对所有客户进行分类管理，给每位客户都贴上标签，以免时间、精力和重要的资源被那些不产生成果的客户占用。按照收入公式：价格 × 数量 = 收入，企业不妨依据价格和数量两个维度将所有客户分成A、B、C、D共4类（见表6-1）。

表6-1 客户分类管理

客户分类	价格	数量	标签
A类客户	价高	量大	大鲸
B类客户	价中	量中	海豚
C类客户	价低	量大	鲨鱼
D类客户	价低	量低	小鱼

A类客户价高量大，这种客户就是典型的"大鲸"，**一条大鲸胜过千条小鱼**；B类客户价中量中，我们将其归类为"海豚"客户；C类客户量大却价低，这类客户一般都很苛刻，他们对价格咬得很紧，就如同海里凶猛的鲨鱼，这种客户是有风险的；D类客户价低量小，是渔场中的"小鱼"。

过去我们一直沿用这种分类方式，但随着市场的风云变幻，我们发现这种分类方式对于To C端的企业是可行的，但对于To B端的企业，它存在一个致命的漏洞：今天的"大鲸"不等于明天的"大鲸"。因为任何行业都存在周期，所以企业必须解决未来持续赚钱的问题。企业与客户是"命运共同体"，甚至可以说，**企业的未来是由其客户决定的**。因为你服务的客户决定了你的资源配置、管理标准、思维模式……最终，这一切就会决定你未来的命运。如果你选择的"大鲸"没有未来，你也不会有未来。

那么如何判断哪些客户是未来的"大鲸"呢？我们除了要从微观角度来分析客户当前贡献的价和量，更要站在中观和宏观的角度来评估这条"大鲸"是否有未来。

中观是什么？产业链。所有企业做强的原因都是因为一号位很早就具备了产业思维。从产业的角度来看，一端是供给端，另一端是需求端。**真正的行业龙头一定不是单点竞争，**

而是从供给端到需求端的全产业链闭环竞争。从供给端来看，它必须卡住技术研发和原材料，这是产品竞争力的源头。如果没有强大的供应链，它的用户价值就起不来；从需求端看，企业还必须把大量的时间、精力和资源花在打造品牌和打通渠道上。请注意，这里的渠道不仅仅是指外部合作的渠道商，还要有强大的团队。因为渠道直接关系到客户体验和客户服务的深度，而要在客户体验和客户服务上精耕细作，企业就必须有强大的团队。这是一场长期的战争，可能需要10年、20年、50年甚至100年的长期耕耘。

宏观是什么？全球发展趋势和国家产业政策。任何一家企业要想活在未来，都应该把自己的事业融入国家乃至全球的事业之中。从全球趋势和国家政策上，洞察未来的走向，洞察国家对你所在的行业要如何布局、如何调配资源，最后从资金和资源的调动来洞察：谁是符合宏观趋势的未来"大鲸"？

因此，对 To B 企业而言，真正的大鲸客户可能不是今天创造收入和利润最高的客户，而是未来会创造利润最高的大鲸客户，这就倒逼企业在锁定"大鲸"时，不仅着眼于微观的价量，还要站高一线，从中观和宏观的视角来预判谁是未来的"大鲸"。

企业为什么要如此大费周章地进行客户分类呢？因为这便于企业对客户进行分类管理。如果不分门别类，企业的资源就会错配。经营企业必须分段治事、分级治人。所谓分段治事，是要分段来解决工作，不能眉毛胡子一把抓。而解决人的问题必须分级治理，不能一刀切。如果一家企业对于员工实行放羊管理，放手让员工自己随便去"钓鱼"，会发生什么情况呢？最后你会发现，员工只能"钓小鱼"。

我们观察过中小民营企业的员工，他们拿着"钓鱼竿"，"鱼钩"上挂着"面包屑""小蚯蚓"，他们天天守在岸边，看似在十分投入地"钓鱼"，千辛万苦却只能钓到一些"小鱼"甚至"小虾米"。

员工想不想钓大鱼？想！但是，他们没有办法，因为大鱼在深水里，他拿着鱼竿和面包在岸边走来走去，根本不可能钓到大鱼。人容易急功近利，一旦钓不到大鱼，就会饥不择食，先钓点儿小鱼、小虾果腹再说。目前，中国绝大多数的中小民营企业都是依靠员工辛苦钓来的小鱼、小虾活下去的。在很多老板眼里，员工每天能在岸边钓到一些小鱼、小虾已经很不错了，至少他们每天还在为公司贡献业绩。

然而，如果企业里90%的员工整天想的是钓小鱼，就算他们天天加班，一天能够钓到1 000条小鱼，数量很庞大，也一点儿不值得高兴。因为从价值上考量，1 000 条小鱼仅仅等于 1 条大鱼。但是，从成本的角度看，员工每钓一条小鱼，企业在背后都投入了大量的人力、物力和财力去支持这个目标的达成。从寻找用户到建立信任、满足需求、成交、服务、售后的整个闭环流程相当长。整个流程走下来，企业付出的成本就已经够钓 1 000 条大鱼了。

如果员工费大力气钓来的 1 000 条小鱼的价值仅仅等于 1 条大鱼的价值的话，企业的经营结果就难看了：1−1000=−999。也就是说，从表面上看，企业有了 1 000 条小鱼的业绩，结果是企业已经严重亏损了。

当企业家不明白这个逻辑的时候，他们往往会产生一种错觉：自己的员工不仅创造了业绩，还那么辛苦，真是一群爱岗敬业的好员工。可是，等到财务报表一出来，企业家都惊呆了：所有员工都这么热爱工作，每天也都有业绩产生，生意源源不断，公司怎么还亏损了？

即使你费尽心力钓来了这 1 000 条小鱼，这些小鱼满不满意呢？这种小鱼生命力不够强，很快就死掉了，会不会带来负面口碑？更可怕的是，当你的员工盯着 1 000 条小鱼的时候，那些真正的大鲸客户正在被竞争对手抢走。长此以往，你的企业只会越做越小。一个整天只会和小鱼、小虾、小泥鳅打交道的企业，做得再好也不过是一条肥泥鳅。

因此，企业为什么要选择钓大鲸？因为一条大鲸胜过千条小鱼。要改写企业 1-1 000=-999 的经营结果，企业家必须反过来思考：如何才能真正实现用 1 的成本获得 1 000 的价值。如此一来，企业经营公式才会变成 1 000-1=999。

员工分类管理：员工格子化

在听了我们在课堂上讲的大鲸战略后，很多老板会产生这种想法："哦，我懂了！给客户贴标签分类，以后我们只做大鲸，其他都不要！"企业一旦真的这么做，就只有一个下场：业绩比过去更糟糕。

为什么？因为这是一个战略升级的问题，而不是一个员工升级的问题。如果你放手让员工自己去做，结果就是员工原来还会钓小鱼，现在连小鱼都不想钓了，因为他们被你灌输了一种理念：一条大鲸胜过千条小鱼。所有人都去找大鲸，天天都在岸边跑来跑去，焦心地喊：大鲸！大鲸！结果适得其反：大鲸钓不了，小鱼不想钓。

所以，企业在将客户分类管理以后，紧接着要做一件事：员工分类管理。员工不分类，会出现什么后果？如果你放养员工，他就会浑水摸鱼，什么鱼都要。最后你会发现，他钓的都是小鱼。因为小鱼容易钓，大鲸都在深水区，不是一个人能钓得了的。如果员工一直钓小鱼，那么会带来什么结局？他们的业绩越来越差、收入越来越少，能力也没有提升，最后自己活不下去；与此同时，企业的客户越来越少，最后企业也活不下去。

因此，企业不仅要给客户分类贴标签，还要对员工进行分类，提升员工钓鱼的效率。本质上，劳动可以分为有效劳动和无效劳动。不同的鱼有不同的要求，钓鱼的技能、方法和流程等都各不相同。**一个新员工去钓大鲸就是无效劳动**，因为以他的资源和能级，根本不可能钓到大鲸，他的劳动创造不了价值。同样，让一个老员工去钓小鱼，更是生产力的巨大浪费。一个销售高手与一个销售新手，创造的劳动价值可能有上万倍的差异。我们不能忽略人与人之间的差异，因为这个差异体现在认知、思维、智商、情商、能力甚至体力上。

一家优秀的公司会给不同的员工设立边界：**新员工做新员工的事，老员工做老员工的事，核心骨干做核心骨干的事，领导层做领导层的事，全部分级管理，对号入座，重新建流程。**因此，客户升级管理的背后，也关系到员工的流程管理。也就是说，对于所有的用户和员工，你不仅要进行分类管理，还要重新梳理钓鱼的流程、工具、步骤，也要梳理员工的渔场、动作、效率。不能乱！不能一会儿这个渔场转一圈，一会儿另一个渔场转一圈，一会儿想抓大的，一会儿想抓肥的。这种变动就是浪费时间、浪费资源。

我在很多成功的企业家身上学到一样东西：**一家好的管理公司是风平浪静的，每个人都知道自己该干的事。风平浪静的背后，是每个人都有自己的角色和分工，像螺丝钉一样安上去，你只需要把自己的事情做好。**

因此，客户要贴标签，员工也要分类管理。分类管理意味着要对员工重新锁定格子。所有人只能在一个格子里面按照流程走，大鲸有大鲸的流程，海豚有海豚的流程……

首先，对于大鲸客户，公司要上升到战略的高度去争取和维护，不能依赖销售人员个人的努力。一旦遇到大鲸，没有哪个员工能单独将其服务好，这时就必须从公司层面来进行操作，一把手亲自出马，管理层加上核心员工组成大客户服务部，专门钓大鲸。

其次，针对海豚客户，我们可以分为两步走：第一步，先对所有的海豚客户进行再次细分，分成A、B、C三等；第二步，锁定A等海豚客户，并且全部交由工作一年以上的老员工去经营，同时他们必须放弃B、C两等，专注于经营

A 等海豚客户。

再次，对于鲨鱼客户，我们的原则是：假如企业已经有了大鲸客户，哪怕鲨鱼体量再大，最好也要放弃。因为鲨鱼客户往往是行业中的龙头企业，议价能力很强，虽然消费量大，但是它们容易向供应商转嫁风险。所以，企业一旦有了大鲸客户或者海豚客户，就要果断舍弃鲨鱼客户。

最后，对于所有的小鱼客户，企业同样需要分成两步走。第一步，我们也要对所有的小鱼客户进行再次细分，分为A、B、C三等。其中，A等是小鱼客户中的大鱼客户，这种客户成长性较好，我们称之为青鱼客户；B等是小鱼客户中的中鱼客户；C等则是小鱼客户中的小鱼客户。第二步，不同的员工要负责不同的客户。毋庸置疑，对于小鱼客户中的中鱼客户和小鱼客户，我们选择直接放弃，因为它们价值太小、意义不大。但是，对于小鱼客户中比较大的青鱼客户，还是可以试着去"钓"一下的。谁来"钓"这些青鱼客户呢？我们可以让新员工去"钓"，因为这样可以锻炼新员工的"钓鱼"技巧。

老员工必须聚焦大鲸客户和海豚客户，他们不能去抓鲨鱼客户，甚至要放弃手上的鲨鱼客户，就算抓住了也不能得到奖励。他们更不可以去抓青鱼客户，一旦去抓，哪怕抓住了也要受罚，因为这说明老员工在不务正业。同样，对于新员工，我们必须严格要求他们去抓青鱼客户。如果他们只抓住了小鱼客户中的 B 等或 C 等，企业就必须给予处罚，因为他们在浪费资源。如果他们要去抓海豚客户或者大鲸客户，那么企业也要惩罚他们，因为他们好高骛远。

如此一来，整个员工分类的格子就非常清晰了：管理层和核心员工负责大鲸客户，老员工负责海豚客户，新员工负责青鱼客户。这样企业就可以保持旺盛的发展势头，老客户不断在沉淀，同时还有新客户不断涌入。

从我们多年的实践经验来看，在企业给客户贴好标签、给员工分好类以后，其效率往往会有一次大的飞跃。究其原因，本质就是**分工带来了最大化的有效劳动，完成了最大化的价值创造**。我们有不少企业家学员在这一规律的应用上成绩斐然。

2020 年下半年，我们在广州讲这堂课。有一位高管学员站起来发言，他说："老师，你讲的大鲸客户这堂课我早就知道了。早在 2010 年，我们公司就做到了 70 亿元的年营收，董事长一直想带着我们从 70 亿元做到 100 亿元，但是都没找到方法。到 2017 年，董事长听了'赢利模式'课程，他回来以后给我们转训，从战略开始重新定目标，其中最重要的一件事情就是做用户的分类管理。从此以后，公司只做头部客户。因为我们是做建筑工程的，企业可以直接通过预算卡住哪些客户坚决不能做，重新进行人力、物力、财力的分配。2018年，公司年营收做到了90亿元；2019年，公司做到120亿元；2020年，公司要做到180亿元。"这家公司叫深圳博大建设集团。

2021年初，又有一位来自深圳的企业家分享了他的故事。2009年，他在深圳听了课程，回到企业以后，果断决定聚焦核心大客户，放弃70%的小客户。这当然遭到了所有人的反对，他的股东们特别反感，抱怨说："人家都是把业务搞回来，你反倒把业务砍掉70%。"但是，这位企业家仍旧"一意孤行"，顶住了压力。

出乎所有人意料的是，虽然公司放弃了70%的小客户，员工从130多人骤降至81人，但是当年公司的销售额翻番，利润涨了两倍。

他兴奋地告诉我们："自从锁定了大鲸客户，多年来我们公司的业绩一直平稳增长，即便在2020年新冠疫情的影响下，公司的业绩也同比增长了50%，利润更是同比增长了70%。"所以，他迫不及待地与我们分享这个好消息，最后他感慨道："无论是产品还是客户，一定是君子有所为，有所不为。只有清楚地知道自己该干什么、不该干什么，才能真正做好资源配置。"

大鲸战略：从"六脉神剑"到"独孤九剑"

1996年，我还在经营风驰传媒，那一年公司业绩达到8 000多万元。说实话，这个成绩我们并不满意，因为公司业绩似乎进入了瓶颈期，做不上去了。为了寻求破局之法，我四处学习。最后，我在一堂课上学到了一套管理方法——大客户战略。听完以后，我深受触动，并预感这堂课会改变我。

为什么？因为我们从1991年开始做广告公司，1995年做到中国西部第一。这时，公司已经有了1 000多个客户，但是业绩始终上不去。因为客户太多了，其中大部分都是小鱼客户。这些小鱼客户几乎消耗掉了公司所有的人力、物力和财力，公司再想增加收入难度很大。然而，通过学习新管理方法，我突然发现公司还可以做得更大。

回到公司以后，我很快调整了思路，决定集中力量开发大客户，并用形象的语言告诉所有员工：一条大鲸胜过千条小鱼。并且，我按照新的方法，提炼出开发大鲸客户的"六脉神剑"。所谓"六脉神剑"，就是锁定并开发大鲸客户的6个步骤。之后，经过实践，我又将"六脉神剑"升级为"独孤九剑"。

第一剑：一把手躬身入局

我们身边有没有大鲸呢？有！红塔集团。要知道，当年红塔集团一年的广告经费高达6亿元，而这6亿元全部投入了户外广告市场。因为根据国家规定，烟草行业不允许做电视广告和广播广告，他们只能通过户外广告宣传自己的品牌。而我们只拿到了20万元的份额。从20万元到6亿元，中间好几亿元的差额全都进了对手的腰包。

早在1995年，风驰传媒就成了中国西部第一的广告公司。从地理位置上看，风驰传媒离红塔集团非常近，占尽"地利"。按道理来说，风驰传媒拿下这个大鲸客户应该不成问题，那为什么拿不下呢？因为员工自己做不到。**大鲸战略不是员工战略，而是公司战略，需要系统作业**。痛定思痛，我决定从自己开始，公司自上而下紧紧锁定红塔集团这个大鲸客户，升级产品和服务团队，并集中风驰传媒的精英力量，深入挖掘和开发客户。

事实上，如果我们当时没有当机立断，从公司战略层面引起高度重视，同时整合优质资源全力攻坚，红塔集团这个大鲸客户迟早会被对手瓜分。到头来，别说是 6 亿元，可能连这仅有的 20 万元也要被对手抢走。所以，对于大鲸客户，我们要锁定式开发，它不是员工自己拿红缨枪捅出来的，一定是从上到下扫楼梯。**公司领导者要重视，中高层要介入，组织精兵强将，跨部门共同服务好大鲸客户。**

因此，在公司锁定红塔集团为第一个大鲸客户后，我做的第一件事情是马上找人向褚时健引荐自己。不久后，一位领导接任红塔集团董事长。同样，我马上找人向新董事长引荐自己。

很快，我就见到了这位新董事长。见面以后，我详细介绍了公司的产品、服务以及专业，这位新董事长对我说："现在公司有个营销副总裁，你去找他吧！我会跟他说的。"接下来，一步一步往下走就简单多了。

由此可见，大鲸战略是一把手工程。因为大鲸客户是甲方，而你是乙方。他在上，你在下。所以，公司的最高领导者必须出面，从上到下扫楼梯。为什么？因为企业最大的资源在老板身上。老板不参与，你的资源就调动不了，员工的重视度也不够。既然你把大鲸客户上升到战略的高度，那么在客户经营这件事情上，大鲸客户就是一把手的首要任务。

企业要想实施大鲸战略，老板一定是第一责任人。如果你自己不参与、不投入，不培养企业重视大鲸客户的土壤，制定好对应的机制和政策，那么大鲸战略只能是一个空的战略。要想落实大鲸战略，一把手必须出面，整个企业系统作战。老板到位了，企业的资源才能调动到位。所以，领导者必须花时间，而且要把大量的时间花在大鲸客户的领导者身上，花在大鲸战略的落地上。

第二剑：组建大客户部

很多企业家在听完大鲸战略后，回去便想落地实施。不过，很多人都忽略了一个关键问题：公司战略变了，组织架构调整了吗？没有组织保障，大鲸战略根本不可能实施下去。

作为企业的一把手，最重要的事情是排兵布阵。1995年底，风驰传媒也遭遇了同样的困境：当捕捉红塔集团这个大鲸客户时，所有的竞争对手都想从中分一杯羹，如果当时我们不调整组织架构，不组建专门的战队去服务大客户，不押上精兵强将，就很难赢得这场战争。因此，在锁定红塔集团这个大鲸客户后，我们迅速在风驰传媒成立了"红塔事业部"。这个事业部集中了当时公司所有的精兵强将，从文案策划到包装设计，从推广渠道到服务追踪，风驰传媒拿出了自己最好的人才队伍配置，目的就是拿下红塔集团这个大鲸客户。

不过，具体如何组建大客户服务部，不同企业的组建方式各不相同。风驰传媒的模式是典型的项目制打法，采用的是锁定大鲸，然后把各个部门的精兵强将调到事业部，共同为同一个大鲸客户服务的模式。这样做的好处是拆掉部门墙，一切围绕客户的需求来重新排兵布阵。

在我们的学员中，有一家做牛初乳的集团公司，公司董事长在听完我的课程后，将全国的客户进行分类，迅速成立了大客户服务中心，聚焦服务大客户。这家公司通过大鲸战略，基本上实现每一个省的大客户数量每年递增50%~100%。与此同时，其大客户的产值也有所提升，因为这家公司把最好的人才、资源和团队都匹配给了大鲸客户。

你如果不是项目制的企业，也可以尝试另一套模式。这套模式类似于酒店行业的经营模式，企业将所有客户进行分层，把大鲸客户放在顶层，然后，企业专门为大鲸客户建立更高的服务标准和更快的服务流程，培训员工按照标准和流程去做，并进行追踪检查。这是一套不一样的经营模式。

企业可以根据自己的实际情况选择一种模式。但是，无论采用哪一种模式，企业都要调集最好的人才来服务大鲸客户。为了保障对大鲸的服务品质，企业永远不要忘记一个原则：A 类团队服务 A 类客户。

第三剑：尖刀配大鲸

所谓"尖刀配大鲸"，就是给大鲸客户提供尖刀产品。鲸在哪里？在深海里。尖刀是什么？是企业聚焦 1 米宽、1 万米深开发出来的绝活儿。没有金刚钻，就揽不到瓷器活儿。尖刀产品是钓大鲸客户的鱼饵。

很多企业之所以钓不到大鲸，是因为企业没有真正意义上的尖刀产品，没有真正打动大鲸客户的招牌菜和杀手锏。一般来说，大鲸客户都是行业第一的客户，他们对产品价值有最高的要求。

从这个角度看，我们也可以回到公司的战略和产品：为什么对战略的标准要求高？为什么要求企业创造独一无二的价值？为什么企业要聚焦钻井，把产品价值做到行业第一？归根结底，是因为**大鲸客户的高标准会倒逼企业不断升级：团队升级、产品升级、服务升级、流程升级**……只有当你拿到产品的金牌，在用户价值上做到第一时，你才能真正打动大鲸客户。

第四剑：政策倾斜

乘坐过东方航空航班的人都知道，东方航空有一种白金卡，持有这种卡的乘客就是东方航空的大鲸客户。只要你是白金卡客户，哪怕你只是买了一张经济舱机票，东方航空也会无偿为你升级头等舱。不仅如此，在对白金卡客户的服务品质上，航空公司要做到甚至比对真正购买头等舱机票的客户的服务还要高。

事实上，不仅航空业存在这一现象，酒店业也同样如此。如果你是某家国际知名五星级酒店的金卡会员，那么从你入住酒店的那一刻开始，这家酒店就已经开始全面、系统地对你进行政策倾斜。即便你预订的只是普通客房，酒店也会在征得你同意的前提下免费将你的房间升级为VIP（贵宾）房乃至SVIP（超级贵宾）房。更让人惊喜的是，当你走进房间的时候，你会有一种似曾相识的感觉，因为在房间里，无论是床上的枕头、被子、床单，还是书桌上的插花，抑或是卫生间的洗漱用品等，全都是你最喜欢的。一瞬间，你甚至会有一种回到家的错觉。

为什么东方航空要推出白金卡？为什么五星级酒店会设计会员制？因为它们要对大鲸客户做政策倾斜。**政策倾斜的目的是什么？收买大鲸客户，讨好大鲸客户，感动大鲸客户。**既然大鲸客户是最关键的"牛鼻子"客户，企业在资源配置上就必须做政策倾斜。

第五剑：机制调整

在锁定红塔集团这个大鲸客户之前，风驰传媒一直采用的是"低底薪＋高绩效"的绩效机制。因为这种绩效模式能最大限度地激发人的企图心。但是，在组建了红塔事业部以后，我很快感觉到不对劲儿。"低底薪＋高绩效"的本质是单兵作战，但大客户是需要团队作战的。

团队作战意味着什么？意味着绩效机制必须调整为"中底薪＋中绩效"。因为大客户开发周期长，开发难度大。如果用低底薪的模式，薪酬就无法覆盖员工的生活成本，员工可能根本活不下去，最终员工熬不下去，客户也会丢。所以，我们果断将底薪从 700 元调整到了 3 000 元。在 20 世纪 90 年代中期的昆明，这个工资标准远远超过行业标准。

当然，从公司的维度来看，"中底薪＋中绩效"实际上增加了公司的运营成本，并且将开发失败的风险转嫁给了公司。从这个角度也可以检验企业是不是真金白银地在对大鲸客户进行投资，因为归根结底，这个机制的背后是公司资源的一种倾斜。

今天在行动教育，我们还是推崇高绩效文化。因为"低底薪＋高绩效"是低保障，对于激发人的奋斗精神非常有效。然而，这种高绩效模式不一定适用于所有公司、所有部门，尤其是不适用于大鲸客户部。大鲸客户部的绩效模式要和其他部门区隔开来：只要某位员工调入大鲸客户部，就必须马上调整他的绩效模式。

除此之外，公司还将大客户销售部门的绩效模式从个人提成改为团队提成。为什么？因为作战方式变了，机制也要跟着变。过去我们是单兵作战，现在是由总监带团队成立大鲸客户部，专门锁定大鲸客户。在这个部门内部，服务大鲸客户的团队是跨部门的，以用户为中心，整合了最优秀的负责策划、设计、文案的员工。我们既然把大鲸定位到公司战略的层面，就需要系统作战，需要拆掉部门墙，需要公司上上下下的通力配合。

团队提成的作用是什么？就是要将所有人的利益都捆绑在一起，一荣俱荣，一损俱损。如此一来，自然而然就调动了团队的一致性。事实证明，在绩效模式调整为团队提成后，项目成员的合作程度也提升了，大家都一心一意瞄准大鲸客户，步调一致，拼命往前冲。

第六剑：强关系

要捕获大鲸客户，企业还必须有强关系。关系的核心是经营客户的信任。**如何让大鲸客户快速地信任你？你要找到切入点。这个切入点就是你的敲门砖，是你打入大鲸客户内部的关键。**

譬如说，如果你锁定的大鲸客户是行业第一，而你的行业排名还没有那么靠前，这意味着客户比你更高维。这个时候，你就需要找到一个与大鲸客户有强关系的人来为你背书，通过强关系来快速建立初步的信任感，让你开发大鲸客户事半功倍。相反，如果没有人为你背书，那么这件事情可能就是事倍功半。

从业务端来看，强关系似乎是"六脉神剑"中最难的一点。实际上，它不是最难的，也不是最重要的。最重要的是什么？一把手工程。尤其是企业的规模越大，企业越容易忽视一把手工程。

给大家讲讲我的血泪教训。

1996年，我经营的风驰传媒还只是一家小公司，听完那堂讲授"大客户战略"的课后，我很自然地就冲向一线，亲自服务大鲸客户。然而，到了2013年，在我接手行动教育后，虽然我们也一直在推行大鲸战略，但当时我的大部分时间都用于授课，因此我把这件事授权给了营销副总裁。

从2014年到2017年，大鲸战略已经连续推行了4年，一直没什么起色。为什么呢？我百思不得其解，数年后才终于想明白，问题的症结就在我身上，因为我自己没有躬身入局，所以一把手工程这个"牛鼻子"没有动。

我是怎么意识到这个问题的呢？2022年，行动教育在所有教育上市公司中盈利能力排名第一；在整个社会服务业中，行动教育分红排名第一，成为中国资本市场管理教育细分领域的"双料冠军"。在收获荣誉的同时，我们也意识到下一年的挑战更大。如果要持续实现收入和利润双增长的目标，我们必须找到增长的突破口。

这个突破口在哪里？大客户身上。因为**大客户是增长的杠杆，能快速实现价量双增**。2023年2月1日，我们明确提出将新大客户作为2023年战略牛鼻子，由我亲自挂帅，明确新大客户开发是我的第一责任。并且，由我亲自来筛选大客户，所有团队的订单由我亲自锁定并筛选。筛选的逻辑是什么？从宏观、中观和微观的视角来全方位地考察：这个客户能否成为未来的大鲸客户？与此同时，由我亲自组建大客户团队，亲自筛选匹配大客户的尖刀产品，亲自制定对大客户的倾斜政策……

一切准备就绪后，接下来重头戏来了：我们要重新定义大客户的服务流程，重新梳理大客户的交付流程。为了做好这件事，我亲自下一线体验，把自己当成客户。正是在这个过程中，我才恍然大悟，当下使用的流程是在2001年建立的，该流程又多又乱又复杂。这给我留下了很深刻的教训：如果一号位不躬身入局去一线体验，你根本看不到真正的流程。因为员工不是做你想让他们做的事情，而是做自己喜欢做的事情。所以，我们必须再造流程。

如何再造流程呢？**流程本质上是节点管理，因此我们必须从用户角度出发，将过去的一切全部归零，重新站在用户的角度思考：**用户是怎么知道我们的？用户是怎么买到我们的产品的？用户是在什么场景下购买的？其购买的动作和流程是什么？我们是如何给用户交付产品的？在交付过程中，什么东西能够触动用户？哪些地方能让用户尖叫？用户是怎么复购的？用户是怎么转介绍的？为什么有的用户复购，有的用户不复购？为什么有的用户转介绍，有的用户不转介绍？你要让整个用户接触点全部实现闭环，让每个环节一环套一环，首尾相接。

我们在把所有的环节全部推演出来后，立刻就会发现原来好多事情都做错了，没有抓住重点。该做的事情没有人做，不该做的事情好多人在抢着做。因此，我们重新定义流程，基于用户的知道、买到、交付、体验、复购、转介绍，建立对大客户的全生命周期接触点管理。接下来，再重新分工。从大客户接触行动教育开始，从线上网络到线下场景的每一个接触点，都要重新定义岗位，不准交叉，不准重叠，且每一个动作都要责任到人。

直到此时，我们才发现过去的逻辑是错的，我们在不断地给员工做加法，希望把员工塑造成学习官、教练官、指挥官……要求员工既要会开发客户，又要会服务客户，还要会讲课。可哪里才能找到这种全能型员工呢？这是人性中的贪婪在作怪。

事实上，我们不要指望1个人能够创造2个价值、3个价值、4个价值，而是要清晰地定义1个价值：这个人的岗位是什么，责任是什么，每天的动作是什么，成果怎么量化，应该考核哪些KPI（关键绩效指标），他的专业和技术配套是什么。在这个过程中，团队就像一支足球队：谁负责发球，发球的动作是什么样的，接球的人是谁，他要在什么地方接球，接球的动作是什么，他又要把球传给谁……**每个人把一件事情做好，像钉子一样扎到深处，不许动。**

梳理完流程，我们发现组织变精干了，变轻薄了。过去的流程背后浪费了大量的时间，员工把时间花在不该做的事情上，过去90%的事情都做错了。但是，这不是员工的问题，而是我们的问题。正是因为我们没有重造流程、重设岗位，员工才被我们套进来了，一天到晚，事情越做越多，越做越乱，效率越来越低，最后进入死循环。

接下来，重新定义管理。在今天的互联网时代，管理必须靠数据化管理。今天的所有流程节点、品质标准、销售动作都可以数据化、在线化。如果没有数据化，就别谈管理。由于行动教育属于服务业，因此我们最重要的数据化软件就是CRM软件。数据化的目的就是要通过数据化将流程进行固化，并形成闭环，才能追踪员工的行为，最终才能实现从战略到行为的真正落地。

基于此，2023年3月，我们召开了第一期将帅营集训,集训主题为"从战略到行为的重塑",从客户资源、岗位流程、精准提案、制度标准、对话答案、方案呈现等多个维度进行训战。

与此同时,每周三下午5:00~7:00,我会亲自主持新大客户专题会议,每周追踪检查各个团队新客户开发的进度,并检查他们的动作是否正确。请注意,追踪检查是重点,每周一次,从未间断。

最后,通过流程重组、岗位重组,全部动作数字化,形成一套"四单管理"的数字化流程。所谓"四单",即锁单、跟单、成单和升单。将整个服务大客户的动作全部进行数字化,在每个关键节点,有录音上传录音,有视频上传视频,有PPT上传PPT,进入员工服务客户的场景之中。尤其是标杆员工的服务过程,一定要推广到全员,让所有人都去学习标杆员工的动作。只有回到真实的现场,你才能抓到要害。最后,再匹配相应的管理机制和奖惩机制。

果不其然,一旦行为发生改变,结果很快就发生了改变:2023年4月,郎酒集团走进了行动教育的课堂。同年5月,郎酒集团和行动教育签订了第一份协议——1 680万元的"赢利模式"合同。半年以后,双方再次签订了 5 470 万元的战略合作协议。此刻，"一条大鲸胜过千条小鱼"具象化了，整个团队都沸腾了，所有人顿时信心大增。

2023 年 1—12 月，郎酒、波司登、创新金属、今麦郎等多家行业龙头企业的一把手走进行动教育的课堂。营销团队提交的大客户名单合格率从 27% 上升到 100%，老大客户的存续率达到了 76%。行动教育年营收同比增长 49%，净利润同比增长 97%，大客户个数同比增长 117%。

正是这次经历，让我重新认识到大客户战略的牛鼻子来自一号位的躬身入局。当然，一号位躬身入局后，还要快速地让所有人看到大成果。而此前的大客户战略之所以没有成效，是因为我自己犯了一个致命的错误：我感觉自己经营的已经是一家集团公司，所以没有必要事必躬亲；我感觉自己是一个讲台上的老师，拉不下面子去一线服务客户……可是，我明明早在十几年前就明白了一号位的重要性，最终却又在这个地方栽了跟头。归根结底，是因为我忽略了人性：**如果老板自己不落地，员工根本就落不了地。**因此，没有一号位的躬身入局，就不可能有大鲸战略的成功。

上文讲述的是我在风驰传媒工作十几年后犯的错误。但在 1996 年，风驰传媒还只是一家小公司，当时我确实是一马当先，亲自开发和服务大鲸客户。

风驰传媒在昆明，红塔集团在玉溪，两家公司相隔 90 千米的路程。90 千米听起来很近，但当时的路况非常差，一会儿修路，一会儿塌方。最夸张的时候，90 千米的车程开车要 5 个小时。但是，我仍然要求自己每周至少去一趟红塔集团。为了见到关键决策人，我早上 5 点之前就要出发，因为必须在 8 点前赶到红塔集团。否则，过了上班打卡的时间，领导者有的进了会议室，有的去了工厂，就很难见到面。

同样，在公司内部，白天，所有精兵强将都非常勤奋，盯住大鲸客户；晚上，我还要亲自给大家培训开发大客户的方法，深度研究和学习优秀企业的案例，并将一些好的工具和方法拿到公司来用。

虽然我们严格按照"六脉神剑"的逻辑执行，但最终还是没有见到成效。1996 年，我们开始锁定红塔集团。1997 年，我们达成了 80 万元的业绩；1998 年，我们又完整地做了一年，也才实现了 300 万元的业绩。彼时，红塔集团在广告上的投入已经提高到 10 亿元了。在这个过程中，许多核心人才纷纷要求调离红塔事业部，因为他们的"憧憬"幻灭了：不仅个人收入大幅减少，而且自尊心也被深深刺痛了。

我的大脑中也一直有一个声音在拷问：我们到底输在哪里？从表面上看，问题出在竞争对手。举个例子，当年我们刚刚被新董事长介绍给红塔集团负责这块业务的副总裁时，这位副总裁告诉我们："你们来得正是时候，现在有一个3亿元的新项目准备招标……"听到这句话，我连口水都要掉下来了。因为当时风驰传媒一共服务了1 000多个客户，总营收不足1亿元，而红塔集团一个项目居然就高达3亿元！这不正验证了"一条大鲸胜过千条小鱼"吗？但是，盯着这个项目的可不止我们一家。红塔集团作为亚洲第一的烟草公司，其广告供应商全是世界级顶尖公司：美国的奥美、日本的电通……不是红塔集团找人家，而是人家主动找过来的。这些竞争对手全都是广告业的"祖师爷"，其专业能力高出我们无数个段位。虽然董事长和副总裁都给我们机会了，但是只要一提案，我们瞬间就出局了。

后来，我才终于想明白自己败在哪里，不是对手，而是客户。大鲸客户通常是行业数一数二的世界级公司，它们的标准极高，对合作伙伴的要求也极高，从最后红塔集团选择的供应商就可见一斑。

最后，这3亿元花落谁家呢？全球广告业第一大集团——日本电通。如果说把电通比喻为世界超模，那么我们只能算是一个乡村野丫头。双方的标准、格局、思维模式等都不在一个量级，因此我们落败是再正常不过的事情。

第七剑：战略升级

面对与对手在实力上的落差，我们如何才能弥补这个鸿沟呢？别无他法，我们只能谦卑地向标杆学习。经过对标学习，我们发现标杆赢在标准极高，而"六脉神剑"主要解决的是组织、管理、机制等问题，它没有解决战略和标准的问题。追根究底，我们输在公司的标准低，我在创业之初并不懂得标准选择的意义，因此公司没有从一开始就选择世界级标准。

要解决这个问题，我们必须重新做战略升级，从标准升级到价值升级，再到产品升级，战略要一条线贯穿。只有先解决了战略升级的问题，组织升级、管理升级、机制升级等才能发挥出价值。因此，"六脉神剑"这套方法论最大的漏洞是把战略的"头"给砍掉了，直接从组织升级切入，这才是其不奏效的病根所在。

基于这个洞察，1997年，公司马上在"六脉神剑"的基础上再加"三剑"，将"六脉神剑"升级为"独孤九剑"。其中，第七剑就是战略升级。战略即标准，标准决定了后续的一切，因此企业从一开始就要择高而立，选择世界级标准，高维绝杀低维。基于此，我们决定升级战略定位——做一家世界级广告公司。

世界级公司经营客户的逻辑是什么呢？以终为始。这里的"终"指的是用户终身制。也就是说，**世界级公司经营大客户的逻辑不是做一次的生意，而是做一世的生意。**它们每拿到一个大客户，合作周期都长达10年甚至20年。而过去我们服务的小客户通常是"吃一口就没了"，然后再去找新客户，如此循环往复，事倍功半。两相比较之下，高下立判。

第八剑：价值升级

用户为什么会成为企业的终身用户呢？这就要求企业必须做价值升级。也就是说，我们必须告诉红塔集团：风驰传媒与电通的差异在哪里？风驰传媒独一无二的价值在哪里？风驰传媒的错位竞争体现在哪里？现在问题来了：你凭什么能为用户提供独一无二、不可替代的价值呢？这背后的动机是更深层的价值观。

行为源于价值观。什么叫价值观？最重要的价值标准或道德标准。其实，所有能为用户提供独一无二的价值的企业都有一个共同的标准：它们把用户排在第一，对用户极度重视，把成就用户融入它们的血液，写入企业的基因。正是因为有了这个标准，所以它们奉行着彻底的用户主义，对用户价值产生了一种痴迷。

电通为什么会成为世界第一？它的成功同样源于企业的价值观。电通的创始人吉田秀雄从创业伊始就找到了这个最重要的价值标准，他提出了著名的"鬼十则"——电通集团传承已久的社训。其中，有一个观点让我铭记终生，他强调："电通人全都是鬼，在他们的世界上只有一尊神，那就是用户。一切都是为了用户，在成就用户的路上，神挡杀神、佛挡杀佛……"用词犀利的背后是这位创始人成就用户的决心。

这也让我顿悟了自己失败的根本原因：我们没有真正以用户为中心，而是以自我为中心。我们钓大鲸的出发点，实际上也是为了成全自己。换句话说，我们之所以赢不了，还是因为人性中的弱点——自私、贪婪、急于求成。我们没有真正从用户价值出发，没有以用户为中心。只有理解了商业的本质是成就用户，才能真正得道。

过去，我们把所有美好的词汇都纳入价值观体系：诚信、敬业、奋斗、创新、团队合作……但是，我们恰恰忘记了企业最重要的价值标准：成就第一的用户。这是商业最底层的规律，任何违反这个规律的人都会付出代价。

放眼望去，今天仍然有无数公司高举用户导向的大旗，实则都是老板导向、领导导向，真正做到用户导向的公司真的是凤毛麟角。其实，企业是不是以用户为导向，企业的焦点在不在用户身上，从价值观就能看出来。**价值观就像一面镜子，企业的起心动念到底是利己还是利他，用户看得一清二楚。**

因此，1998年我们对价值观做了一次升级，将所有价值观分成两级。第一级是核心价值观，只有一句话——用户第一。因为我们要在商业上取得成功，必须做到用户第一，以用户为中心。先有用户的成功，才有我们的成功。我们要先义后利，要延迟满足，把成就用户融入自己的血液和基因，并且通过反复教育，将这种价值观传递给所有员工。至于诚信、敬业、奋斗、创新等，这些都是次要的，只是下一级的行为管理。

当然，要升级价值观，并不是简单地在墙上挂4个大字，而是要进行全员讨论、全员教育、全员反思。项目组中的每一个成员都要对照"用户第一"，反思和检讨自己的工作。类似的会议在每个项目组和每个部门至少召开了5次。所有人都在不断自省：我有没有以用户为中心？还有哪些值得改进的空间？在这种环境的浸润下，人也会逐渐被同化。慢慢地，用户第一会上升为一种企业文化。当用户第一融入企业的基因时，用户价值自然而然就在这片沃土中长出来了。

第九剑：产品升级

虽然价值源于价值观，但它最终还要靠产品升级来落地。因为直接为用户创造价值的不是价值观和标准，而是公司的产品。因此，在锁定了大鲸客户以后，企业的尖刀产品还需要升级为战略级产品。

如何将尖刀产品升级为战略级产品呢？当时，我们做了三个具体动作。

一是研究用户的用户的用户。

你可能会好奇：为什么这里有三个用户？因为**要找到用户的本质，你不能只看一个点，而要看一条线。**

风驰传媒的第一级用户是红塔集团，它想要品牌成功，风驰传媒要成就它的品牌；第二级用户是红塔集团的经销商和零售商，经销商和零售商需要赚钱；第三级用户是烟民，烟民要美好生活。看问题一定要从用户的用户的用户的角度出发，把整个链条上的用户价值打穿。唯有如此，我们才能理解"用户需求"背后的涵义，最后才会想到产品升级的逻辑——产品服务化。

产品服务化指的是企业为顾客提供更加完整的包括产品和服务的组合包。它是以产品为载体，但更关注满足用户的个性化需求和隐性需求。因此，产品服务化要满足的不是用户的一般需求，而是用户的个性化需求和隐性需求；产品服务化要交付给用户的不是标准化产品，而是个性化成果；产品服务化要做的不是用户一次的生意，而是一世的生意。从这个角度讲，产品服务化是从产品思维转向用户思维，通过服务来回应人的个性化需求，通过服务来增加产品与用户之间的情感链接，通过服务来延长企业与用户的合作周期。

最终，经过对用户需求链条的分析，我们发现在专业方面风驰传媒短时间内不可能超越对手，因此很难抢走日本电通的"蛋糕"。既然存量市场打不进去，我们不如将重心聚焦到增量市场。于是，我们转而将所有资源聚焦到红塔集团的新项目——终端门店的系统管理。通过这个新项目，我们成功实现了产品服务化，既完成了与日本电通的错位竞争，又强化了用户黏性。

二是研究用户的对手和标杆。

在经营企业的过程中，企业经常讲对标。标杆是一把尺子，它可以测量出我们与标杆之间的差距，我们再从差距中寻求企业发展的动力；标杆还是一个创新的引擎，可以激发

我们创新的思路。大鲸客户的标杆就是这样一把尺子和一个引擎。

在与红塔集团营销部门对接时，我们发现他们对自己的标杆——拥有万宝路品牌的世界第一大烟草公司菲利普·莫里斯——非常钦佩。事实上，褚时健之所以能把红塔集团做到亚洲第一，也是因为他在20世纪80年代就开始对标菲利普·莫里斯。

万宝路是如何成为世界级产品的呢？1954年，菲利普·莫里斯邀请美国顶级广告公司李奥贝纳为其做品牌策划。正是源于与这家公司的合作，菲利普·莫里斯公司提出了一个大胆的战略——聚焦。与其做几十款产品，不如把一款产品做到世界第一。于是，菲利普·莫里斯公司舍弃了几十款产品，全力以赴地做万宝路。在所有的资源、人才、时间都聚集到一个品牌以后，万宝路快速成为世界第一。

当年褚时健接手玉溪卷烟厂时，该厂也有二三十款产品。他本来打算百花齐放，后来在研究了标杆菲利普·莫里斯之后，他决定收缩战线，全身心地做红塔山，先把红塔山做到亚洲第一，再做其他品牌。最终，红塔山成功了。

因此，我们开始对标万宝路，研究万宝路的品牌、广告形象、定位、渠道、政策、销售……

三是研究用户标杆的供应商。

仅仅研究用户的标杆还不够,我们还要继续深入地研究用户标杆的供应商。既然红塔集团的标杆是万宝路,那么风驰传媒能否对标万宝路的标杆供应商李奥贝纳呢?想到这一点,我火速飞往美国,希望找到李奥贝纳公司,展开具体的对标工作,并且我还将它的战略定位、营销策略、产品特色、客户服务等都研究了一遍。由于实力悬殊,风驰传媒短期之内想超越标杆不太现实。于是,我们通过第三方找到了李奥贝纳公司,并告诉他们:"我们有客户优势,但没有你们那么专业,所以希望由你们来服务客户、成就客户,我们不图赚钱。"

除了谈合作,我们还做了一个动作:我们通过猎头公司找到了一位服务过万宝路的客户总监。他的名字叫司徒伟达,是一位新加坡华人。1997年底,司徒伟达接受邀请来到昆明,出任风驰传媒的常务副总裁,主管红塔集团业务。

司徒伟达来了以后,我们发现他的思维和格局与我们完全不一样。他的业务能力非常出色,经他出品的方案水准不同凡响。与此同时,他在业内深耕多年,自带许多优质资源,不仅在渠道上为公司开拓新的可能,也给公司带来了很多出色的专业人才。他很快为风驰传媒引入了两个他合作过的朋友：一个人做文案，另一个人做设计。

凭借司徒伟达带来的资源，我们组建了一支"梦幻团队"，该团队成为公司专门对接红塔集团等大鲸客户的"特种兵"。世界级团队带来了世界级的思维、创意、设计……虽然我们的对手是世界级的公司，但是我们不再被动挨打了。**人才升级带来了产品升级、服务升级、流程升级、客户升级……**

最终，红塔集团回报给风驰传媒的生意也越来越多：从3 000万元到8 000万元、1亿元、2亿元，最后红塔集团这一条大鲸胜过千条小鱼，一年内为风驰传媒贡献了2.8亿元的业绩。

更重要的是，我们成功开发红塔集团以后，按照同样的逻辑成立了其他12个大鲸客户事业部，先后服务了中国移动、中国电信、云南白药、万科地产等多个大鲸客户，成功跻身"鲸圈"。正是这些大鲸客户支撑风驰传媒成为中国最赚钱的广告公司之一。

今天回过头来看，其实我们正是**通过客户升级，倒逼自己去做战略升级、价值升级、产品升级、组织升级、管理升级**……但这种倒逼又未尝不是一种被迫成功的好办法。

你为用户想得越多，

你的价值就越高！

在一家企业中,
通常只有1%的员工
和客户是组织中最关键的,
他们是企业的"牛鼻子"
员工和"牛鼻子"客户。

一条大鲸胜过千条小鱼。

大鲸战略不是员工战略，

　　而是公司战略，

　　需要系统作业。

大客户是增长的杠杆，

能快速地实现价量双增。

要找到用户的本质，
你不能只看一个点，
而要看一条线。

第三篇　管理篇

第七章　预算管理：先胜后战的目标导航系统

预算管理包含三个动作：先预，后算，再做。

预算是卫星导航系统：先算后做，先胜后战

在战略篇和经营篇之后，我们还要继续往下打地基，从经营砸向管理。经营和管理的界线在哪里？按照德鲁克的说法，经营是选择对的事情做，而管理是把事情做对。我们在经营企业中的感悟是：**经营是选择、是决策，而管理是落地、是执行**。经营是一个更高维的事情，它是对一系列重大事件的决策，比如，某件事做不做，做成什么样。而管理是对这件事情的具体执行和落地，它涉及组织、指挥、监督、标准、流程、检查等一系列细微的事情。一言以蔽之，管理就是建章立制。

其实，大部分企业的失败都源于管理的失败，尤其是中小企业，即便它们做出了好产品，通常也会输在管理的基本功上。事实上，企业的效益和竞争力是管理出来的。中小企

业管理的基本功为什么不扎实？因为从决策者开始，从上到下的管理者没有关注自身管理能力的培养和提升。如果一家企业没有管理能力，那么它注定走不远。因此，管理篇将对三个关键管理模块进行讨论。

根据我们的实践经验，在所有的管理模块中，首先要关注的应该是预算管理，因为**预算管理可以将前面的战略、价值、产品、组织、营销和用户全部打通，提前将整个战略地图进行数据量化，最终实现先算后做，先胜后战**。这一招非常厉害，因为它把一切都前置了。

避风险：先知害，后知利

如果把经营企业比喻为开车，那么今天很多企业的一号位都不知道往哪开才能到达目的地。他们手里虽然握着方向盘，却没有导航系统和路线规划图。试想一下，今天你要从上海开车到北京，如果你不熟悉这条路线，也没有导航系统，这段路要怎么开呢？

经营企业就是走一条完全陌生的道路。过去你的企业走的是0~1亿元这条路，接下来你的企业要走1亿~100亿元的路，这就是你没有走过的路线。如果没有提前做规划，那么你的车刚刚开出门口，你就不知道该往左转还是往右转。

正因为你不知道方向，所以你经常走错路，这又会导致你的情绪波动，你时不时还把自己撞得鼻青脸肿。如果这种状态持续下去，最后的结局一定是"车毁人亡"。事实上，这就是很多中小民营企业的现状，它们最后浪费了很多资源，做出了很多错误决策。

因此，预算管理的第一大功能就是控制风险。从你把车开出门口开始，你就要面临一系列的决策：到每一个路口是直行、左转还是右转呢？预算就是提前帮助你算清楚风险，并清晰地告诉你：第一个路口必须向左转。如果转错了，你就要掉头回来。

由此可见，真正的高手在危机发生之前就把风险扼杀在萌芽之中。孙子在2 500多年前就告诉我们："故善战者之胜也，无智名，无勇功。"智名和勇功的背后，是死伤无数、血流成河，这背后是多少生命的消亡，又是多少资源的浪费！

事实上，**预算管理包含三个动作：先预，后算，再做。**也就是说，预算管理是先预测，再计算，最后才能做。因此，真正的顶尖高手在这件事上必须胜三次。用《孙子兵法》的话语来讲，**预算是先胜后战**：首先你要"想胜"，然后你还要"**算胜**"，**最后才是"打胜"**。只有先胜后战，你才知道如何把钱花在刀刃上，才能把风险和损失降到最低，才能把成功的概率提高。

遗憾的是，今天很多中小民营企业的老板根本没有先胜后战的思维方式，他们通常都是凭感觉做决策。很多企业老板辛苦了一年，到年终结算的时候才发现根本没有赚到钱，这样的企业家比比皆是。毫不客气地说，他们经营企业就像盲人开车，虽然握着方向盘，但是凭着感觉踩油门，浪费时间和资源。

如果说成功和失败是一个硬币的正反面，那么大多数企业家失误在哪里呢？他们失误在只考虑硬币的正面——赚钱。比如，他们看到别人投资了一个项目赚钱了，于是也跟着投，因为他们盯着的是如何快速赚到钱。但是，**顶尖高手的思维方式是先考虑硬币的反面：风险在哪里，障碍在哪里，卡点在哪里。顶尖高手要把90%的时间花在思考失败上。**

为什么顶尖高手不思考成功？因为成功是避开失败的结果。孙子曰："故不尽知用兵之害者，则不能尽知用兵之利也。"这句话提醒我们要辩证地看问题：任何事情都有正反两面，为什么你没有获得正面的利，是因为你没有解决反面的害。只要你避开了那些障碍和卡点，成功就是水到渠成的事情。因此，你要先知害，后知利。然而，大部分中小企业只想到了利，没有想到害，所以最终它们"死"在了害上。

商业的本质规律是："百害"和"一利"。换言之，经营企业的利益是1，风险是100。为什么这样讲？因为企业的收入只有用户这一个入口，而企业的成本有成百上千的出口。

俗话说，赚钱如针挑土，花钱如水推沙。当你开一家米线店时，首先要解决的就是柴、米、油、盐、酱、醋、茶……这些还仅仅只是原材料的成本，还有装修、房租、人工、水电气、营销推广等全都是成本。企业每时每刻都在花钱，每个人都在花钱，每个动作都会产生成本。因此，从入口到出口，从收入到支出，它们根本不在一个量级。如果没有把出口控制好，你怎么可能赚到钱？

更要命的是，在"收入－成本＝利润"这个公式中，成本在前，利润在后。当你开一家米线店时，柴、米、油、盐、酱、醋、茶是要先支出去的，装修、房租、人工、水电气、营销推广等成本也是先支出的，而这个时候客户还不知道在哪里。因此，花钱是必然的，而赚钱是偶然的。这意味着你花了再多的钱，也未必能赚回来钱，这就是经营企业最难的地方。

既然是成本在前，那么你的决策也应该要前置。你在花每一分钱之前，都要先想到收入和利润。你要先算后做，而不是为了花钱而花钱。这也是为什么前文中提到企业未买先卖的原因，其目的就是让企业把投资的风险控制住，使风险最小化，收益最大化。只要能做到这一点，企业自然而然就赢了。

盘资源：把钱花在刀刃上

企业怎样才能先知害呢？这时候就需要预算管理。既然企业到处都是出口，到处都要花钱，那么企业花钱时就要精打细算，把钱花在刀刃上，让钱产生足够的价值，不能浪费每一分钱，也不能浪费每一分人力、物力。尤其是中小企业，其时间有限、资源有限，**但资源越少，企业就越要把资源用在刀刃上，这样才有可能创造出局部优势，从而实现价值最大化。**

从某个角度来说，**预算是做好资源的配置——人、财、物、销，所有的资源全部视预算为调令。**你不可能什么都做，而是必须把资源配置在"牛鼻子"产品、"牛鼻子"团队、"牛鼻子"客户上，把资源用在最有价值的地方。

但为什么许多企业资源会产生错配呢？因为预算本来应该交给一号位来做，但他没有做这件事，结果一号位就变成了"盲人开车"。即便今天一号位的车开得很顺利，那也只是因为他幸运，没有遇到障碍而已。但这种成功只是偶然事件，而他的失败是必然的。因此，不知害的根源在于老板犯了一个致命的错误——算和做脱节。

20多年前，我在经营风驰传媒时，就已经有了做预算管理的意识。但是，直到多年以后，我才知道自己一直做的是"假预算"。为什么？因为从源头上看，做预算的人就不对。

我把预算工作交给谁来做呢？财务总监。直到今天，我还经常看到自己20多年前的错误依然存在于很多中小企业，它们也把预算工作交给财务总监。毋庸置疑，最后财务总监做出的预算必然是安静地躺在抽屉里的，因为业务部门根本没办法真正按照财务总监做出的预算来做经营管理。为什么？因为算和做脱节。财务总监只负责算，而老板和"三大天王"（人力资源一号位，财务一号位，供应链一号位）才负责做。正因为财务总监并不做，所以他只能玩数字游戏，在上一年的报表基础上加加减减。然而，真正做资源配置决策的是一号位和"三大天王"，因为他们要负责花钱。所以，真正花钱的人没有算，而不花钱的人算了又有何用？

真正的预算一定要交给花钱的人来做，真正实现算做合一。因此，预算管理必须从一号位开始，明察秋毫，先谋后动，这才符合经营的逻辑。这意味着一号位要对企业每月、每周、每天的收入、成本、利润、客户、产品、员工等相关数据了如指掌，否则，他根本不知道如何指挥这场战争。即便企业最终没有赚到钱，他也要知道为什么没有赚到钱；如果企业赚到钱，他也要清楚哪里赚到了钱，为什么会赚到钱……对于企业经营的来龙去脉，一号位要一清二楚，并且还要"居危思危"。

归根结底，**最终能赚到钱的企业靠的是4个字：无疾而速**。因为没有"疾病"、没有障碍，所以速度就快了。也就是说，速度快是因为企业提前排除了障碍，是因为企业绕道而行，避开了障碍。

定导航：从战略蓝图到人人一张施工图

预算最终是如何发挥其效用的呢？其实，预算就相当于企业的卫星导航系统。导航系统不仅可以给你清晰的操作指令，还可以实时为你判断风险。如果你在途中不慎走错了路，导航系统就会提醒你已经偏离路线，及时为你纠正路线，甚至重新为你规划路线。

同样，企业也要建立自己的导航系统。这个导航系统的构建过程可以分三步。

第一步：拉通一号位到一线。

预算不是财务总监一个人的工作，而是全员都要参与的事情，要实现算做合一。最终，通过预算推演，拉通一号位到一线，完成从战略到行为落地，把公司的战略大蓝图转化为每个一线员工的施工图。

第二步：兵棋推演，验证预算作战方案的可行性。

通过红蓝对抗进行兵棋推演，依次验证每个部门的预算作战方案的可行性，对其中的漏洞和风险进行反面预演和客观评估，其目的是要提醒大家问题可能出在哪里，风险可能出在哪里。

第三步：日拱一卒，积小胜为大胜。

最后的成功来自人的日拱一卒，积小胜为大胜。因此，**真正优秀的企业是没有惊喜感的**。因为它们是先算后做，先胜后战，怎么会有惊喜感呢？一切都在意料之中。真正优秀的企业一定是风平浪静的，没有惊涛骇浪。惊涛骇浪其实会对组织产生巨大伤害，因为这意味着企业根本没有先算后做。

管理学大师德鲁克在《卓有成效的管理者》一书中，写过一段对我影响至深的话："我多年前刚开始做管理顾问的时候，必须学会怎么辨别工厂的好坏（我没什么生产管理知识）。我很快就发现，管理良好的工厂是波澜不兴的。富有'戏剧性'的工厂，也就是让'工业的史诗'展现在参观者眼前的工厂，是管理不善的工厂。真正管得好的工厂是单调乏味的，不会有什么激动人心的事情发生，因为可能发生的各种危机都已被预见，都已转化为常规工作。"

回顾自己的经历，从成为个体户到创办企业，再到实现集团化运营，我都没有认识到预算管理的价值。直到我在香港上市公司担任总裁时，才发现世界500强企业做得好的原因——它们**把预算管理作为管理的抓手**。无论要去哪里，它们在出发之前就已经有了导航图。因此，它们的预算工作做得非常深入细致。上到董事，下到基层员工，所有人都非常重视预算。整个预算计划有200多页，分得非常细致，对于每个部门、每个项目、每个任务、每项成本……每个数字背后的逻辑，董事会都要求总裁了如指掌。

至今为止，我还记得第一次开预算会议时，我被董事问到汗流浃背，最后只能东拉西扯，但预算被董事会打回来了，我必须重新做。后来经过长时间的反复训练，我才真正理解了预算管理的重要性，掌握了预算管理背后的思维逻辑，预算就是要实现先胜后战。事实上，《孙子兵法》通篇都在算账：算粮草、算兵马、算地势、算地形、算趋势……只有我先算赢你，我才可能打你；如果算不赢，这个仗就不能打。所以，《孙子兵法·形篇》中说："善战者立于不败之地，而不失敌之败也。是故胜兵先胜而后求战，败兵先战而后求胜。"

据说，在初创企业之间流传着另一句名言："一翻两瞪眼，死后再验尸。"等到企业死后再为其验尸，就说明一家企业的成功有巨大的偶然性。实际上，**真正的成功是必然成功，是先胜后战**。企业如何做到先胜后战呢？企业要先算明年的投入和产出，如果企业家和管理者能够养成这种先算后做、先胜后战的思维习惯，对每一年、每一个项目、每一件事情都能先算后做，没有预算绝不开始，那么管理的段位就上来了。

<h2 style="text-align:center;color:red">从战略到行为的一致性：
预算要拉通一号位到一线</h2>

具体来说，预算应该怎么算呢？预算的核心是要实现从战略到行为的一致性。也就是说，**预算要拉通一号位到一线员工，最终实现上下一条心，左右全对齐**。这才是真正的力出一孔，全员一杆枪。

战略大蓝图：一号位算 10 年、5 年、1 年

预算应该从谁开始呢？一号位。所谓一号位，就是管钱

和管人的人，他对于钱和人都有决策权，因此一号位必须有全局思维，必须先画出整个公司的战略大蓝图。这个战略大蓝图可以用三个数字来概括：10、5、1。

10，即企业 10 年的战略规划。一个顶尖高手的思维模式是战略驱动，他要以终为始、择高而立，立志成为世界级公司；同时，他还要回答"我是谁"，开创独一无二的价值。此外，今天的企业还要关注一个词：ESG，即 Environmental（环境）、Social（社会）、Governance（治理）三个英文单词首字母的简称。这个词表示环境、社会和公司是一个共同体，因此一号位不仅要思考未来 10 年的财务目标，还要关注企业在低碳、绿色、环保和可持续发展等非财务指标上的表现。

5，即企业 5 年的中期规划。企业为什么要做 5 年中期规划？因为要实现未来 10 年的战略规划，许多重要的事情需要提前 5 年布局才来得及。

哪些是未来 5 年必须要做的事情呢？首先，一号位要从微观升维到中观，从企业内部拓展到外部产业生态。产业又可以分为供给端和需求端。企业要做强，就必须要抢占供给端，抢占核心技术，垄断关键原料；企业要做大，则必须抢占需求端，它包含两个关键动作：一是品牌建设，让品牌走进千家万户；二是渠道拓网深耕，布局千城万店。这些工作都需要提前布局，否则就来不及了。一旦竞争对手抢先布局，你就会错失战机，很难再做强做大。

仅仅是升维到中观视角还不够，一个真正的领导必须要有全球化思维。为什么要有全球化思维？因为今天全球的技术趋势是人工智能、云计算、大数据，这与新质生产力和高质量发展的路径不谋而合，因此，一号位还要持续关注科技，提前做好数字化布局。

与此同时，科技的背后还需要资本的助力。一家企业如果只靠产品经营获取的利润来发展，速度和节奏就太慢了。所以，一号位还必须提前布局资本化，让企业插上资本的翅膀，通过产融结合，支持企业去抢占技术研发、打造品牌、深耕渠道，最后才可能实现降维打击，形成俯冲之势。唯有如此，企业才能做到标准极高，动作极简，速度极快，成果极大。

1，即1年的预算目标。这个预算目标是什么？它是指明年的利润增长率。明年的利润增长来自哪里？这就涉及企业对增长路线图的设计。

增长路线图：做"溢出"业务

业绩治百病，增长解千愁。一棵树如果不再生长就会死亡。企业也一样，只要能持续增长，就意味着它拥有发展空间，因此企业的核心问题是增长问题。请注意，这里的增长不是指收入增长，而是利润增长。

在现实经营过程中，许多企业走入了一个误区：它们想要以降价来换取收入，结果忽略了价格问题，反而把自己推到了利润亏损的死路上。因此，有效的增长是利润增长。当然，这个利润是有现金的利润。永远牢记一句话：**利润第一，现金为王。**

那么，增长来自哪里呢？一般来说，增长来自三条曲线。

第一曲线：企业的主营业务。

企业先要聚焦所有的时间、精力和资源，把主营业务和主营产品做到第一。**企业没做到第一，就不能开拓第二曲线。**只有把第一曲线做到第一，才算真正把这条夺冠之路打通，最后一通百通。

第二曲线：企业的延伸业务。

第二曲线不是让企业换赛道，而是第一曲线的"溢出"业务。所谓"溢"，即水满而外流。这是一种自然而然的状态，不能通过换赛道、换用户群、换市场而获得。也就是说，企业要先把第一曲线做好，让客户认可你的价值。接下来，客户自然而然要购买你的第二个产品，这就是溢出价值，是从第一曲线那里顺延过来的，而不是单独开辟的新业务。因此，第二曲线的成功应该是水到渠成的事情。那为什么不能独立开辟新业务呢？因为独立就会分兵，而分兵就是最大的风险。

第三曲线：企业的未来业务，创新业务。

同样，创新业务也应该是一个"溢出"业务。很多企业总想寻找新的商业机会，但企业最好不要超越现有的业务和核心能力，去追求构建新的能力。**当寻找新曲线时，企业要遵循能力复用的原则。**也就是说，企业的第二曲线能否沿用第一曲线积累的各种资源和能力？企业的第三曲线能否沿用第一曲线和第二曲线所积累的各种资源和能力？

就像可口可乐，它的第一曲线是可乐这个主营产品，一直到70年后，它才推出了雪碧这款产品。时间还不是重点，重点是雪碧不是可口可乐自己开发的业务，而是其收购的业务。

你可能心里会想：雪碧的口感与可乐大有不同，即便企业自己开发雪碧，也没有对可乐产生干扰。不！有干扰。如果可口可乐自己来做雪碧，那么它的资源就会倾斜到这个产品，而它的大本营——可乐——每时每刻还面临着大量的竞争，所以这条线非但不能收缩，还要不断加码，增加火力和兵力。别忘了，增长就来自火力和兵力。

因此，增长路线图就是规划明年第一曲线的收入、成本、利润。如果第一曲线已经拿到了第一，接下来就可以规划第二曲线的收入、成本、利润。等到第二曲线成熟时，企业再来探索第三曲线的未来业务。

经营设计图：上下拉直，左右对齐

增长路线图梳理清楚了，企业接下来还要将其转化为经营设计图。经营设计图要沿着利润公式展开。**所有领导都要进行利润考核，所有员工都要进行业绩收入和现金考核。**唯有如此，才能保证企业的收入最大化，成本最小化，绝不浪费每一颗子弹。

整个经营设计图先从一号位开始，一号位在梳理完三条曲线后，他对第二年的收入、成本和利润基本做到心中有数了。假设这家企业今年的利润公式是10亿元–9亿元=1亿元，而明年的目标利润公式是16亿元–14亿元=2亿元。其中，收入16亿元意味着第二年的收入预计增长60%，利润2亿元代表第二年的利润预计翻番。有了这些初始数据以后，接下来一号位需要做什么？排兵布阵，把所有的工作分解下去。

战略的落地不是靠一号位算出来的，而是靠全员上下一

起打出来的。所以，预算管理除了要解决资源配置的问题，还要解决分工的问题。讲到这里，你就明白了为什么要在前文反复强调人才和组织的重要性。如果你是个体户，那就根本谈不上什么排兵布阵，因为你根本没有人，充其量只是夫妻俩自己往上冲。所以，当你的组织不健全时，增长无法实现可持续，因为内在的逻辑就是不对的。

具体如何来进行预算分工呢？

首先，企业要召开第一次动员大会。召开动员大会的目的是统一思想，统一思想的过程就是凝聚共识的过程。共识是执行力的基础，如果大家没有共识，后面的事情推进起来就会阻碍重重。

第一次动员大会邀请哪些人参加呢？"四大天王"和"八大金刚"。在这次动员大会上，一号位首先要讲清楚企业未来的战略，要飞多高，价值创新在哪里，产品、团队、人才分别怎么布局，并提出第二年的规划是获得2亿元利润，利润增长100%，收入增长60%，再询问参会者的看法。这个战略要真正落地，首先必须分解到每个"天王"身上：营销怎么做，供应链怎么做，财务部门怎么做，人力资源怎么配合……每个部门都要从自己的专业领域评估实现这一利润数额的可行性。如果讨论过程中有冲突，那么部门之间还必须进行二次甚至三次讨论，直到所有人都能统一思想。

接下来，从用户出发，先市场后工厂，预算目标从营销部门开始生成。因为营销线离一线客户最近，所以营销副总裁首先要明确：如果第二年要达成 16 亿元的收入，他就要把这个指标分解到各部门：品牌部门要负责哪些指标；渠道部门又可以分解为渠道 1、渠道 2、渠道 3……渠道 N，这些渠道分别要承担多少业绩；互联网团队又要承担哪些指标。营销副总裁要从上到下，再从下到上，与各个团队逐一沟通讨论，拿出分解目标的预算方案。

如果营销副总裁拿不出 16 亿元的预算方案，怎么办？一号位必须亲自带着营销团队反复开会讨论，梳理达标的新方法和新路径，并在这个过程中建立标准、流程、制度。

请注意，分工一定要非常精细：老员工做什么业务，新员工做什么业务，"特种兵"做什么业务，中层管理者做什么业务。每个层级、每个岗位的动作都必须十分清晰，不能"放羊"，因为每一个动作背后都是企业的成本。如果动作无效，用户最终就得不到用户价值，员工也会流失。

营销的预算目标定下来以后，紧接着是供应链：研发部门要预算准备什么产品，什么时间上市；生产部要预算产能、生产周期以及所需人工；采购部要预算原材料的采购量及采购时间；财务部要预算融资金额、投资金额，钱往哪里花，什么时间花；人力资源要预算人才缺口，即哪些部门需要招聘，如何设计人才培育计划，哪些岗位需要大练兵以及将于什么时间节点完成……请注意，这一切都要全部前置，头一年的第四季度就要把第二年的预算全部做出来。

事实上，每家企业都有其固定的经营节奏。比如，在行动教育，春季大招聘，夏季大练兵，秋季大冲锋，冬季大冲刺。在春季，企业要通过人才盘点查漏补缺：哪些岗位需要校招，哪些岗位需要社招，哪些岗位可以从内部推荐。春季进行集中招聘、集中筛选。到了夏季，企业的关键岗位就要"大练兵"。因为员工招进来以后就要上"战场"了，所以员工要开始学习、通关考试、训战。请注意这个大练兵不是在企业内部练兵，而是学完以后上"战场"，"打" 10 天，回来学 3 天，再"打" 10 天，再回来学 3 天……每次学完以后，员工都要回到自己的岗位上去实践。到了秋天，练兵完成以后，企业就可以向市场发起冲锋了。再到冬天，企业需要加快节奏，向最后的胜利发起大冲刺。

在这个过程中，企业每个季度、每个月都有盘点。员工达标就会得到奖励，不达标就会被淘汰，而做得最好的标杆员工可以升职加薪。最后，一拨又一拨的人才就这样成长起来。今年冲刺结束，明年春天又开始新一轮的大招聘。如此循环往复，最终业绩才是可持续的。

相反，为什么很多企业效率低下、业绩不稳定呢？因为上到老板，下到员工，每个人都只做自己喜欢的、感觉舒服的事情。但是，在行动教育，你必须提前把预算和工作计划做出来，接下来你别无选择，只能按照预算计划严格执行。

这样做的目的是什么？**目的是从上到下一盘棋。**总裁、副总裁、分公司总经理、部门总监、部门经理以及普通员工，全部都是先算后做。如此一来，总裁头上的利润公式中的每一个数字都会被分解到各个部门，各个部门又将数字逐级分解到每个员工，实现上下拉通，左右对齐。做到这一步，企业才算真正让战略目标落地，实现战略数字化。

一线施工图：全员目标管理，每人一张施工图

当预算指标明确落实到每个部门、每条线、每个岗位、每个员工头上，每个人都有了自己的量化指标时，企业才真正实现了"千斤重担万人挑，人人头上有指标"。如果某个员工头上没有指标，就意味着这个岗位可以撤掉了。换句话说，在预算出来以后，企业就可以从人力资源部打印出一张"地图"来：哪些部门缺人，哪些岗位缺人，新员工应该什

么时间到位，企业都一清二楚，最终所有人都会被装进同一张网——"天罗地网"（见图7-1）。这张网会按照时间节点，从年、月、周、日，将每人、每天必须完成的量化目标分解出来。

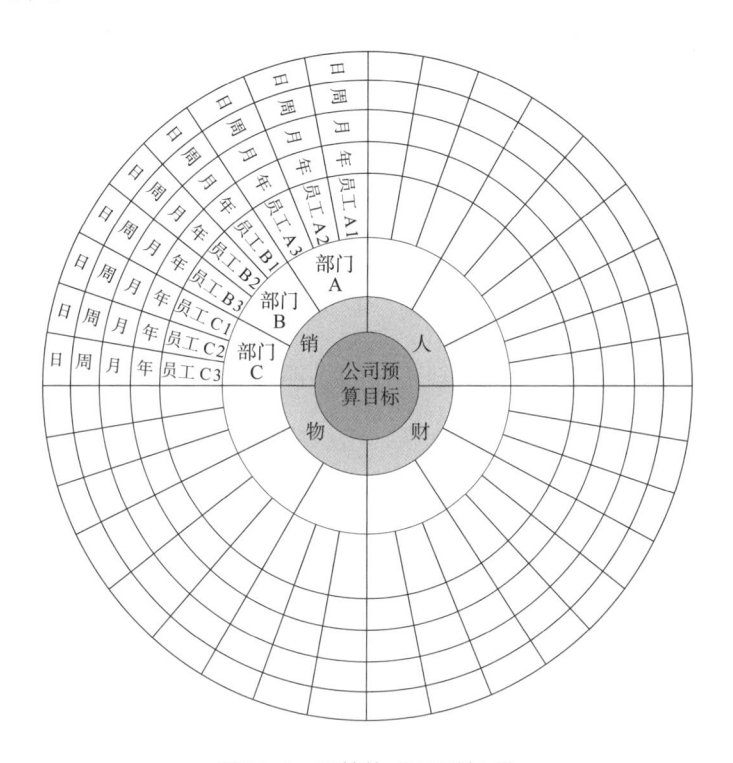

图7-1 预算的"天罗地网"

以营销副总裁为例，他的目标是如何分解出来的？

首先，他要将16亿元的业绩指标分解到月，按照春、夏、秋、冬的经营节奏，确定每个月应该承担多少业绩指标。

假设这家企业的业绩是按月平均分解，那么这位营销副总裁每月必须完成 1.33 亿元的业绩指标。

紧接着，每个月的指标再分解到每周，其中每周要完成的业绩为 3 325 万元；接下来，每周业绩分解到每日，从周一到周五，每天必须完成的业绩是 665 万元。这样一来，这位营销副总裁的每一个工作日都是数据化的。目标拆解得越细，执行起来就越不容易跑偏。

在预算目标自上而下地分解完毕后，战略目标就成为每个员工的具体目标。接下来，只要每个人把实现个人目标的每一项措施具体化，找到达标的具体路径，最终公司总体预算目标就完成了。如此一来，组织中所有成员都被拧成了一股绳，所有人都围绕一个目标力出一孔，上下对齐，左右协同，前后贯通，这样的组织才是最高效的。

因此，预算管理的本质就是先通过全员一杆枪，将所有资源全部集中，然后分解到每个部门、每人、每天、每件事上，最后形成每个人的工作施工图。接下来，所有人按照这张施工图来进行管理。譬如，销售人员每天上午 8 点到 9 点做什么，9 点到 12 点做什么，下午 1 点到 5 点做什么……一切时间节点、动作都已经被提前规划出来了，细致到每人、每天、每时、每件事。

老子在《道德经》中告诫我们："天下大事必作于细。"一个再大的目标，也是靠分解成每一件小事来完成的。预算管理就是要将战略目标拆分细化，分解到每个部门，再从"天王"分解到"将、兵、士"，最后到时间节点，形成时间的精准定位，避免浪费时间。

一个组织最不可再生的资源就是员工的工作时间，这也是组织最重要的资产。如果你没有把目标分解到每人、每天、每件事，分解到时间的最小单元，最后员工的效率一定是极低的。因为员工永远只会做自己喜欢做的事情，做让自己舒服的事情，而非有效率、有价值的事情。

企业通过自上而下的全员预算，拉通一号位到一线员工，最终实现战略—战术—战场—战役的完美闭环。如此一来，公司的战略目标就能转化为具有可操作性的行动方案。所有人都能按照时间轴和工作轴逐层分解，最终得到一张属于自己的施工图。

兵棋推演：验证预算作战方案的可行性

预算方案编制出来后，就相当于作战方案设计好了。但是，这个作战方案是否具备可行性呢？我们还要进行兵棋推演。

兵棋推演一词，最初是通过对历史战例的推演，在战术与作战层级，探究其中的隐藏变化和现实得失，复盘其中的得失，进而指导未来作战。后来，随着这种方式逐渐风靡，该词才延展到对未知战斗的推演。其目的是通过模拟战场环境和规则，进行战争或战斗的模拟推演，以此来检验作战计划的可行性，发现其中不足之处，暴露作战机会的缺点。

商场如战场。在执行预算方案之前，企业也需要进行兵棋推演，从硬币的反面——害的维度——来考察预算方案。

通常来讲，企业会在前一年的10月开始启动下一年的预算编制。到了11月，预算方案已经编制完毕，此时就要开始进行兵棋推演。

具体来说，兵棋推演应该如何操作呢？

首先，在每次兵棋推演之前，企业要组建红军和蓝军两个阵营。以营销团队的兵棋推演为例，这两个阵营包括哪些人呢？首先是红一号营销副总裁，整个红军阵营还包括营销副总裁旗下所管理的三路负责人，即品牌负责人、渠道负责人以及互联网团队负责人。而蓝军由公司一号位及其他"三大天王"组成。

其次，在红蓝阵营确定后，双方就可以召开预备会。预备会的议题就是讨论红军方案的漏洞在哪里，红军方案执行的障碍在哪里。其中，最常见的问题是什么？老船票到不了新地点。如果红方提交的方案和去年的方案差不多，那么其肯定达不成增长的目标。因为**增长一定是源于新方法、新思路、新路径。如果没有超过50％的改变，就不会有50％的增长。**因此，红蓝双方必须一起复盘去年的方案：哪些地方没有做到，没做到的根因是什么，问题出在哪里。在复盘方案的过程中，帮助红军击穿其预算方案，让红军看到这个方案的盲区，找到这个方案的问题和风险所在。

最后，再由一号位和"三大天王"对红军的所有预算作战方案进行无记名投票，获得2/3以上赞成票即为通过。一旦票数低于2/3，红军的预算方案就要打回重做，并针对蓝军提出的问题进行整改，然后大家再进行下一次兵棋推演，直到赞成票数超过2/3为止。

通过反反复复的兵棋推演，排除各个部门预算方案中的风险、问题和障碍，最终各个击破，将所有部门预算方案的风险降到最低。

日拱一卒："三每三对照",积小胜为大胜

预算管理是先胜后战。"后战"到底体现在哪里呢？其奥秘就在于全员目标管理，这才是预算管理真正的绝招。因为预算目标的实现是靠全体员工共同努力奋斗的结果，因此，企业还必须对整个预算执行的过程进行管理。

领导者只需要做好"三每三对照"——每人、每天、每件事，早上对照目标，中午对照过程，晚上对照结果。晨会盯预算目标，夕会追目标差距，复盘原因并寻找改进方法来进行全员目标管理。除此以外，每周召开周绩效会，每月召开经营分析会。如此日复一日，循环往复，企业的经营必然走上正轨。

具体来说，预算管理是如何来"战"的呢？我们依然以营销副总裁为例：已知2024年1月的第一个工作日，这位营销副总裁需要完成的业绩指标是665万元。接下来，到了这一天的晚上7点，我们开始看数据，发现他实际完成的业绩是1 000万元。对照预算数据来看，实际完成业绩超出了业绩指标335万元。

看到这个业绩，很多老板脸上可能笑开了花，但不要高兴得太早，这可不一定是好事。因为实际数据与导航数据偏

离了，就说明有人没有打准。这次打高了，下次就有可能打低。所以，我们非但不能欣喜若狂，反而还要刨根问底，从营销副总裁开始回溯各销售渠道：为什么实际数据会比预算数据高这么多呢？是哪些部门、员工偏离了预算的导航数据？为什么会偏离预算数据？管理者要对以上每个问题的答案做到心中有数，防止这次的业绩只是偶然"撞"到的。

以此类推，每人、每天都要根据自己的施工图来反省：目标是什么？达标用了什么方法？过程中做了哪些动作？最后结果是打高还是打低了？为什么会偏离预算目标？每个人只有不断地通过反省找到真因，才能持续改进从定标到达标的整个闭环。

因此，一家经营得好的企业应该没有惊涛骇浪，只有日复一日，每人每天认认真真、踏踏实实、仔仔细细地把每一件小事做好，从上到下每天头拱地死磕。什么是"头拱地"？就是跪在地上灰头土脸。经营企业一定要戒骄戒躁，要把根扎在土里面，把每一个细节做好，把每一个小目标完成。日日练日日功，就是这样头拱地死磕，最终积小胜为大胜，积跬步以至千里。

国学大师钱穆曾经说过一句话："古往今来有大成就者，诀窍无他，都是能人肯下笨劲。"我深表赞同。创业39年，我一路不仅追随过真正的大企业家，也见证过很多优秀前辈的成功，最后我发现真正的成功之道不是靠什么捷径，而是靠天道酬勤，靠日复一日地头拱地死磕。真正成功的企业靠的是日复一日地扎好马步，练好基本功。一个不愿意苦练基本功的人一定不可能成功，因为没有根基的繁荣只能是暂时的。千万不要相信一夜暴富的谎言，那不过是因为你只看到别人台上的一分钟，却没看到别人台下的十年功。

从这个意义上讲，**预算管理是以静制动**。企业通过预算管理，将自己能确定的事提前确定下来。至于外在的变化，我们无力改变，只能顺势而为，随机应变。预算管理的逻辑就是从战略到行为拉直，上下拧成一股绳，力出一孔。从一把手开始，做好每人、每天、每件事的日日功，从上到下每天对照预算目标进行反省改进。这样一来，企业的效率就起来了。

长此以往，企业的成功是必然的，失败反而会变成偶然的。因为一旦企业把管理的根扎下去了，后面开花结果就是水到渠成的事情。相反，如果企业前期没有练好这些基本功，没有把根扎下去，那么现在的成功只能是昙花一现，而未来的失败会成为必然。

顶尖高手要把 90％ 的时间花在思考失败上。

预算是做好资源的配置——人、财、物、销,所有的资源全部视预算为调令。

真正的预算一定要

交给花钱的人来做，

真正实现算做合一。

战略的落地不是靠一号位算出来的，而是靠全员上下一起打出来的。

日日练日日功,
就是这样头拱地死磕,
最终积小胜为大胜,
积跬步以至千里。

第八章　绩效管理：
激活人性的增长飞轮

企业要想让员工绩效倍增，就要站在员工的角度，帮助他们实现转化：从"你要我做"到"我要做"。

激活人性：不要人性化管理，要人性管理

在企业通过预算管理将战略分解到每人、每天、每件事以后，战略就真正落实到人了。现在，每个员工手上都有一张施工图，这种状态看似完美，实则是反人性的。因为你是站在公司和老板的立场来讲这件事，而不是站在员工的立场。

我们站在员工的立场来思考：他在拿到施工图以后，会选择做还是不做呢？很多员工可能会浑水摸鱼：领导在我就工作，领导不在我就偷懒。这是因为领导还没有解决员工的内在动力问题。**企业要想让员工绩效倍增，就要站在员工的角度，帮助他们实现转化：从"你要我做"到"我要做"。**如果这个问题不解决，企业就不能激发员工的自驱力，绩效倍增便无从谈起。

按照熵增定律，组织的业绩曲线一定是下滑的。企业如何对抗组织的熵增？企业真正的绩效增长来自哪里？它只能依靠全员上下的奋斗精神，依靠全员跳起来为用户创造价值。不管是国家还是企业，任何组织想实现绩效倍增只有一条路——奋斗。"躺平"和"摸鱼"永远不可能造就一家成功的组织。没有闻鸡起舞的奋斗精神，没有"反人性"的拼搏精神，任何一个组织都会坐吃山空。

在阅读《我们为什么要做企业家：企业家精神与组织兴亡律》一书时，我发现了一个有意思的小细节：大哲学家马克斯·韦伯在第二次考察美国时，看到一些现象，让他陷入忧思，即财富对清教徒来说，本应是"轻飘飘的斗篷"，可以随时扔掉，最后却变成束缚人的铁笼，人们不再奋斗了，不再努力了。今天中国崛起靠的是什么？靠的是中国人数十年如一日的勤奋，靠的是中华民族骨子里的奋斗精神。

华为就是一个典型的例子。有学者指出，华为的文化是长期坚持艰苦奋斗，这是基于人性提出来的。事实上，人性本身包含懈怠，尤其是高管在生活富裕之后，其奋斗的动力就没有那么足了，转而追求生活的质量等。但对企业来说，如果高管追求享受，那么企业的奋斗精神从何而来。如果高管不奋斗，那么如何让员工去奋斗。奋斗是靠企业的机制创造出来的一种状态，不是一种自发的状态。华为用熵增定律来解释这个问题，并将其作为华为人力资源管理的一个基本假设和理论支撑。

这与我们对人性的观察是一致的。欲望是驱动人奋斗的原动力，但是对大多数人来说，欲望的满足一旦超过了某个边界，它就反而从奋斗的动力变成了阻力。如果为员工的财富和权力标上刻度，那么很多新员工刚进企业的时候，其财富和权力是0，所以奋斗动力十足。随着他的职位和能力提升，他的财富和权力刻度终于到达了自己预期的10，这时他的动力就消失了。然而，企业为了反熵增，必须让员工跳起来，并且持续跳起来。此时，员工心里就会冒出各种问题：第一，我为谁做？第二，我做多少？第三，我的心态变了：今天我已经小有作为，所以我想享受生活，不想再奋斗了……这些都是熵增定律在人身上的体现。那么，企业用什么去对抗人身上的熵增定律？员工又凭什么要奋斗？他们的动力又在哪里呢？这些就是企业家要解决的问题。

企业家要靠什么激发员工去创造、去奋斗呢？答案就是要靠机制驱动。所谓机制驱动，就是要所有人感受到多劳多得，少劳少得，不劳出局。企业要通过组织发展，招聘和培育大量的人。接下来，公司要通过机制设计，让愿意多劳的人得到好处，让少劳的人看到自己有什么损失，让那些不劳的人自动出局，如此循环往复，组织就变成了一潭活水。因此，人不是靠强硬的手段管控出来的，而是靠机制驱动的。**顶尖高手对人的管理是无为而治，不是一味地管控员工，而是去激发他们，让他们主动去创造。**

经营企业时间越长，我就越发感觉到人就像一根弹簧，具有强大的伸缩性。如果一家企业能激发人的动力，人就可以拉伸到极限100；相反，如果企业无法激发人的动力，那么人可能会缩回到1，甚至最终给企业造成的损失是-100。因为不敬业的员工就像一株毒草，不仅不会产出价值，反而会污染周围的环境，所以最后他释放出来的能量就是负的。

那么，如何才能激发员工的活力呢？要从根本上解决这个问题，关键在于知人性，识人欲。商业是和人打交道，用户是人，团队是人，供应商、经销商都是人。只有理解了人性的本质，企业才能真正激发人的活力。

人本身具有两面性：人有巨大的创造力，也有巨大的破坏力。我们经常会感慨一个人的变化无常。刚进公司的小李有强烈的饥饿感，可是一旦他得到重用，得到了物质和地位，他可能就变了：他不愿意再奋斗，甚至可能为了维持自己的既得利益，做很多伤害公司的事情。并且，人与人之间千差万别，你找不到两个相同的人。

今天，许多企业都在追求人性化管理，其实，企业真正要追求的不是人性化管理，而是人性管理。人性化是什么？是完全顺应人性的需求去管理。而人性管理是要驾驭人的两面性，激活人性中好的一面，控制人性中不好的一面。

如何才能做到这一点呢？最简单的方法是抓住人性底层的逻辑。**基于人性的底层逻辑去设计机制，沿着人性的底层规律去做激励和约束。**

无处不在的"大锅饭"

今天大多数企业失误在哪里？它们失误在企业的人心死掉了。其实，一开始大多数人是愿意努力奋斗的。可为什么最后大家会选择"躺平"和"摸鱼"呢？这是因为他们发现努力没有成效，奋斗没有回报。人心为什么会死？因为这些企业用了一个死机制——大锅饭。听到"大锅饭"这三个字，许多企业感觉似乎遥不可及。事实上，企业充斥着"大锅饭"现象。

何谓"大锅饭"？大锅饭是指员工的工作与收入不相关。譬如说，一个员工入职时约定的月薪是2万元，无论他做得好还是不好，每个月都会拿走2万元，这就是"大锅饭"。这个员工多劳，他也拿不到25 000元的工资；这个员工少劳，他也可以拿走2万元的工资；即便这个员工不劳，没有产出任何价值，他也可以拿走2万元的工资。

试想一下，这个员工会希望公司的生意好吗？大概率不希望，因为公司生意好意味着他有更多的工作，面临更多的加班的情况。然而，无论加再多的班，他的收入也不会有什么变化，所以他当然希望公司的生意越差越好，这样他就能拥有更多的闲暇时间。

这就是问题的症结所在：工作与收入不相关，就意味着个人利益与公司利益脱节，意味着个人与公司无法形成利益共同体。当员工不是利益共同体时，就代表他不是利益的受益人。这个时候，员工就会感到失望、愤怒、仇恨，进而消极怠工。

如果你要说服员工好好工作，唯一的办法就是告诉他利益在哪里。恰如美国投资家查理·芒格所言："**如果你想要说服别人，要诉诸利益，而非诉诸理性。**"今天企业最常用的方式就是"洗脑"，给员工讲道理，却不和员工讲利益。事实上，道理在利益面前不堪一击。你要说服员工奋斗，洗脑是没有用的，你要和他们谈利益，驱动他们为自己的利益而努力，并将公司利益和员工利益绑定在一起，然后一起为目标共同努力。

当然，今天许多企业虽然算不上是完全的"大锅饭"，但仍然属于"中锅饭""小锅饭"。无法激发员工的奋斗精神的组织管理，本质上就是反人性的。也就是说，一个组织如果不能激发员工在其岗位上付出、投入、奋斗，这就属于组织的重大失误。在这种情况下，企业宁愿不设置这个岗位。因为这一情况无论是对组织还是对个人都是糟糕的，大家都没有发展空间，一眼就能看到未来。

毋庸置疑，"大锅饭"公司员工的工资一定很低，因为"大锅饭"公司通常人多且效率低，最后公司根本拿不出钱。如果要涨工资，那么人人都要涨，这对企业而言将是一笔无力支付的巨款。

为什么"大锅饭"公司拿不出钱呢？因为"大锅饭"机制会侵蚀人的奋斗精神，最终导致劣币驱逐良币，使得企业增长越来越难。下面，我就用一个虚拟案例，来还原"大锅饭"机制对组织的侵蚀过程。

假设某公司是一家吃"大锅饭"的公司，所有人无论做多还是做少，都拿5 000元的月薪。不可否认的是，个体能力是存在差异的。假设现在公司有两名员工：A能力很强，他一个月做了10件事；B只做了2件事。到了月底，他们都拿了5 000元的工资。

请问，A满意吗？显然不会满意，因为B只做了2件事，却和他拿了一样的工资。

再问，B满意吗？非常不满意。很多人以为B会很满意，其实恰恰相反，B非常不满意。因为这5 000元是每个月必拿的，人人都有。发工资时，大部分人的内心是什么感受？"就这么一点儿钱！"所以，即便B只做了2件事，他也会嫌工资低。

更麻烦的是，B的领导会找他谈话，告诉他A做了10件事。听到这个消息，B不会服气，他内心可能会想："虽然A做了10件事，但是这10件事一定做得非常粗糙，哪像我做得这么精细。"

这就引出一个关键词：标准。当一个公司吃"大锅饭"时，你就没有办法告诉所有员工什么是对的，什么是错的。公司不能奖罚分明，通常会给所有员工带来打击：既挫伤了好员工的工作积极性，又打击了差员工。

因为一旦公司没有清晰的奖罚标准，差员工就会自以为是、自视甚高。所以，一家好公司必须让所有新员工在入职以后，马上看到做什么会得到奖励，做什么会受到惩罚，这种奖罚措施就相当于企业的红绿灯系统。

回到上面的案例，在 A 和 B 的领导发现两人的差异之后，多数领导会把时间和精力花在 B 身上，因为他觉得 A 已经足够好了，不需要他操心。结果，在领导的帮助下，第二个月 B 完成了 2.5 件事，这已经是 B 能力的极限。此时，B 会非常自满，因为他已经进步了 25%。

再来看 A。当他发现自己做 10 件事，却和做 2 件事的 B 都拿 5 000 元的工资时，他会心理不平衡，再加上领导将全部精力都放在 B 身上，对他缺乏监督，他也开始"躺平"和"摸鱼"。到了第二个月，A 仅仅完成了 5 件事，效率下降了 50%。

此时，这家公司的总绩效就从第一个月的 12 件事变成了第二个月的 7.5 件事，总绩效反而下降了 38%。长此以往，员工 A 的工作绩效还会继续下降，直到向最低标准 2 件事靠拢，他才会心理平衡。最终，这个团队的绩效会越来越低，从 7.5 件事降到 4.5 件事，效率直线下滑。

如果公司还在源源不断地接订单，那么按照目前的工作效率，订单不可能如期交付。无奈之下，焦头烂额的老板只能选择继续增加人手。然而，所有新员工在"大锅饭"的机制下，最终都会向B靠拢。结果，新招进来的员工不仅无法解决效率不足的问题，反而还会拖累公司，让公司的人工成本、管理成本和运营成本等增加，进一步吃掉公司的利润。

这就是劣币驱逐良币的过程。20世纪50年代，美国的社会心理学之父库尔特·勒温曾经提出一个观点：在组织中，人的行为会受到人对环境的心理感受的影响。也就是说，在一个坏的环境中，好人会变坏；同样，在一个好的环境中，坏人也会变好。上面的案例正好论证了这个观点：效率最低的员工B会把效率最高的员工A同化，使得整个组织都滋生出"躺平文化"和"摸鱼文化"。

人性中一个非常大的弱点：懒惰。同时，人性还是千变万化的。一个人今天付出不等于明天也愿意付出，他今天做得很好不等于他明天也会继续做得很好。员工的千变万化是基于其利益和动机的。因此，"大锅饭"公司之所以会失败，就是因为一号位不了解人性。

人性的底层密码："害"比"利"的驱动力大

人性的底层逻辑是什么呢？是趋利避害。也就是说，人的动力只会来自两个要素：一个是"利"，一个是"害"。

行为学家研究发现：人的动机来自追求快乐、逃离痛苦。其实，追求快乐、逃离痛苦就是趋利避害。事实上，这不仅仅是人的本性，也是其他动物的本性。从生命诞生的那一刻开始，人和其他动物就遵循了这一基本规律。如果想让一个组织中的员工朝着你想要的方向前进，靠的是什么？靠的就是利害关系。利害关系是指奖罚分明。**奖罚即指挥，代表着企业的价值主张。企业如果想要高绩效，就要奖励高绩效员工；企业如果不想要低绩效，就要割掉低绩效的尾巴，让低绩效员工出局。**一项好的奖罚制度是生产力，能够激发所有人向上的动力；而糟糕的奖罚制度会让人性中的弱点加速放大，最后令整个组织崩盘。

根据我多年来的观察，今天许多企业就是在这个地方出了问题。大部分企业表面上是有绩效机制的，其实那只是伪绩效机制，因为员工的绩效贡献与价值分配并没有真正匹配。由于长期吃"大锅饭"，企业没有能力去奖励真正做出贡献的人，同样，在罚这件事上更是无所作为。

大多数中小企业既不敢罚，又没有条件去罚。因为罚的前提是企业的组织能力要跟上——人才密度要大，招人的入口要大，人才复制的能力要强。只有人才补给跟得上，企业才敢于罚，否则，整个组织的人才池很快就要见底了。因此，罚这个动作执行不下去，究其根源，还是企业对人的重视度不够，没有把精力花在招人、选人上，也没有建立人才体系。所以，一旦组织体系没有建好，就会影响到绩效管理。再加上组织和人本身受制于熵增定律，如果我们不加以管理和控制，组织就会从有序到无序。当企业的内耗持续增加时，企业的效率直线下滑，我们就更加无能为力了。

物有本末，事有先后。利与害、奖与罚之中，到底哪个要素对人的驱动力更大呢？如果能找到关键，我们就一定能事半功倍。

心理学的研究表明，人类逃避痛苦的动力要比追求幸福大。这意味着什么？害比利更有杀伤力，它给人带来的动力更强。从这个角度看，人有时候是被迫成功的，因为是"害"和"罚"倒逼他不得不做。

我们回到上文中的案例：如何用奖罚分明来驱动员工A和员工B呢？公司要重新调整机制，**让员工的收入与工作价值贡献挂钩**。请注意，公司不是为员工的工作时间支付薪水，而是为员工创造的价值支付薪水。

首先，公司要向 A 和 B 传递绩效主张——你为什么要工作？以销售人员为例，今天很多公司的销售人员眼里只有一样东西，那就是收入，这是不对的。公司一定要给员工的工作注入意义。人必须超越自我，不能只用自己的眼光去审视，而要从对方的立场去思考，做这件事会给用户带来什么好处吗？如果不能给用户带来好处，完全只对自己有好处，那么这件事就不可持续。因为商业的本质是利他，是为社会创造价值。公司必须给员工传递一份崇高的社会责任，塑造员工的使命感。

请注意，收入和利润等都是预算上的财务指标，在绩效管理上，公司要把这些财务指标转化为工作任务，公司要传递的是使命：工作的使命就是要帮助用户成功，这才是工作背后的价值。比如，作为一个店长，这家店长期亏损只能说明一个问题——你没有把顾客服务好。作为一个员工，你为什么收入低？因为你没有让用户感动。从本质上来说，员工的收入是成就用户的结果。员工帮助的用户越多，用户回馈给他的业绩也会越多。因此，他的收入是用户给他的奖励。

价值主张的焦点有两个。一是，让员工理解工作的意义和价值。公司是社会的器官，任何一家公司都必须对社会做出贡献，才能生存下来。二是，让员工理解自己的收入来自用户，必须为用户创造价值。只有先让用户得到价值，公司才能分享价值。所以，员工的收入要和用户挂钩。

假设这个公司设计的底薪是2 000元，剩下的都是绩效工资，员工每服务一个用户，就会拿到500元的绩效工资。员工A服务了10个用户，做了10件事，那么A的收入为2 000+500×10=7 000元。而员工B只服务了2个用户，只做了2件事，那么他的收入为2 000+500×2=3 000元。如此一来，员工A和员工B的收入差距就清晰地表达了这家企业的价值主张。因为收入本身就是奖罚的结果，收入的差距就是最好的教育。

现在员工A满意了，因为他的收入与他的价值贡献是成正比的，收入就是他的奋斗曲线。所以，他会告诉自己：未来我还要更加努力，这样我的工资会更高。此时，公司也必须把资源投入A，而不是B，目的是拉高标杆的绩效，形成标杆效应，用先进带动后进。

与此同时，员工B的领导会找他谈话：你为什么只服务了2个用户？如果员工B不改进工作方法，就必须调岗或离开公司。

到了第二个月，由于公司把资源投在员工A身上，因此A又精进了一步，完成了15件事。而员工B要想留下来，则必须向标杆A学习。经过对标学习，第二个月B终于完成了3件事。如此一来，企业第二个月的总绩效就从12件事变成了18件事，人均绩效提升超过33%。

做到这一步还不够。如前所述，罚比奖更重要。那么，这个原则体现在哪里？电网机制。公司还要在绩效机制后面设计一个电网：员工每个月绩效低于5件事以下，需要自动离职。如果公司有这个电网机制，其一定会真正触动员工B。因为一旦触碰电网，他丢的就不仅仅是收入和工作，更是自尊心和自信心。昨天他还在微信朋友圈晒公司环境和公司福利，今天该如何向亲朋好友解释自己被解雇呢？

因此，对B来说，现在只剩下两个选择：要么豁出命去干，废寝忘食也要突破5件事，保证自己不触碰电网；要么收拾行李，马上离开公司。通常情况下，人性中不服输的特质会瞬间被激发出来。大部分人不会选择离开，而是改变自己。于是，他会主动拜 A 为师，请教 A 是如何做到每月完成 10 件事的。随着考核时间越来越近，B 会越来越努力，B 的奋斗精神就这样被激发出来了。

由此可见，好机制会让坏人变好，坏机制也会让好人变坏。在一个组织里面，"大锅饭"一定是最大的不公平。因为人本身是有差异的，有人做得好，有人做得差。既然人的能力有差异，价值贡献有差异，企业的价值分配就应该拉开差距，这才是真正的公平。

做得好就激励，做得不好就处罚，有奖有罚，有高有低，有上有下，有进有出，千万不能一刀切。在这件事情上，任何企业只能坚持一个主义——绩效主义，所有人必须为用户创造价值，只有用户得到价值，企业才能分享价值。因此，经营企业一定要有清晰的价值主张，要奖罚分明，并且罚比奖更重要。

归根结底，一个组织的战斗力，往往就是由奖罚的力度决定的。一个组织的凝聚力，也是由奖罚产生的，奖得越多，罚得越重，组织的凝聚力就越强。企业要让多劳者多得，让企业标杆"升官发财"；让少劳者少得，让不劳而获者出局。

最后，整个组织就会像水一样流动起来，人才有进有出，先让没有价值贡献的人下车，再让真正有价值贡献的人上车。

增长飞轮：机制 × 方法 × 检查 × 奖罚

在与企业沟通的过程中，我们发现很多老板和管理者将绩效机制片面地理解为奖罚机制。经常有高管抱怨："在我们以往的认知中，绩效管理就等于考核。而员工认为，企业之所以要进行绩效考核，其实就是为了扣工资。所以，员工对提升绩效没有任何积极性。"但实际上，绩效管理的逻辑不是为了考核绩效，更不是为了扣工资，相反，它是为了激发员工的动力，挖掘员工的潜能，让员工去挑战高目标，赢得高绩效。所以，过去员工理解的绩效考核其实与真正的绩效管理是背道而驰的。

企业如何才能从绩效考核转向绩效管理呢？我根据自己多年的实践经验，提炼总结出了一个增长飞轮模型。这个增长飞轮包括 4 个关键节点：机制、方法、检查和奖罚（见图 8-1）。这 4 个关键节点是一个动态循环，切忌从一个维度去思考和应用，因为它们之间是互相依赖和互相咬合的，千万不要孤立地去学。

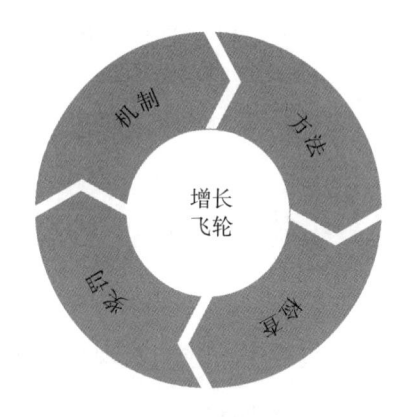

图 8-1 增长飞轮

- **机制**。机制是牵引，是导航，它让所有人知道什么该做，什么不该做。企业要通过机制设计，让员工的收入与价值贡献挂钩。

- **方法**。机制只能解决动力的问题，那么能力的问题怎么解决？企业还必须建立赋能体系，帮助员工找到创造高绩效的路径和方法。

- **检查**。即便动力和能力的问题都解决了，也敌不过人性的懒惰。如何对抗人性的懒惰？检查就是一种外在驱动力。大多数人只会做领导布置并检查的事情，因此检查的力度决定了执行的力度，也决定了最终的成果。

- **奖罚**。企业要通过奖罚来落地价值主张，达成目标的人要奖，未达成目标的人要罚，且不能小奖小罚，而是大奖大罚，最终用机制来管人，逼迫所有人不得不做。

增长飞轮是一个通用的绩效管理方法论，上到董事长，下到小组长，所有管理层都可以运用增长飞轮来做管理。下文将详细阐述增长飞轮中每一个节点的设计逻辑。

机制牵引：多劳多得，少劳少得，不劳出局

今天很多企业虽然有绩效机制，但是绩效设计得非常诡异，每个岗位对应一大堆考核指标。其实这恰恰说明，企业家和管理者没有想清楚这个岗位到底能创造什么价值。企业在考核指标的设计上一定要专注、聚焦，因为指标太多会害了员工，他们不知道到底该做什么。这就意味着，在做绩效管理之前，企业家和管理者一定要仔细分析这个岗位到底能创造什么价值，基于其创造的价值来匹配收益。

这个工作甚至要前置到招聘之前。如果你在招聘一个人之前，不能把绩效机制设计出来，想不清楚这个人到底要为企业创造什么价值，以及该如何评估和分配利益，那么你就

不应该招聘这个人，因为你招过来的人可能根本就不对。只有当你想清楚这个人能创造什么价值时，企业才会投入资源让你去招聘。因此，针对任何岗位，一号位、财务负责人、人力资源负责人和业务部门负责人一定要充分沟通和讨论，找到核心指标，并对岗位机制进行三个要素的设计。

第一个要素是电网。电网对应的是最低指标，最低指标要写在岗位责任书上。任何一个员工上岗，企业都要给他一份明确的岗位责任书。岗位责任书要明确这个岗位要完成的基本任务和最低指标。如果一个员工连岗位的基本任务和最低指标都完不成，他就会被淘汰出局：要么调岗，要么离职。

另外两个要素是底薪和绩效。假设一个岗位的平均薪资是 10 000 元，现在公司要对该薪资的构成进行设计：其中 30% 是员工的底薪，70% 是员工的绩效。底薪只占 30% 的目的就是开放绩效，激发员工多劳多得。

永远不要低估人的创造力，人是可以创造奇迹的。在行动教育，我们专门做过数据统计：一个高绩效员工创造的业绩是一个普通员工的 10 倍，一个高绩效总监创造的业绩是一个普通总监的 7 倍，一个高绩效的分公司总经理创造的业绩是一个普通总经理的 10 倍。这说明人与人之间的差异很大：有人合适，有人不合适；有人今天合适，明天又不合适了，因为他跟不上组织的发展。因此，组织必须不断地去激发人的潜能，激发他们去创造高绩效。

如何才能激发员工不断创造高绩效呢？企业在绩效上一定要设计出落差。落差就是动力，落差越大，动力越足。

我们集团"绩效模式"的主讲人江竹兵老师和我分享他自己的体悟，他说："我大学毕业以后在一家国有企业工作，收入构成是100%底薪，我没有动力；后来，我跳槽去了一家世界500强的外资企业，我在外企的收入构成是'90%底薪+10%绩效'，结果我还是没什么动力；但今天在行动教育，我的收入构成是'10%底薪+90%绩效'，我开始拼命干！"

这种"10%底薪+90%绩效"的收入构成方式把个人和企业绑定在一起，让双方变成了利益共享体。**对真正的人才而言，高绩效其实是一种高奖励模式。**只有高奖励才能让人发挥潜能，创造奇迹。最后，他可能不止完成预期的90%，甚至完成190%、290%都有可能。要想让一个人业绩倍增，关键要激发他的潜能。而激发潜能最关键的一点就是要让他明白，他不是为了企业而奋斗，不是为了老板而奋斗，而是为了自己去奋斗。对真正能服务好用户的人才来说，这种绩效机制只会让他们的收入更高，而不是更低。

在行动教育，我们把所有人分成两类：一类是管理者，一类是员工。所有管理者都是利益共享体，他们的收入构成全部都是"底薪+绩效"，多劳多得，少劳少得。例如分公司总经理的收入构成是"10%底薪+90%绩效+电网"。作为总经理，其收入与成就用户的能力息息相关。如果他成就的用户多，他的收入自然就高。反之，如果他没有成就用户，他的收入就会很低。部门经理的考核也遵循同样的逻辑。与此同时，还要设计出电网——每季度滚动考核，一旦出现利润负增长甚至亏损，就必须降级、调岗甚至淘汰。

员工也不例外。针对一线营销人员，直接考核个人业绩，采用"底薪+绩效"的模式，做到"上不封顶，下不保底"。对于无法直接衡量业绩的财务、人资、行政等后台支持部门，也要进行机制设计。即便是保安、保洁等岗位，也要对其收入构成进行设计：50%是底薪，剩下50%的绩效收入根据其工作表现在50%~150%之间浮动。也就是说，其总收入会在75%~125%之间浮动。

这个机制设计意味着什么？每个人背后都有三把刀。第一把刀是入口，对应的是低底薪；第二把刀是井喷口，对应的是高绩效；第三把刀是出口，对应的是电网。也就是说，组织在把人招进来后，经过培训，有人做得很好，有人做得一般，有人做得很差，这时候就需要机制去平衡：让多劳者多得，让少劳者少得，让不劳者出局。

现在请你思考一下：这三把刀，哪把刀最重要？是入口重要还是出口重要？先给大家讲讲我少时的一段经历。记得上中学时，我有过一次有趣的乘车体验。当时，我上车的地点是一所学校。当公交车开过来时，所有人一哄而上，我直接被挤到双脚离地，犹如一块悬在半空中的"夹心饼干"。等到公交车行驶到下一站百货商场时，我一眼就瞥见一群人追着公交车跑，这个架势让我的心一下子就悬到嗓子眼儿，心想：这下我要被挤成肉饼了！然而，当车门打开时，我"咚"的一声掉了下来。为什么我没有被挤成肉饼？因为虽然上车的人很多，但下车的人更多，因为那一站是中转站。

在管理企业时，我经常回想起这段经历，它告诉我一个朴素的道理：出口比入口更重要。在这三把刀中，最锋利的是电网这把刀。因为没有出口，就没有入口。

很多中小民营企业就"死"在这个地方：组织没有出口。它们就像那辆公交车，一旦人只进不出，最后就会人满为患。就像很多企业老板的亲戚在公司全都有职务，这样的企业不可能有竞争力。因为企业不是家，它遵守的不是家庭的规则，而是自然界的丛林法则：优胜劣汰。一切以效率为先，谁更有效率，谁就能活下来。但是，家是完全不一样的地方，家不会讲优胜劣汰，也没什么效率可言。所以，我们最怕那种喜欢讲"家文化"的企业，老板恨不得员工一个都不能少，这样迟早会把自己拖死。

企业更像一支足球队，上来就要进场比赛，进球了加分晋级，输球了扣分出局。商场本质上是一个不相信眼泪的赛场。在商业世界里，胜者为王，败者为寇。所以，企业的使命是赢得比赛，如果赢不了比赛，所有人都会被市场淘汰出局；如果企业赢得了比赛，鲜花、掌声、荣耀就都来了。因此，你必须让企业进入一个正向循环：企业为用户创造价值，用户回馈给企业奖赏，企业更加努力地为用户创造价值，用户给予企业更大的奖赏……

经营企业要从一个胜利走向另一个胜利，必须持续向前推进，因为这件事情没有终点。一旦过程中有人掉链子，就必须下车，把座位留给那些能够创造价值的人，任何人都不能例外。否则，如果员工只进不出，企业就会不堪重负。所以，你要用积极的态度去看待企业的出口，出口是促进生产力的，而不是破坏生产力的。随着企业的发展，有的人跟不上了，有的人的欲望被满足以后动力就衰竭了……如果这些人还留在企业，他们就只会削弱企业的战斗力。

企业就是赛场，员工就是运动员。企业要通过机制设计，让员工的收入与工作挂钩，多劳多得，少劳少得，不劳出局。只有将好坏的差距拉开了，员工之间的绩效有了落差，企业才会拥有势能。一家聪明的企业一定要让真正创造价值的人活得最滋润。就像在行动教育，绩效越高的人，收入越高，幸福感越强，忠诚度也越高，越不会离开这个平台。这种机制是要把最优秀的人才凝聚成一块铁板，让奋斗者在平台上实现物质和精神双丰收。即便如此，他们也要持续奋斗，因为一旦懈怠下来，他们就会面临出局，这就是机制的约束力。

现在很多中小企业的问题在于，低绩效员工宁愿在公司里熬着，也不愿意离开。而管理者的大部分时间都在给这群人做思想工作，结果不仅累得精疲力竭，还不出业绩。实际上，企业99%以上的问题是钱的问题，经济基础决定上层建筑。所以，企业必须设计"低底薪+高绩效+电网"的绩效模式，让高绩效员工多劳多得，中绩效员工少劳少得，低绩效员工快速出局。只有大奖的正向激励和大罚的负向激励相辅相成，才能让每个员工真正从"要我做"变成"我要做"的奋斗者，其内在的潜能才能真正释放出来。

方法赋能：传 × 帮 × 带

机制设计好以后，人的动力被激发出来了。但是，**最终要拿到结果，只有动力可不行，还要培养员工达标的能力。**因此，企业还要为员工赋能，帮助员工找到达标的方法。

在服务企业的过程中，我们观察到很多企业的员工达标能力弱，一个关键原因是"传帮带"体系做得不到位。很多企业没有对员工进行培训、辅导、支持，基本上员工出成果是"看天吃饭"，自己能成长起来就留下来，成长不起来就流失掉。其实，很多企业的员工本身基础素质不错，为什么达标能力差呢？因为他们缺乏工作方法论。由于他们没有工作方法论，只能靠自己摸索，试错成本就会很高，绩效就会大打折扣。所以，员工动力被激发出来以后，企业还要夯实赋能体系，为员工传授达标方法。

员工的工作方法论是从哪里来的？企业的"传帮带"体系。"传"是传承，也就是教育和培训，最好的教育模式就是训战模式，要什么，学什么，通过训战结合，快速提升员工的战斗力。"帮"是上对下的帮扶和支持，成就伙伴。作为领导者，你必须把自己当成下属的后援团，随时准备帮助下属解决他们解决不了的问题，因为最终管理者的绩效是由团队业绩所决定的；所谓"带"，就是老员工带新员工，比如师徒制就是一种典型的老带新机制。

传帮带体系首先要对达标路径进行系统梳理，编制标准化手册，并及时地通过"传帮带"体系将达标路径传授给新人。经过日复一日的训练，新员工才能蜕变成真正的员工，拥有真正的战斗力。

因此，优秀的企业家一定非常擅长做知识管理，善于将业务高手脑子里的隐性知识提炼成企业的显性知识，将标杆的成功要素像庖丁解牛一样解构出来，提炼成标准化的"套路"，并存进企业的"知识银行"。任何一个新人进入企业，都可以通过提炼好的"套路"，迅速复制最有效的达标方法，将其转化为自己的能力，并产出业绩。所以，任何一个领导在管理部门时，必须使用各种机制，让标杆员工总结自己的成功路径。不总结就不可能实现可复制。只有将成功路径提炼为标准动作，企业才能通过"传帮带"体系，将达标方法传承下去。

比如在行动教育，公司专门编写了《教官手册》，这本手册本质上就是一幅详细的带教地图，为教官如何对员工进行带教制定了详细的标准化流程，包括带教目标、带教方法、带教技能、带教体系、带教日记以及相关制度保障等，全都有十分详尽的阐述。一旦形成标准化手册，带教教官就有了抓手，就可以直接按照手册进行人才的标准化复制。当然，这还只是行动教育"传帮带"体系中的冰山一角。在"传帮带"体系中，公司针对每一个层级、每一个岗位都有对应的标准化手册。

究其根源，**员工能否快速掌握达标方法，本质上考验的是企业管理的标准化和精细化能否做到位**。如果企业没有将"传帮带"体系整理为标准化流程，并严格按照这个标准化流程执行和管理，那么员工的达标能力自然很难提升。

检查追踪：高中基层管理者 × "两会一本"

绩效飞轮的第三个节点是检查。许多企业设定了机制牵引，也为员工做了方法赋能，但问题就出在疏于检查，最终还是一场空。

什么叫检查？检查即追踪，追踪要定时、定点、定责、定人。经营企业多年，我有一个感悟：**检查力比目标力更重要**。过去我们只知道要以目标作为牵引，但如果老板只设定了目标，却没有检查，最终目标不可能落地。因为从以终为始的角度来看，员工只会做你进行检查和奖罚的事情。因此，检查是目标落地的关键环节。

那么为什么老板会疏于检查呢？还是因为人性的弱点——懒惰。老板总以为这件事情已经交代下去了，路径也梳理清楚了，员工直接去做就可以了。但实际上，如果老板不检查，那么员工根本就不会做。

记得 2000 年，我把公司卖给了李嘉诚先生，并按照约定出任 TOM 户外传媒集团 CEO。当时，中国大陆正在流行一本书，书名叫《把信送给加西亚》。这本书讲述的是一位名叫罗文的英雄接到麦金莱总统的任务——给加西亚将军送一封决定战争命运的信。罗文没有任何推诿，而是以其绝对的忠诚、责任感和创造奇迹的主动性完成了这项"不可能的任务"。

为什么这本书会风靡中国大陆呢？因为许多人把这本书当成自己的管理手段，包括我自己也陷入了这个误区。我们都希望员工能像书中的罗文一样，只要给他一个目标，他就会不找任何借口，主动完成这个目标。对管理者来说，我们不想管过程，只想要结果。

今天回过头看，这种想法极其幼稚：如果你不看过程，只要结果，那么你收获的一定是偶然成功，而非必然成功。可惜当时我还年轻，并没有认识到这个问题。

在一次重要会议上，我打断了下属的汇报，提出只要结果，并给在场的所有人讲述了罗文的故事。罗文在接到任务后，没有提出任何要求，只说了一句话"保证完成任务"，然后就带着那封决定战争命运的信消失于黑暗之中，后来经过千难万阻，终于把信送到了。

我本以为，讲完这个故事，在场的董事会成员都会为之喝彩。令我意外的是，在场的一位董事一针见血地评价道："这是一个文学故事，不是一个真实的管理故事。你们还公然把这个文学故事当成了管理理念，总统怎么会把这么重要的一封信随便交给一个人，却一句话都不过问呢？这是极度不负责任的。如果真这么简单，那么经营企业也太容易了，我只要写信，要求每个员工给我交10亿元的利润就可以了。真正的管理不是只要结果，而是要看过程。甚至可以说，过程重于结果。"

这位董事的话突然点醒了我。为什么我会被这本书诱惑？因为人性中懒惰的弱点显现了。但是，如果一号位自己不做检查，不追踪过程，这种懒惰的病毒就会在组织中蔓延开来。从这个角度来讲，高绩效一定是检查出来的。

具体来说，企业应该如何做检查呢？检查必须从上到下分级分段完成，我称其为"两会一本"。

第一段：每月经营分析会，董事长检查总裁。

在我担任 TOM 户外传媒集团总裁的时候，董事长是一位叫陆法兰的加拿大人。他与李嘉诚先生共事 30 年，曾经担任和记黄埔财务总监，后来调任 TOM 户外传媒集团董事长。陆法兰先生并不经常在公司，但是，每到月底，他一定会准时出现。

他来公司做什么？他来对我这个总裁做检查。检查方法并不复杂：直接对照预算分析表，逐一检查每月必须填写的 12 张报表，涵盖产品损益表、客户损益表、员工损益表、应收账款账龄表、存货账龄表、现金流量表等，一切用数据说话，他把每个利润单元都检查得一清二楚。

他检查的目的是什么？找到差距，并分析弥补差距的方法；找到问题，并将问题扼杀于萌芽之中。一言以蔽之，检查就是为了抓早抓小、防微杜渐，在问题最小的时候就找到应对的方法。

请注意，陆法兰先生的检查并不是三天打鱼，两天晒网，而是每月不间断，一年下来一共检查 12 次。所以，每到月底，我必然会面临一次大考。

第二段：每周绩效会，总裁检查高层，高层再检查中层。

创业几十年来，我差不多有28年都在做绩效检查，每年有45周都会进行绩效检查。在行动教育，我每周一必须准时召开每周绩效会议。首先，由我检查"四大天王"和"八大金刚"，接下来，"四大天王"再分别召开各垂直业务线的每周绩效会议，对其下属管理者进行检查。

每周绩效检查包括什么内容呢？对照预算目标，检查每周实际目标的达成情况。为什么前面要强调做预算？因为预算目标是绩效管理的标尺。有了预算目标，就有了标尺。我们只需要对照标尺量一量，检查实际业绩与预算目标是否一致。如果两者不一致，那么无论实际业绩是过高还是过低，我们都应及时反省，找出真因，并提出改进方案。

因此，检查就相当于导航系统的校正功能。一旦你偏离了预算的路线，导航就会及时帮你重新规划路线。检查不仅是为了追踪目标的达成情况，也是为了让管理者真正躬身入局，实时地为下属达标提供支持和辅导。千万不能到年底才发现偏航了，这时候已经来不及了。

第三段：每日三对照，管理者检查基层员工。

最后，管理者每天还要对员工进行检查。你发现规律了吗？从上到下，管理者检查的频率越来越高。具体来说，管理者如何对员工进行检查呢？在行动教育，我们会进行"三每三对照"。

为了配合"三每三对照"，我们还专门设计了一个实效工具——行动日志。究其本质，它是按照预算分解的逻辑原理设计出来的一个管理工具。通过这本日志，每个人都能将年目标分解为月目标，再将月目标分解为周目标，然后将周目标分解为日目标。为了达成日目标，员工每天都要填写时间分配和工作事项。

接下来，员工要根据优先级，将一天的全部事项划分成A类、B类、C类……然后，管理者要引导员工每天将大量的时间花在能创造最大价值的"A1事项"上，并确保当天完成。完成所有事项的措施、方法，都要白纸黑字清晰地写在这本日志上。这些文字记录是领导者每天检查、事后追踪以及员工反省改进的依据。

综上，通过分级分段检查，企业要自上而下地检查到最小颗粒、最小单元。如果没有从上到下的检查力，企业哪里来的执行力呢？甚至可以说，没有一套自上而下的检查体系，一切等于零。

奖罚分明：奖得心花怒放，罚得胆战心惊

检查完成以后，企业就要兑现奖罚了。如何判断一家企业的奖罚机制设计得好不好呢？它必须满足两个条件。**一是有清晰的价值主张**。任何人一进入公司，就知道做什么事情会得到奖励，做什么事情会受到惩罚。**二是奖罚要拉开差距，创造落差**。企业不要小奖小罚，而是要大奖大罚。

大奖体现在哪里呢？高绩效机制本身就是大奖。一个人之所以能达成高绩效，是因为成就了用户，并得到了用户的信赖。所以，绩效本身就是成就用户带来的奖励。

曾经有学员提问：这种绩效模式对销售线人才是有效的，但对专业线的高级人才会不会缺乏吸引力呢？实际上，针对这种情况，企业可以灵活地设计双轨制绩效。

举例来说，假如现在企业招聘了一个专业人才，他的期望月薪是 20 000 元。如果他入职的是一家吃"大锅饭"的企业，他的薪酬构成就是"底薪 18 000 元 + 绩效 2 000 元"。但是，聪明的企业家绝对不会这样设计薪酬结构。企业首先要对这个员工进行能力评估，如果评估结果显示"通过"，那么企业可以满足他的月薪期望。紧接着，企业会与他在合同中约定：20 000 元的薪酬中，10% 是底薪，另外 90% 则与其绩效挂钩。每服务 1 个用户，他可以得到 3 000 元的绩

效收入。假设他本月只服务了 4 个用户，那么绩效收入只有 12 000 元。这时企业该怎么处理？企业会承诺取高不取低，仍然可以给他 20 000 元的保底月薪。相反，假设他本月服务了 10 个用户，绩效收入为 30 000 元，那么他本月的总薪酬就是 32 000 元。

这种绩效设计方式就是典型的双轨制，遵循取高不取低的原则。这样设计的目的就是鼓励员工突破自己过去的边界，奋力达成更高的绩效。一旦他突破了过去的边界，他的收入就完全可以超过内心预期的 20 000 元，而且上不封顶。这样一来，他会突然觉得这 20 000 元的月薪根本就不算什么，因为他完全可以凭借自己的努力拿到更高的绩效收入。这种机制会大大激发个人潜力。

有人可能会疑惑：如果企业给这位员工的保底月薪是 20 000 元，也就是说，即便他的绩效不合格，他也可以拿到 20 000 元，那么这不也是变相的"大锅饭"吗？但别忘了我们还有"大罚"。所谓"大罚"，指的就是电网机制。比如，企业规定这个岗位的电网是绩效收入不能低于 15 000 元。这就意味着，如果这位员工服务的用户低于 5 个，他下个月就必须离开。所以，奖要奖得员工心花怒放，罚要罚得员工胆战心惊，这两个动作是双管齐下的，而不是单独存在的。

讲到这里，你可能就明白了：绩效设计并不是为了奖罚本身，而是要利用人性趋利避害的特点，通过重奖重罚、双管齐下的方式，达到激发员工自驱力、调动员工工作积极性的目的。所以，整套绩效机制不是人为的，全部都会固化为人力资源制度、财务制度等。早在面试之初，人力资源部和管理者就会告知面试者：我们公司的绩效模式是"低底薪＋高绩效＋电网"。为什么要前置这个环节？因为它可以帮助我们有效地筛出那些真正敢于接受挑战的人。他们胸怀大志，愿意拼搏，相信自己能够创造奇迹，这就是我们想要的员工。

20世纪90年代，我所创办的风驰传媒在云南小有名气。随着公司的名气越来越大，我遇到了一件左右为难的事情：我的亲戚都想来公司上班，其中包括我的亲妹妹、姨妈、表姐、表哥……有的亲戚已从国有企业退休，有的是专门辞职过来投靠我的。如果我一股脑儿全部拒绝掉，就显得太没有人情味。但是，如果照单全收，我就把这家公司变成了家族企业。

如何化解这个难题呢？我借助了绩效机制的力量。如果某个亲戚有专业技能，我就将其安排到相关专业岗；如果某个亲戚没有专业技能，那么他只能去一线做销售。无论他们在什么岗位，我都会提前告诉他们：公司对所有员工一视同仁，包括我自己在内，采用"低底薪＋高绩效＋电网"的绩效模式，公司每天、每周、每月都要进行绩效考核。所以，我的亲戚虽然都如愿"上车"了，但在严格的绩效机制下，每天被甩来甩去，很快就受不了了。最后，所有人都"下车"了，只剩下我一个人还在"车"上。当然，我在"车"上也并不轻松，必须用手抓着、用腿盘着，才能保证自己不被甩下"车"。

创办行动教育以后，我也给自己定了一个小目标：在2030年之前，我不会"下车"。如果有一天，你听说李践不再担任行动教育的总经理，那么只有一个可能：我触碰电网了。所以，这套机制对于任何人都是同样有效的。今天我在行动教育也要遵守"低底薪＋高绩效＋电网"的绩效模式，每月底薪不足20 000元，剩下的收入全部要靠绩效。作为公司总经理，我必须对利润负责任。我的背后矗立着一排排数字，一旦利润低于某个数字，我就会被扣绩效；再低于某个数字，我就会被降职；再低于某个数字，我就会被撤职。因此，我自己头上也悬了一把利剑。我必须时时刻刻保持足够的危机感，否则稍有不慎，也会被甩下"车"。

从这个角度看，公司不是我个人的，也不是我家的，它是大家共同经营的事业。为了保证能在残酷的商业竞争中活下来，公司必须有清晰的奖罚制度和劳动价值主张，让公司里每个人都了解自己的责任和使命，明白做得好会得到奖赏，做不好要接受惩罚，接下来还必须反省、学习和改进。如果你不能接受这种惩罚，不愿意反省改进，你就要离开这个组织或者换一个赛道。

所谓机制驱动,
就是要所有人感受到
多劳多得,少劳少得,
不劳出局。

企业真正要追求的

不是人性化管理，

而是人性管理。

人的动力只会来自两个要素：

一个是"利"，一个是"害"。

奖罚即指挥，

代表着企业的价值主张。

一个组织的战斗力，
往往就是由奖罚的
力度决定的。

检查力比目标力更重要。

企业不要小奖小罚,
而是要大奖大罚。

第九章　财务管理：
经营决策的检测系统

财务是经营的结果。过去企业的每一个经营管理决策都是因，最终的果会反映在财务上。

财务是检测系统：经营是因，财务是果

行文到财务管理这一章，全书就基本形成闭环了。**财务是什么？财务是经营的结果。**一切皆因果，过去企业的每一个经营管理决策都是因，最终的果会反映在财务上。换句话说，前面1—8章，包括战略、价值、产品、组织、营销、用户、预算、绩效，涉及的所有模块的相关决策都是因，而财务就是最终的果。

从"财务"这两个字的文字结构来看："财"由"贝"和"才"组成，也就是钱和人——这是企业最重要的两个要素，也就是说，"财"背后揭示的就是钱和人的关系，即人的决策对钱这个结果所产生的影响；而"务"是什么？是事情，即工作。从中不难判断出：财是本，务是末。

由此可见，财务管理的本质是企业经营决策的检测系统。

1991年,我和朋友刚创立风驰传媒不久,从小把我养大的外婆就因为突发心脏病进了医院。第二天我去医院看外婆时,她已经脱离了危险期。

当时,她已经80多岁了,见到我说的第一句话是:"李践,今天的医院很科学。"

我好奇地问她:"外婆,你为什么这么讲?"

她回答:"你看,我进来以后不用很折腾,医生通过体温表、抽血化验单、血压计的数据就能对症下药,问题就解决了。"

事实上,我的外婆无意间讲出了一个大道理:虽然人分男女老幼,各种疑难杂症又多如牛毛,但是医学技术运用非常简单的逻辑——数据化,即全部用数据指标来评估诊断,比如体温、血压、白细胞、红细胞、血糖、血尿酸、血脂……其实,这就是医生的检测系统。根据检测系统生成的数据,医生就能快速做出诊断和决策,并给病人对症下药。

实际上,经营企业也是同样的道理,财务系统就是经营决策的检测系统。通过财务的检测系统,企业家和管理者很快就知道哪里做对了,哪里做错了。我们有过多次类似的经历：很多老板给我讲述的情况和我看到的财务报表完全相反。他们自以为企业经营得很好，但我看完他们的报表心惊胆战。这恰好说明：唯有检测系统的数据才是最真实、最客观、最科学的，才能一针见血地直指本质。

如果你有幸跟随或近距离观察过一些顶级的企业家，你就会发现他们无一例外都是财务专家，他们非常依赖这套检测系统。因为通过检测系统，他们可以将复杂的问题简单化、数据化、标准化，进而对症下药，快速做出正确的决策。

反观今天的大多数中小企业，它们失误在哪里？大多数中小企业从董事长到总裁，再到其他高管，基本上都是财务上的"聋哑瞎"。他们完全没有财务思维，没有检测思维。即便你把这套检测系统放在他们面前，他们也视若无睹，因为他们听不见，也看不懂，最终的结局就是"老板生病，高管吃药"——明明是老板病入膏肓，却天天拿高管开刀。即便一部分老板已经认识到了财务的重要性，他们对财务的认知也是点线思维，而不是系统思维。仅以成本为例，**大多数老板只看到冰山之上的小成本，而看不到冰山之下的大成本。**

举个例子：我们经常看到媒体采访企业，许多老板都会抱怨如今生意不好做了。为什么不好做呢？老板回答说成本越来越高，比如材料、人工、房租、水电成本都在上涨。从这个答案里面，我们就可以洞察到一个问题：这类老板根本没有抓住重点，材料、人工、房租、水电只能算是冰山之上的小成本。正如100多年前，泰坦尼克号之所以沉船，就是因为船长只看到了冰山一角，而真正致命的是水下的大冰床。同样，如果一个老板只看到了冰山一角，看不到水下的大冰床，那么他最后一定会撞上去。

如果说人、工、料、费都是小成本，那么真正的大成本是什么呢？我们来逐一分析。首先是固定资产。为什么这样讲？让我们来剖析现实中的一个案例。

以一家五星级酒店为例，这家酒店有两个主人：一个主人是一家投资公司，属于中央企业，其在这个项目上投资了10亿元；另一个主人是品牌方，隶属于美国洲际酒店。

这两个主人是什么关系呢？前一个主人是投钱的，它投资了土地、房屋、装修以及其他所有开支，这些都属于这家投资公司。但是，这家投资公司并不懂得如何运营五星级酒店，于是，它就找到了另一个主人——品牌方进行合作。

此时，品牌方首先要向这家投资公司收第一笔钱——品牌加盟费。然后，品牌方才会把这个品牌的标准告诉这家投资公司。这个品牌的标准包括房间标准、装修标准、环境标准、餐厅标准、会务标准……这是一套系统的标准。听到这些标准，这家投资公司一定如获至宝，严格按照这套标准去设计和装修……最终，只有所有标准达到了品牌方的要求，通过了品牌方的检验，双方才真正开启合作。

为了保证这个项目成功，品牌方会向这家酒店委派一名总经理和一名财务总监。前者负责管人，后者负责管钱。也就是说，这家酒店的管理权属于品牌方，而不是投资方。从品牌方委派人员的那一刻起，总经理和财务总监的工资、奖金、福利就全部由投资方承担。

一旦酒店正式投入运营，双方就能看到一张表：收入－直接成本＝毛利。请注意，这里还只是毛利，而不是利润。投资方心里很清楚：基本上5年甚至10年内，这个酒店都赚不到钱。为什么？因为酒店的资产太重了，固定资产太大。同样，品牌方也知道这一点，因此品牌方会要求，从酒店开始运营起，品牌方就要根据毛利提取管理费。

请注意，品牌方是根据毛利，而不是净利收取管理费。毛利和净利的区别是什么？收入减去直接成本等于毛利，毛利还要减去四大费用（销售费用、管理费用、研发费用、财务费用）才等于税前利润，税前利润再减去所得税才等于净利润。因此，品牌方是旱涝保收。

然而，站在投资方的立场来看，从其做出"开一家五星级酒店"的决策开始，可能10年内都难以盈利，甚至还可能亏损。为什么？就是因为固定资产太大了，包括土地、建筑、装修……一旦列为固定资产，就要开始折旧。虽然你的土地能用60年，但法律规定必须按照30年折旧；同样，酒店装修本来可以用15年，但按照法律规定只能按照7年折旧，这是由折旧体系决定的。因此，导致这个项目不赚钱甚至巨亏的是固定资产这一大成本，而不是材料、人工、房租、水电这些小成本。

另外，这家投资公司是从哪里找来10亿元的呢？银行贷款。如果酒店运营得不好，那么酒店的收入甚至无法覆盖这笔巨额贷款产生的利息，这些才是大多数老板没有看见的大成本。

除了固定资产，冰山下还有若干项大成本：一是库存，在当下行业产能过剩、需求不足的严峻形势下，中小企业有大量的库存根本卖不掉，这意味着前期的投入全部打水漂了；二是应收账款，应收账款是你的钱，却放在客户的口袋里，一旦沦为坏账，应收账款就会转化为成本，反过来吃掉你的利润；三是多元化投资，许多企业不聚焦自己的赛道，被人诱惑，进行各种多元化投资，但人在一个不熟悉的领域里是很难做出正确决策的，结果常常是"赔了夫人又折兵"；四是债务，比如企业向银行或第三方借贷的资金，这些资金的利息基本上都超过了行业平均回报率……这些才是冰山之下的大成本。

为什么大量中小企业赚不到钱？一方面，它们很早就把价丢了，因为价的提升要求企业在战略、价值和产品上下硬功夫、深功夫，而这些企业没有把前面这些事情做好，导致企业的价值提不上来，所以它们别无选择，只能寄希望于低价竞争。另一方面，它们又没有总成本思维，只看到了冰山之上的小成本，忽略了冰山之下的大成本，最后，企业的价格卡不住总成本，必然会陷入亏损。

总成本是从什么时候开始产生的呢？从决策的那一刻开始就产生了总成本。就像前面那家五星级酒店，从投资公司决定投资这个五星级酒店项目开始，其总成本就产生了。最终，总成本是来自时间的叠加，从决策的那一刻开始，到后面的买地、建造、装修、运营……假设整个项目做了10年，那么这10年间，人、财、物、产、销、料、工、机、费等每个决策产生的成本全部都要叠加在一起。因此你的固定资产在叠加，你的库存在叠加，你的应收账款在叠加……所有成本叠加在一起，共同构成了总成本。

这就是为什么员工总认为公司一定很赚钱，而实际上老板根本不赚钱。因为员工的成本思维不是叠加思维，而是点状思维，他只看到了你现在的收入是100万元，没有看到时间的叠加——这个项目需要4个人花2年时间来交付，那么最终每个人每月创造的收入其实只有1万元（100÷4÷2÷12≈1）。但是，员工在计算利润的那一刻，是站在当下的那个点计算成本。这就是企业很难赚到钱的原因。事实上，即便是中国最优秀的上市公司群体，也有高达70%的企业赚不到钱，核心原因是总成本太大了。这个总成本来自企业时间和空间的积累，最终导致企业没有利润。

因此，企业要走出上面误区，避免决策的失误，企业家和管理者必须理解这套财务检测系统的来龙去脉。只有理解它的底层逻辑，企业和管理者才能做出科学决策，最终实现赢利。

威尼斯商人的魔咒：做大必死

这套检测系统是怎么来的呢？如果我们能够找到它的源头，也许就能从根本上理解它的来龙去脉。

多年前，我曾经听一位德高望重的前辈讲过一个故事。

这个故事可以追溯到500多年前。欧洲有一个繁华的贸易城市——威尼斯，这是一个著名的水上城市。那个年代还没有出现火车、飞机等现代运输工具，当时最主流的交通方式是船运。因此，威尼斯凭借得天独厚的海上交通优势，将东方的货物运到西方，又把西方的货物运到东方，很快成为全世界的经济中心。

正因如此，威尼斯吸引了一大批世界顶级商人来此做生意，这些商人也确实从中淘到了金。但是，渐渐地，威尼斯商人发现了一个挥之不去的魔咒：企业做大必死。也就是说，当生意还比较小的时候，企业不会出现什么问题，但是，一旦生意做大了，企业就很容易死于现金流断裂。数百年前，许多顶级富商的生意都死于这一魔咒，这就像一把利刃，悬在威尼斯商人的头上。

一直到500多年前，有一位威尼斯商人凭借着自己的勤劳和智慧把生意做大了，他越来越接近首富的位子。企业做得越大，他越感觉到魔咒正在靠近自己。事实上，他的资金链似乎真的出现了一些问题，越来越多的供应商来找他要账，债务的窟窿越来越大……这一切让他非常恐慌，他也百思不得其解：我的钱到底去哪了？他甚至害怕得晚上睡不着觉，因为一旦没有钱偿还债务，后果将不堪设想。不仅企业会破产，甚至还会危及他和家人的生命。

这位聪明的威尼斯商人不愿意坐以待毙，于是，他做了一个非常重要的决定：与其每日惴惴不安，不如想办法去解决它，破解这个魔咒。

如何破解这个魔咒呢？他找到了一位欧洲顶级的数学家，请这位数学家帮他研究商业模型，即通过数学的算法寻找商业的规律，为他解答"钱去哪里了"的疑惑。这位数学家应邀来到了他的家里，顺着生意的来龙去脉，最终做出了一套检测模型，这就是今天我们耳熟能详的两大报表：利润表和资产负债表。

这两张表有什么价值呢？它们好像帮助这位威尼斯商人打开了一盏灯，亮光一下子就照到固定资产、存货、多元化投资上……一步步地帮助他看清楚钱去哪了，生意的地雷在哪里，地雷是什么时候埋进去的，以及如何把这个地雷拆掉。得益于这位数学家，这位威尼斯商人的生意果然起死回生，他破解了做大必死的魔咒，坐稳了首富的位子。

后来，这两张表就像武林秘籍一样慢慢流传开来，最后传遍了整个欧洲。随着英国经济的崛起，英国商人也陷入了同样的困局：为什么生意做着做着就亏损了，甚至资金链断裂呢？最终，英国人也发现了这套检测系统的价值。在他们试用了这套检测系统后，他们发现决策系统也发生了相应的改变。于是，英国人将其立法，英国会计法形成。再后来，这套模型传到了美国甚至全世界，成为全世界通用的会计准则。所以，这套模型并不是起源于政府部门，而是真正的商人为了保命而研究出来的。

我们曾经通过多个途径考证这个故事的真实性，但是，由于年代久远，我们始终无法找到确切的资料。最终可以确定的是，近代会计学的奠基者确实是一位数学家，这位数学家叫卢卡·帕乔利，被称为会计学之父，因为在他的著作《数学大全》中有一部分是介绍复式簿记的。据说，这位数学家曾经给一位威尼斯富商的两个儿子当家庭教师，而这种会计方法正是他从这位富商的经营方法中提炼出来的一套算法。

事实上，作为经营者，我并不关心这个故事是否带有演绎的成分，因为我已经从中看到了真实的一面。你不必笑话数百年前那些做大必死的威尼斯商人，这种情形在今天仍然俯拾皆是。在30多年的经商生涯中，我们确实看到了不少民营企业家就像故事中的"威尼斯商人"，他们凭借自己的勤奋，好不容易挖到"第一桶金"，但由于不懂得财务管理的价值，一旦企业做大，他们就面临各种问题，最后甚至把自己逼上绝路。

一个典型的案例就发生在我的发小身上。在20世纪90年代，我的发小在商场叱咤风云，一度将企业做到了年营收几亿元的规模。他创立的雪糕品牌一路从昆明打到了上海，在那个年代妇孺皆知。然而，最后他的企业却倒在快速扩张的途中，死于现金流断裂。在债务的重压之下，他借遍了身边所有亲朋好友的钱，最后无力偿还，无奈只得人间蒸发数十年，连父母子女都无暇照顾。这个悲剧发生在20多年前。20多年来，我每月从自己的工资中支取1万元寄给他的父母。实际上，我自己也是这一事件的受害者。我眼看它起高楼，眼看它楼塌了，更是目睹了这种极端状况下人性的扭曲和无奈。

到底是什么造成了这种悲剧？是企业家对财务这套检测系统的无知。

这套检测系统本质上是一套游戏规则，是评估企业家和管理者决策好坏的一套标准。就像踢足球必须了解足球的规则，打麻将必须了解麻将的游戏规则，企业经营也是一样，你必须了解企业经营的游戏规则。在当今的商业体系里，除了财务人员，极少有岗位是需要持证上岗的，因为财务的背后是一套规则。这套规则就相当于一面镜子，帮助我们诊断企业是否健康、决策是否正确。

遗憾的是，今天太多中小企业的老板没有利用好这套规则。经营企业 30 多年，我从未见过任何一个不懂财务规则的人能持续地把企业做好。打个不恰当的比方，一个不懂财务规则的人就像一位上场就抱着足球跑的运动员，完全违反了规则却不自知。所以，问题就出在这里，他们不知道这套规则，也不懂得如何照镜子。所以，他们即便拿到了一手好牌，也会打成烂牌。

下文，我们将对这套规则进行抽丝剥茧，告诉企业家如何正确地理解和使用这套检测系统。实际上，它就是今天企业最常见的三大财务报表,只是你可能从未看清它们的"真面目"。现在我们告诉大家如何来解读这三大财务报表。

企业的"体温表": 老板的利润表 vs 用户的利润表

我们先来看第一个检测系统——利润表。利润表就相当于企业的"体温表",它的底层逻辑看起来非常简单,用一个数学公式足以表达:收入-成本=利润。但是,难的不是这个公式本身,而是**许多老板和管理者对收入和成本的概念理解有误,导致收入多计,成本少计,利润乱计。**

随便列举一个生活中的例子。

有一天,我妈妈出门去买菜,途中看见一家美发店打出了"洗剪吹20元"的广告。妈妈正需要剪头发,于是她走进了这家美发店。但妈妈不知道的是,洗剪吹20元只是一个吸引她进店消费的钩子,接下来,这家美发店成功卖给她一张5 000元的储值卡。

这个时候,有趣的事情发生了。从老板和用户的视角出发，我们得到了两张完全不同的利润表。

我们先来看这家美发店是如何做账的。老板认为自己有5 000元的现金收入，减去给我妈妈洗剪吹的成本，包括材料费、人工服务费和房租费用（共计10元），这笔生意的利润是5 000-10=4 990元。这相当于一笔生意就赚了4 990元，所以老板会鼓励员工多卖卡，到了年终一结算，手中多余的现金全部给股东分红。

再来看我妈妈的账本：虽然妈妈没有学过财务，但她一回到家里，立马拿出了一个小本子记账：5 000-20=4 980元。她内心十分清楚：今天剪头发只花了20元，剩下的4 980元是她存在美发店里的钱。也就是说，从用户的角度看，美发店这笔生意的收入不是5 000元，而是20元。妈妈认为自己只是把卡里剩下的4 980元存在了美发店，她并没有花掉。如果我回到家告诉妈妈，这是美发店的套路，妈妈可能会马上折回美发店，要求美发店老板退款。

这才是用户的思维。因此，从严格意义上来讲，卡里剩下的4 980元并不是收入，而是负债——这是美发店老板欠用户的钱。用财务的专业术语来描述，如果企业将用户的预付款作为收入，这种财务管理逻辑就叫

"收付实现制"。但是，全世界的会计准则都是"权责发生制"。只有当用户消费了你的产品时，你才能确认收入。用户没有进行后续消费，便已经把钱交给你了，这是一种高度信任。但是，一旦你把用户的钱全部算成了收入项，而且还拿来分红，这就违反了财务的游戏规则。在全球任何一个国家，这种行为都被定义为诈骗。

更要命的是，这位美发店老板不仅算错了收入，还算错了成本。在他眼里，成本只有材料成本、人工成本以及房租成本。其实，这只是看得见的小成本，而不是总成本。

什么是总成本？这家美发店从租房装修开始，到后续的机器折旧、社保、员工培训、广告引流、管理、财务、税务……所有项目加起来的总成本，最后全部都要摊销到我妈妈这一单上。如果这家美发店装修豪华、运营规范，那么我妈妈这一单的总成本可能会超过50元。

如此一来，这家企业真正的利润就算出来了：20－50＝－30元。也就是说，我妈妈的这一单，老板不仅没有赚钱，反而亏损了30元。但是，按照此前美发店老板的算法，他以为这一单的利润是4 990元。实际上，这个利润是假的。之所以美发店老板没有发现亏损，是因为预收的现金掩盖了这个问题。一旦后续买卡的客户越来越少，要求兑现产品和服务的客户越来越多，企业就会入不敷出。到那个时候，这家美发店的现金流就会断裂。这就是许多采用预付卡模式的企业跑路或暴雷的根源所在。事实上，预付卡模式本来无可厚非，这恰恰说明它能够让客户产生信任。但是，这家门店核算利润的方式为自己埋下了地雷。

经常有企业家告诉我，他们的企业没有什么成本，也就是人工、房租、水电。这恰恰说明他们严重低估了企业的成本。我们曾经算过一笔账，即便是路边的一家过桥米线店，至少也有100项成本。你打开冰箱，你看到的冰箱里面所有的东西都是成本，甚至连冰箱本身都是成本，再看灶台上的米、油、盐、酱、醋……目光所及之处全部都是成本。所以，企业每分每秒都在花钱，每一张纸、每一缕灯光、每一寸土地、每一张地毯、每一根线，全部都是钱，而且钱的背后还有连环反应：可能冰箱背后有贷款，贷款背后有利息，利息背后有资金成本等。就像上面案例中的那家五星级酒店，真正的大成本不是客户入住所耗费的材料成本、服务成本、装修成本，而是后台的管理成本、土地建筑的折旧成本、建造酒店的融资成本等。

从严格意义上来讲，成本可以分为两大类：一是直接成本，包括料（原材料）、工（人工）、机（机器设备）、费（费用摊销，包括生产费用、运输费用等）、税（税收）；二是间接成本，包括管（管理费用）、销（销售费用）、研（研发费用）、财（财务费用）。一家企业未来真正的竞争力，其实取决于后面这4项费用的投入。

每一项费用都包括数十项成本。比如，以管理费用为例，我们曾经在企业中做过统计，成本在50项以上，不仅仅包括管理人员的工资，还有管理人员的餐饮、学习、差旅、奖金、福利等。其中最大的管理费用是什么？折旧。2 000元以上的资产全部都要被折旧。

我们算清楚收入和成本以后，接下来按照利润表的逻辑，收入减去直接成本等于毛利，毛利再减去4项费用等于税前利润。税前利润再减去所得税，就是净利润。这就是企业的"体温表"，它反映出企业在一个经营周期内的经营结果好不好。

如果企业的经营结果不好，其背后的根因在哪里呢？请你回想一下：你的战略清晰吗？差异化价值做到位了吗？产品有没有聚焦？你的组织发展得怎么样？你的价格定对了吗？你的用户选对了吗？……如果没有做好前面这些事情，最后你的产品不可能有竞争力。产品没有竞争力，你就卖不出去，收入就上不去。如果你的战略不清晰，企业多元化发展，你的成本就非常高，最后你的企业就会出现亏损。

企业的"抽血化验单"：钱从哪里来？钱到哪里去？

解读完企业的"体温表"——利润表，我们再来解读企业的"抽血化验单"——资产负债表。实际上，威尼斯商人之所以会遭遇现金流危机，问题就出在资产负债表上。从这张报表当中，威尼斯商人能清晰地看到自己的钱到底去哪了。

如图9-1所示，资产负债表是一张平衡的报表，它的底层逻辑是总资产＝负债＋股东权益。这张报表基本把一家企业资金的来龙去脉梳理清楚了。

报表右侧记录了资金的来源：钱从哪里来？ 钱只有两个入口：一是负债，即企业借来的钱；二是股东权益，即企业的股本和赚来的钱。

报表左侧则记录了资金的占用：钱到哪里去？ 钱只有两个大出口：要么变成了流动资产，要么变成了非流动资产。

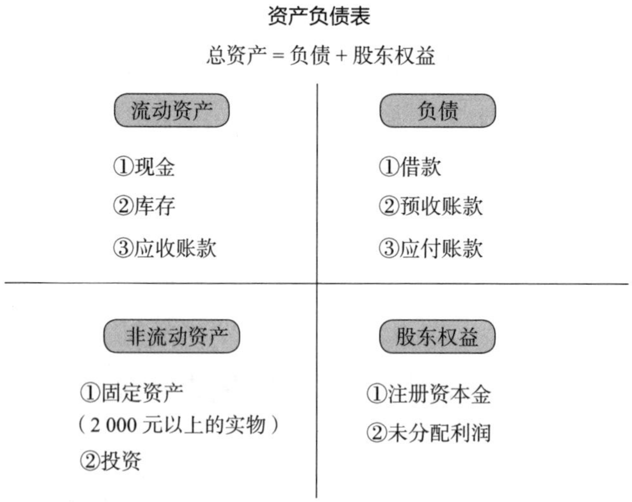

资产负债表

总资产 = 负债 + 股东权益

流动资产	负债
①现金	①借款
②库存	②预收账款
③应收账款	③应付账款
非流动资产	**股东权益**
①固定资产（2 000元以上的实物）	①注册资本金
②投资	②未分配利润

图9-1 资产负债表的底层逻辑

其中，流动资产包括现金、库存和应收账款，而非流动资产包括固定资产和投资。

下文就用一个虚拟的故事，将资产负债表的因果逻辑串联起来。

假设你在上海开了一家过桥米线店，首先你要去工商局申请营业执照。作为股东，你缴纳了10万元的注册资本金。但是，由于你们公司的战略是做世界级的过桥米线，这10万元的注册资本金显然无法支撑战略，因此你需要融资。

如何融资呢？你想出来的第一个办法是找银行贷款。即便银行愿意放贷给你，你也不能贷款太多，因为贷款的利息成本很高，它会给企业造成很大的负担。于是，你又想出了第二个办法，像前面案例中的美发店一样，你也发行一张过桥米线卡，通过预收账款向客户融资。此外，你还可以向供应商融资。比如，你在订购原材料时，先支付小部分订金，剩下的尾款三个月以后再付。同样，员工也是先工作，第二个月再领工资……以上这些都属于应付账款，属于负债的范畴。

现在你通过贷款、预收账款和应付账款这三个动作解决了资金的问题。接下来，你的过桥米线店可以正式开业了。一旦你开门做生意，所有的料、工、机、费、税等成本就产生了。与此同时，企业也有了收入。有了收入以后，收入减去总成本就等于净利润。净利润经过弥补亏损、提取盈余公积等，形成了图9-1中右下角的未分配利润。

理清了资产负债表的右边，再来看资产负债表的左边。总资产包括流动资产和非流动资产。其中，流动资产包括现金、库存和应收账款。

现金包括未用完的注册资本金、未花完的融资以及剩下的现金收入，这些都应该体现在左上角第一栏。如果你的过桥米线没有卖完，那么剩下的米线和其他原材料都会变成库存。假设某家企业预订了你的过桥米线作为团餐，为了留住这个大客户，你决定向这家企业赊销，给它半年的账期。这时，虽然你的过桥米线卖掉了，但是你还没有收到钱，这笔没有收到的钱就是应收账款。

值得注意的是，现金、库存和应收账款都可能潜藏着巨大的风险。

我们先来看左上角第一栏的现金，它代表了一家企业的家底有多雄厚。我们看过很多中小民营企业的报表，发现大多数企业的现金都非常少。当年我在TOM户外传媒集团任职时，我曾经认真研究过和记黄埔的财务报表，发现这一栏现金常常有几十亿元之巨。为什么？因为**现金是一家企业的蓄水池，它代表着企业的抗风险能力**。如果企业的蓄水池太小，抗风险能力就会非常弱。

左上角的第二栏是库存，库存包括成品、半成品和原材料。如果企业的成品过多，堆在库房里卖不出去，这就可能成为地雷，因为产品因缺乏差异化而在市场上缺乏竞争力。最后，这些库存会反过来吃掉你的利润。

左上角的第三栏是应收账款。如果你的产品卖出去了，但是钱没收回来，那么这里也可能埋着一个地雷，因为这笔钱可能收不回来了，它变成了"阴间收款"。很多企业的产品缺乏竞争力，不得不赊销，最后导致企业应收账款很高，只是赚了账面利润，实际上钱没收回来，变成坏账，坏账又反过来吃掉了利润。类似的悲剧比比皆是。

看懂了流动资产中隐藏的地雷，接下来我们再看左下角的非流动资产。在经营过程中，你还需要投资固定资产。什么叫固定资产？是指 2 000 元以上的实物，包括厂房、生产线、设备、办公家具等。固定资产投入过大，这也是一个地雷，因为固定资产不仅仅会吃掉企业的现金流，而且折旧也会增加企业的成本。

在左下角，除了固定资产，还有一个叫投资的地雷。很多老板做企业是机会导向，根本不明白什么叫主航道，四处多元化投资，一会儿做贸易，一会儿做生产，一会儿做 A 行业，一会儿做 B 行业。咱们暂且不讨论他们能不能做好，只考虑多元化投资在报表中会反映出哪些问题。第一，多元化投资需要大量占用现金，现金流会减少；第二，一旦投资失败导致亏损，这个亏损会直接吃掉报表中的利润。

讲到这里，还有一个误区我有必要澄清一下。过去很多企业买了一块地，假设这块地是200万元买下来的，一年以后涨到1 000万元，这时，老板就认为自己投资赚了800万元。其实，它离真正的利润还很遥远。什么才是真正的利润回报呢？只有在企业将这块地卖掉以后，利润回报才能反映在报表上。一旦你要卖地，就需要扣除各类成本以及税费，最终显示在报表上的利润可能只有500万元。

以此类推，假设这家企业投资了一家服装厂，拥有20%的股份，年底发现这家服装厂一年有1亿元的利润，但是，如果这家服装厂年底并没有分红，那么企业的收益还是0。只有在这家服装厂分红了，并扣除20%的分红税后，剩下的才是利润回报。所以，如果企业做多元化投资，那么实际上我们在财务报表系统里看到的镜像是风险巨大，因为它会占用现金流，会增加成本，最后甚至会吃掉利润。

现在，让我们再回到一开始的问题：钱去哪里了？通过对这张报表的解读，我们终于发现了钱的踪迹：钱在客户手里（应收账款），钱在仓库里（库存），钱在固定资产里，钱在多元化投资里，钱在贷款的高额利息里……

企业的"血压表"：现金第一，利润第二

随着资产负债表中的所有地雷慢慢浮出水面，最终你会发现，企业的命脉取决于现金流。所以，企业还要专门制作第三张报表——现金流量表，这就是企业的"血压表"。

为什么威尼斯商人做大必死呢？实际上，他们全都死于现金流断裂。换言之，无论是大企业还是小企业倒闭，原因都是支出太大、收入太小，导致企业手上没有钱了。真正经营过企业的人都知道：现金流比利润重要10倍。虽然本书通篇都在谈论利润的重要性，但是我们不得不承认，只要还有现金流，利润亏损就不会马上要了企业的命，可如果现金流断裂了，马上就会要了企业的命。所以，犹太人讲过一句话：现金流比妈妈还重要。为什么？因为妈妈给了你生命，但是现金流断裂会要了你的命。

现金流量表的逻辑是什么？它的底层逻辑非常简单：现金流＝现金流入－现金流出。企业每分每秒都在花钱。也就是说，现金每时每刻都在流出，如果现金流入没有超过现金

流出，负向现金流就会出现。这个时候，企业就可能死于现金流断裂。

为了防止这种情况发生，我们首先要盘点清楚现金流有哪些入口。

- 第一个入口：股东的注册资本金，这是股东在为企业输血。
- 第二个入口：债权融资，也就是借贷。这种模式可以称为"吸血模式"。为什么？因为借贷产生的高额利息马上就会转为成本，直接导致企业的亏损更大。为了弥补亏损，老板不得不继续借钱……如此循环往复。所以，表面上借贷是为企业输血，实际上是债权方在吸企业的血。尤其是很多中小民营企业，由于在银行贷款比较困难，最后被迫将手伸向高利贷这个吸血鬼。然而，高利贷是魔鬼之门。君不见有多少人辛苦经营大半生的事业，最后死于这个吸血鬼之手。
- 第三个入口：企业的经营收入。这才是唯一一个良性的、可持续的现金流入口，我们将这个入口称为"造血模式"。只有当这个入口开得足够大，源源不断、生生不息地为企业造血时，经营系统才能良性运转。

表面上看，企业有 3 个现金流入口，但实际上，只有 1 个入口是可持续的，那就是从用户那得到的经营收入。然而，企业的出口却有成百上千个：料、工、机、费、税、管、销、财、研……这还只是经营性出口，还有投资的出口以及融资带来的利息成本。这就是经营企业最有挑战的部分。这也是为什么我们反复强调要成就用户。因为**任何一家企业一旦离开了用户，企业最良性的现金流入口就没有了**。这就倒逼我们不仅要为用户创造价值，而且要为用户创造终身价值，一辈子成就用户。否则，企业的造血功能就没有了，整个经营系统就不运转了。

以经营一家五星级酒店为例，即便一个客户都没有，每月仅折旧费也要上千万元。这个问题怎么解决呢？最后老板会不顾一切地找吸血鬼救命。而惹上高利贷就像吸上了鸦片，一旦吸了鸦片，人就会膨胀，有了钱就买房买地，会不自觉地忘掉自己的初心和艰苦奋斗。但是，**商业不是一条直线，它是有波峰、波谷的，你会遇到经济周期、行业周期甚至企业自身的周期**，这些都会导致你的业绩波动。无论是银行还是放高利贷的组织，它们都是以营利为目的的，一旦遇到风吹草动，它们首先会保全自己。所以，一开始你可以通过借贷放大梦想和欲望，但是一旦断粮，企业就崩盘了。

因此，真正的顶尖高手有一句忠告：**现金第一，利润第二**。而太多老板搞错了顺序，他们把收入和利润放在第一位，忽略了现金。事实上，**现金就像血液**，它会传送到身体的神经末梢，就像现金必须流向经营的每个细枝末节，贯穿整个经营的闭环系统。一旦现金断了，企业就离死亡不远了。

经营的闭环：预测—检测—决策

通过"体温表"、"抽血化验单"以及"血压表"这套检测系统，我们揭示了企业经营的结果。而造成这个结果的因在哪里呢？就藏在本书的前八章，即战略、价值、产品、组织、营销、用户、预算、绩效。企业在每个关键模块的决策，最终结果都会反映到价、量、本、利、现金流等数据上。

多年来，我们持续研究企业为什么会死亡，在盘点企业的死因时，我们找到了企业在财务报表中的"七宗罪"。

- **第一宗罪：利润亏损**。按照利润公式：价格×数量-成本=利润，结果检测数据一出来，就会发现企业在亏损。

- **第二宗罪：库存过大**。许多企业生产出来的不是商品，而是库存，所以根本卖不出去。

- **第三宗罪：应收账款高企**。许多企业只顾着把产品卖出去，但钱根本没有收回来。

- **第四宗罪：固定资产**。许多老板投资了大量的土地、厂房、生产线……他们认为这些都是钱，实则资产太重，严重影响回报率。

- **第五宗罪：投资多元化**。许多老板在一个行业还没有干到第一，就开始投资各种新项目，等进入新行业后，才发现并不比自己的老本行容易。

- **第六宗罪：高利贷**。高利贷是吸血鬼，一旦沾上高利贷，巨大的利息成本会把企业拖入深渊。

- **第七宗罪：财务不规范**。许多企业的财务不规范，导致报表无法反映出真实的经营状况，无法清晰准确地计算收入、成本、利润、折旧、摊销……一旦企业的财务混乱，企业就离死亡不远了，因为管理者根本无法做决策。

一切皆因果，这七宗罪只是最终在报表上体现出来的"果"。要想根治这些问题，你不能在财务层面找根因和解决方案，而是要回到前面 8 个模块，找到真正的病"因"。

第一宗罪的解决方案：全线聚焦，力出一孔。

利润亏损是"果"，真正的"因"在哪里？本质上是企业不聚焦，导致其把资源投在没有产生成果的地方。比如：企业的战略不聚焦，老板不清楚边界，不知道什么该做，什么不该做；价值不聚焦，没有为用户打透一个核心价值；产品不够聚焦，导致产品的用户价值不够深；用户不够聚焦，企业将许多资源浪费在不重要的用户身上……以上每个模块的不聚焦都可能造成利润亏损。因此，企业必须聚焦战略、聚焦价值、聚焦产品、聚焦用户……最终才能上下齐心，左右对齐。

第二宗罪的解决方案：未买先卖。

如何才能避免库存过大？企业在源头上就要未买先卖，先把兵力和资源集中在市场端。同时，组织上要做强营销团队，加大火力和兵力，才能真正打开出口。

第三宗罪的解决方案：禁止赊销，宁愿不做。

企业为什么会出现应收账款呢？本质上还是因为产品没有竞争力，只能靠赊销来抢夺市场，最后货发给了客户，钱却收不回来。在这个问题上，我自己也吃过大亏。

1995 年，我开始做多元化投资。除了前面提及的房地产行业，那时我还涉足广告传媒、装饰建材、软件信息等多个行业。多元化投资意味着不聚焦，公司的资金严重分散，再加上投资失误，财务总监很快向我汇报：公司账上快没钱了。

听到这个消息，我的第一反应是询问还有多少应收账款，并要求全公司员工必须将工作的焦点放在回款上。可以说，那段时间是我创业以来最艰苦的时期。痛定思痛后，我在公司下达了两道死命令：一是基于目前状况，应收账款必须抵死回收，以挽救濒临倒闭的公司；二是公司以后不允许再有应收账款，任何交易都必须是先款后货。

很多销售人员听到这个要求，立马想要辞职。我也明白，一旦公司实行先款后货的政策，许多客户可能就会流失。但是，这次我的态度十分坚决，哪怕客户流失，也不允许公司再有应收账款。无奈之下，员工只能去做客户的工作，希望说服他们理解公司的困难。从那之后，公司再也没有出现过应收账款，终于度过了现金流断裂的危机。

这次经历让我明白，只要我们做好产品的价值创新，把用户价值做到第一，自然会吸引到高质量的客户，这就是"你若盛开，蝴蝶自来"。反之，如果你没有把自己的本分工作做好，无法提供独一无二的价值，最后你就只能靠赊销来吸引客户。

第四宗罪的解决方案：外包或租赁。

一次，我在电梯里面遇到一位学员。这位学员抓住这个机会，问了我一个问题："老师，我想投资固定资产，您觉得该投吗？"

听到这个问题，我倒吸一口凉气。在如此短的时间之内把这个问题讲清楚可不容易。庆幸的是，我还算是一个善于抓重点的人。于是，我马上问他："你做什么行业？"

他回答："我做服装。"

我又问："你做多大规模？"

他答道："一年营收2亿元。"

我马上说："不投！因为你的企业的规模还不大，一旦投资固定资产，固定资产很容易把你的现金流吃掉。况且，一旦投资固定资产，固定资产的折旧也会瞬间拉高你的成本。如果我是你，我会用这2亿元来做更重要的事情。比如，投入研发，通过创新提升产品的品质；投入"海陆空"三军，把钱花到用户身上。如果你真的需要固定资产，你不妨选择外包或租赁，因为今天中国服装行业的供应链已经非常强大了。如果你真的要投资固定资产，那么我建议你做到20亿元以后再考虑这个问题。"

我发现中国企业家有一种偏好：他们喜欢投资土地、厂房等固定资产。但我要提醒你：如果你是服装企业，不是房地产企业，不是靠投资土地、厂房赚钱，那么你的使命是把服装做好。企业越小，就越应该把钱用在刀刃上，用在真正为用户创造价值的地方。所以，如果你的企业规模还不大，那么我建议你选用外包或租赁来替代固定资产投资，把冰山之下的这个大成本化掉，因为它就是企业经营最大的风险点。

第五宗罪的解决方案：不熟不做，深耕主业。

有些老板以为自己赚钱了（比如上面案例中的美发店老板，美发店明明是亏损的），于是，他们开始得意忘形、盲目自大，认为赚钱太简单了，自己什么都可以做。最后，他们会拿着这笔钱做多元化投资。但隔行如隔山，他们大概率会赔掉这笔钱。

因此，我们经常会给企业家们一个忠告：不熟不做。甚至可以把话说得更加绝对一点儿：**不擅长的都不能做**。很多老板在一个行业干了 20 年，觉得赚钱太难了，听别人忽悠说另一个行业非常赚钱，于是马上转型。这就是人性的弱点，只见贼吃肉，没见贼挨打。

做企业就像游泳，会游泳是因为你本身就具备游泳的能力，而不是泳池的问题。如果你不会游泳，即便换一个泳池，你也不会游泳。做企业也是同样的逻辑：**如果你没有经营管理能力，即便换一个赛道，你也赚不到钱，因为能力的问题没有解决。所以，企业要做的不是换赛道，而是深耕主业。无论哪个行业，一定都是专家赚钱，而且专家非常赚钱，这个趋势未来只会越来越明显。

第六宗罪的解决方案：不借贷，用股权来融资。

所有借贷平台本质上都是"高利贷"。这里我们要重新定义"高利贷"——当企业支付的利息成本高于行业平均利润率时，这笔钱就是"高利贷"。即便你真的赚钱了，那也是给"高利贷"打工；如果你没有赚到钱，那么结果就会雪上加霜。因此，现实中不难发现，各大金融平台赚得盆满钵满，其背后却"尸骨累累"——大量中小企业被收割，这是由金融行业的商业模式决定的，因为它们赚的就是利差。

退一万步说，即便是找正规商业银行贷款，银行也会要求企业提供抵押物，这又会把企业引向投资固定资产的"歧途"。一旦走上这条路，企业的头上就压了"两座大山"：一座大山是借贷；另一座大山是固定资产。这会导致企业赢利难上加难。多年前，我就听闻李嘉诚先生经营企业有两条原则：**一是不亏损，二是不贷款。**这说明他很早就明白这是一个陷阱。

既然借贷这条路走不通，那么如何解决资金不足的问题呢？最好的方法就是通过股权来融资。请注意，股权融资是在资产负债表的右下方这个地方下功夫，而不是在资产负债表的右上方去折腾。如果企业能够很早就启动股权融资，其就能成功规避掉"借贷"这把刀。

第七宗罪的解决方案：财务规范。

企业财务必须规范，因为它是游戏规则，是法律的底线。从"害"的维度来看，企业家不要误入歧途，把自己送进监狱；从"利"的维度来看，**只有财务规范，才能保证检测系统的有效性；只有确保检测系统的有效性，才能保证决策系统的准确性。**

再者，财务规范也是企业对接资本的前提条件，否则你的股权根本没有价值，自然就无法规避借贷的风险，也解决不了资金的问题。因此，财务规范是企业的第一天条。

通过对以上七宗罪的解读，你会发现三大报表中每一个数字都是血淋淋的。任何一个错误的决策，最终带来的都是多米诺骨牌效应。

譬如说，企业库存高企意味着什么？意味着它会吃掉现金。如果企业没有现金，为了维持运转，你可能会被迫借高利贷。与此同时，一旦库存卖不掉，呆滞库存就会直接反过来吃掉利润，导致企业亏损……所以，一个错误决策会带来一系列的错误决策，最后你会发现：一步错，步步错，收都收不住。

而悲剧的源头在哪里？可能就在于企业的战略不聚焦，一会儿投资高端生产线，一会儿投资低端生产线，导致企业固定资产加大。由于企业没有专注于"打井"，导致产品没有杀伤力。最后，产品卖不掉又直接导致企业库存上升，应收账款上升，这一切又会反过来拉升成本。其中，每一个环节都会占用资源，最后导致企业现金流不足。为了维持企业正常运转，老板不得不去借款，形成恶性循环。所以，每一个决策背后都是链式反应，会带来三张报表的连锁反应。也就是说，这三张报表不是独立存在的，而是一套循环系统。

一切诸果，皆从因起。**今天在财务报表上暴露出来的恶果，都是我们昨天在经营管理上种下的因。**所以，企业家和管理者要学会利用这套检测系统，从检测系统中追本溯源，回到前面的8个模块中追本溯源，并校正自己的决策，防止这些"利润杀手"长大，将其消灭于萌芽之中。

在行动教育，我每个月必须召开一次财务报表分析会。董事长、财务总监和各业务线高管必须坐在一起，认真仔细地解读检测系统输出的数据，并不断进行自我反省：自己在哪里做错了决策？企业或部门亏损了吗？库存增加了吗？应收账款增加了吗？固定资产变大了吗？现金流是否健康？……甚至，集团会要求每一个事业部、每一家分公司都必须做出自己的三大报表。因为从本质上看，**财务是业务的投影**。企业中的一切决策，最终都汇聚到了三大报表之中。

大家如果感兴趣，可以查阅一下行动教育的报表——收入和利润每年持续增长，几乎没有库存、没有应收账款、没有借款，账上储备了十几亿元的现金。虽然公司投资了一栋教学楼，但与公司的资产规模相比，固定资产所占的比例非常小。而且我们算过一笔账，相比在五星级酒店开课，自建教学大楼每年可以节省900万元的成本，服务品质还能大幅提升。

因此，只有一号位和管理者掌握了这套财务检测系统，才能明白什么是对的、什么是错的，才能通过财务报表中的果去追查病因，及时诊断：什么产品该做，什么产品不该做？什么客户该做，什么客户不该做？什么团队该做，什么团队不该做？成本该如何控制？……

要做到这一点，企业必须业财一体化。在行动教育，我们要求财务人员每个月必须亲自下业务一线，了解一线岗位工作的来龙去脉。然后，财务部门才能把检测工作做得更细致，分产品、分团队、分客户……进行最小单元的检测。针对每一条产品线、每一个产品、每一个业务单元、每一个客户……一年或一个月的收入、成本、利润分别是多少，都要建立起一个核算基础，否则经营管理层就无法做出正确的决策。

譬如说，某企业一共有A、B、C三个产品，那么它就可以从产品维度，细化出产品A、产品B、产品C的产品损益表。针对每个产品，它的价、量、本、利分别是什么情况？应收账款分别有多少？库存分别有多少？分别投入了多少固定资产？现金流入以及流出分别是什么情况？……通过对每个产品进行分类检测，我们马上就能看到：哪个产品是赚钱的？哪个产品是亏损的？基于这些数据，企业家和管理者马上就能明白哪些产品该做，哪些产品不该做。

以此类推，我们不仅能检测出每条产品线的经营实况，也可以对每个团队、每个客户、每个经销商、每个门店进行分类检测，分别核算出它们的价、量、本、利、库存、固定资产……这些深加工的报表可以帮助我们透过数据看到本质。

与此同时，我们也会要求所有管理者必须升维为懂财务的经营型管理者。经营型管理者不仅要专注于业务，还要懂财务，通过财务数据来指导经营决策，知道哪些是增长点，哪些是风险点……因为无论市场如何风云变幻，检测系统的底层逻辑是一样的。如果企业能够以每个月的财务分析会议为抓手，训练管理者看财务报表的能力，让每个管理者越看越懂、越看越精、越看越熟，那么最终所有管理者都能熟练运用这套检测系统，并根据它做出科学的决策——什么时候左转，什么时候右转，什么时候加速，什么时候刹车。再结合前面第七章的预算管理，最终完全打通"预测—检测—决策"的经营闭环。

大多数老板只看到
冰山之上的小成本,
而看不到冰山之下的大成本。

真正的顶尖高手有一句忠告：

现金第一，利润第二。

任何一家企业一旦离开了用户，企业最良性的现金流入口就没有了。

如果你没有经营管理能力，

即便换一个赛道，

你也赚不到钱，

因为能力的问题没有解决。

只有财务规范,

才能保证检测系统的有效性;

只有确保检测系统的有效性,

才能保证决策系统的准确性。

第四篇　资本篇

第十章　资本杠杆：股权价值最大化

企业不能只赚产品市场的钱，还要赚资本市场的钱。

战略之上的战略：股权是增长的杠杆

从第一章到第九章，其实已经形成了一个完整的大闭环。其中，**战略是头牌，而财务是底牌**。一切皆因果，从财务这张底牌就能看出前面8个模块的决策是否正确。但是，这个闭环是产品经营的闭环，**企业不能只赚产品市场的钱，还要赚资本市场的钱**。对企业来说，不仅要获得产品利润，还要把产品利润放在资本市场上放大，这就是资本杠杆。

因此，**资本是战略之上的战略**。从严格意义上来讲，资本应该放在本书的第一章来讨论，因为资本属于中观，而经营属于微观。从以终为始的角度来看，后续的经营都是为资本服务的。但是，考虑到企业家根深蒂固的思维模式，我们还是选择从微观的经营入手，讲透经营管理的逻辑以后，再回过头来看资本的逻辑。

什么是资本？资，即资源和资金；本，即本金，而本金就是股权，股权又叫作企业的所有权。现在请你回忆一下资产负债表的构成：股权在哪里？资产负债表的右下角股东权益就是股权。

何谓股东？股东就是公司的主人。这就是为什么说资本是战略之上的战略，因为股东在战略之前就定下来了，它关系到谁是公司的主人。因此，资本中的"本"就在股权上。

股权是什么？**股权是企业利润增长的杠杆**。今天大多数企业都低估了它的价值。股权为什么会产生杠杆效应呢？我们要重新认识股权。

股权是企业的第一商品，产品是企业的第二商品

许多企业家并不知道股权是第一商品，他们以为自己卖的米线、服装等主营产品才是企业的第一商品。其实，米线、服装等只是企业的第二商品。因为股权是企业所有权，这才是根本，而米线、服装等产品都只是企业所有权的载体。

首先，从诞生的先后顺序来看，一定是先有公司，后有产品。从你在工商局注册公司那一刻起，你就拥有了股权。

接下来，你才能组织人、财、物资源，创造米线、服装等产品。再者，从核心价值来看，股权是一颗"钻石"。纵观中外，拥有财富最多的群体是企业家群体，那为什么企业家会拥有最多的财富？因为他们把股权的价值放大了。

遗憾的是，今天太多企业家不懂得这颗钻石是无价之宝，他们把钻石变成了玻璃。为什么钻石会变成玻璃？因为他们触犯了资本市场的底线——不规范。**当企业不规范时，企业的股权就无法变成可流通的商品，这颗钻石就变成了玻璃。**这就是为什么在做组织设计时，财务是除人力资源以外最重要的部门。这也是为什么所有投资人在收购一家企业后，必须指派一位财务总监进入企业。因为财务太重要了，它直接决定股权能否成为钻石。

反观今天的中小企业，大家普遍对财务部门不重视，不明白财务的背后是一套法律体系，是一套游戏规则。甚至不少人陷入了一个认知误区：他们总以为上市才需要财务规范。实际上，企业即便不上市，也必须规范。因为只要不规范，股权这个第一商品就失去了流通的价值。

以我的亲身经历来看，我的第一桶金并不来自上市，而来自我们把创办的风驰传媒以 2.78 亿元的价格卖掉了。那一刻，我们才感受到了资本的力量，才真正体验到了财富带来的喜悦。股权带来的财富与工资奖金、利润分红完全不是一个量级。所以，民间才会流传一句话叫"人无股权不富"。

资本市场是企业的第一市场，商品市场是企业的第二市场

企业家有两个产品：一个叫股权，另一个叫产品。同样，企业面对的是两个市场：一个叫资本市场，另一个叫商品市场。实际上，资本市场才是企业的第一市场，商品市场是企业的第二市场。资本市场又细分为两个市场：一个叫一级市场，另一个叫二级市场。一级市场与二级市场以企业上市作为分界点。所谓二级市场，就是通过企业上市，允许企业的股权进入资本市场流通，把你手里的股票变成钞票。而上市之前的市场就叫一级市场，当然，一级市场的股权同样可以买卖。就像马云以50万元创立阿里巴巴，没有钱怎么发展？他就是通过股权融资的。那股权为什么能够融资？因为股权能够流通，且股权未来可以上市。

而上市意味着什么？政策红利。所谓政策红利，是指上市公司的市值等于利润乘以倍数。比如，某企业一年的净利润

是2亿元,当这家企业上市时,首发定价是23倍市盈率,这代表该企业的市值为46亿元(2×23=46亿元)。也就是说,资本市场一次性把23年的利润给了企业,这就是政策红利。

其实,23倍还只是首发的倍数。我们云南校友会有一家做化妆品的企业,专注于解决敏感肌问题,这家企业拿到了100多倍的溢价。

它是怎么做到的呢?原来,这家企业创始人从创业伊始就明白股权才是自己的第一商品,因此他开始做股权融资。

既然要做股权融资,那就要对股权进行定价。他给自己定的估值是2亿元。请注意,这家企业的注册资本金只有50万元,但他第一次就卖了2亿元。很快,有三家著名的投资公司表示有兴趣。经过多次谈判,其中一家投资公司红杉资本以1.8亿元的估值成交,用5 000万元购买了这家公司25.4%的股权,成了这家公司的新股东。

红杉资本为什么愿意给这家公司投5 000万元呢?因为这家企业未来要上市。上市以后,这家企业就可以享受政策红利。其实,全世界所有上市公司真正厉害的原因，不在于他们自身的实力，而在于他们享受到政策红利。这个政策红利就是一种势能，就是一种资源倾斜。

这家公司的创始人为什么要拿这笔投资呢？因为他要用这笔钱来做好产品经营。拿到钱以后，他就能在标准上择高而立，能创造独一无二的价值，聚焦研发战略大单品，做大组织，加大火力建品牌，加大兵力拓展渠道……2021年，这家公司终于成功在深圳创业板上市。

上市的那一年，这家企业净利润为5亿元。虽然当时国家法定首发定价是23倍市盈率，但开盘以后，这家企业最高市值超过了1 200亿元！也就是说，资本市场给了这家公司超过200倍的市盈率。

那红杉资本从中赚了多少钱呢？据统计，这笔投资7年内为红杉资本赚了超200亿元，投资收益率超过400倍。

这就是资本市场的杠杆效应。在商业的竞技场上，99%以上的人都是通过经营商品获得利润，成千上万的人在这条路上竞争，最后他们的产品出现同质化，他们相互打价格战，最终杀敌一千，自损八百。这是一条血流成河的路。然而，企业家恰恰忽略了一个关键点：从创业的那一天起，企业家其实面对的是两个市场。一个市场是产品市场，这个市场交易的是产品；另一个市场是资本市场，这个市场交易的是股权。

这两个市场遵守两套截然不同的规则：**产品市场是在地上跑，经营必须规范，不容许有任何泡沫存在；而资本市场是在天上飞，一出生就是高杠杆、高溢价的。**遗憾的是，太多民营企业家不知道天上飞的市场，只知道地上跑的市场。

如果企业家没有意识到自己手上的第一商品是股权，他们就不会想到去经营股权的价值。最后，他们在地面市场上犯了一个致命的错误：财务不规范。他们的三大报表是错的，甚至是假的。为什么？因为就像上文所描述的，他们很难在地面市场中获利，所以就动起了歪心思——偷税漏税。最后他们违反了游戏规则，甚至违犯了《会计法》和《公司法》。正是这些小动作让他们亲手丢掉了打开资本市场大门的钥匙。一旦走到这一步，他们就将永远和资本市场失之交臂，除非一切从头再来。因为资本和他们一接触，就可以判断其财务是否规范，其是否遵守了游戏规则。

在接触中小民营企业的过程中，我们还发现很多老板有一种错误的认知：他们认为遵守国家标准和游戏规则会拉高企业的成本，导致企业赚不到钱。实际上，事实正好相反：

财务规范恰恰是成本最低的选择。因为当企业财务不规范时，整个企业人心浮动，许多员工浑水摸鱼、顺手牵羊，整个公司的底板是漏的。而财务规范以后，所有人就想着往一个地方使力。因此，财务不规范不仅生生断掉了自己的资本之路，让自己的股权一文不值，而且会导致企业漏洞百出，这还会进一步影响管理的精确度。

以我的亲身经历为例。2013年，我接手亏损的行动教育；2014年，公司扭亏为盈，战略回归主航道——做世界级的实效商学院；2015年，公司成功挂牌新三板。这时，资本市场给我们定了一个价格：每股21.86元。接下来，公司按照半价给员工做了股权激励。当然，前提是员工的业绩必须达到一定标准。从2017年开始，公司就已经具备了中国A股主板市场的所有上市条件，包括收入、成本、利润等。但是，在中国A股主板市场上市非常困难，因为彼时它执行的是审批制，这意味着有人要担责，所以主管部门必须把你看穿。

最后，主管部门把行动教育的账全部翻了一遍。翻完一遍还不够，证监会又派了17位专家在行动教育的会议室住了40天。他们住在里面干什么？查账。所有高管及其三代以内亲属的全部流水都要核查一遍，以检查每一笔钱是否合法合规。最终，在查证没有任何问题的情况下，证监会在2020年11月正式批准行动教育上市。

在这个过程中，如果公司有任何一笔钱的来源或去向没有遵守国家的法律法规，那么公司基本上就与资本市场无缘了。在财务不规范的公司中，股权只能是玻璃，永远也无法变成钻石。除非从头再来，这又是另一个故事了。

因此，民营企业家不知道的是，正是自己的无知将手上最值钱的商品——股权毁掉了。他们亲手丢掉了打开资本市场大门的钥匙。最后，他们手上只有商品，只能靠商品挣钱。但是，企业要靠商品挣钱很不容易，因为竞争非常激烈，环境一会儿出现波峰，一会儿出现波谷，一会儿有金融海啸，一会儿出现产能过剩，可谓是终日陷于水深火热。

经营的三维空间：挣钱—赚钱—生钱

一旦认识到股权这个第一商品的价值，你就会发现，企业经营的段位其实可以分为三维空间：一维空间是用商品挣钱，二维空间是用钱赚钱，三维空间则是用股权生钱（见图10-1）。三者是完全不同的逻辑。

下文将围绕图 10-1 展开阐述。你不妨对照一下自己在哪个维度经营企业。如果你在一维空间做经营，那么你的股权永远只能是一块玻璃。企业要让股权从玻璃变成钻石，就必须上升到三维空间。

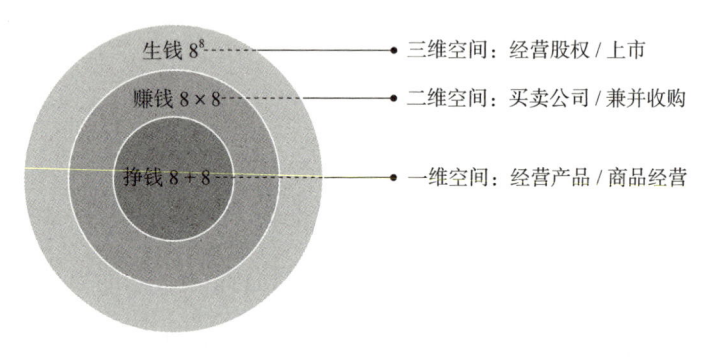

生钱 8^8 ——— 三维空间：经营股权/上市
赚钱 $8×8$ ——— 二维空间：买卖公司/兼并收购
挣钱 $8+8$ ——— 一维空间：经营产品/商品经营

图 10-1　企业经营的三维空间

一维空间：用商品挣钱

假设你今天从云南来到上海，开了一家过桥米线公司。在工商局完成注册之后，你就拥有了这家公司的股权。如果你不懂得管理股权的价值，那么你会如何来经营这家公司呢？毋庸置疑，你会按照前面 9 章的商业逻辑，打通战略、价值、产品、人才、用户、预算、绩效、营销和财务9个模块。如果按照这个逻辑来经营，那么你就相当于在经营的一维空间挣钱。

什么叫挣钱？"挣"字可以拆分为"手"和"争"，也就是靠手来赚血汗钱，这种挣钱方法最终得到的经营结果可以理解为8+8=16。今天的中小民营企业大部分都停留在这个阶段。这种挣钱的逻辑行不行呢？行，但它是靠血汗挣钱，并且风险巨大。我们不妨来还原一下企业在一维空间挣钱的逻辑。

假设你投资100万元开了一家过桥米线店，按照传统商业思维，既然你自己办企业，那肯定是你自己出钱。然而，你回家翻箱倒柜，却只凑到了30万元，其余的70万元从哪儿来呢？向银行贷款？贷款利息太高，你可能还不起。跟家人借钱？自己创业不好意思连累家人。无奈之下，你找到了朋友。朋友们很仗义，果真帮你凑齐了70万元。

拿到这些钱，你暗下决心，一定要干出个样子来，绝不辜负大家的信任。不过，你的内心深处却存在一丝隐忧：这些借款什么时候才能还完呢？按照《公司法》《会计法》《税法》的规定，要想还上这些钱，公司首先要有利润和现金流。开弓没有回头箭，你只能给自己打"强心针"："按照标杆公司的情况来看，差不多一年时间就可以回本了。"

在各种准备工作到位后，你开始正式经营这家过桥米线店。经过一年的艰苦奋斗，到了年底，你发现公司的经营公式是5−10=−5，公司亏得很惨。

到了第二年，你更加努力工作，认真学习各种经营管理的方法和工具，并不断优化经营的各个环节。到了年底，财务报表一出来，你发现这下真的赚了：11−10=1。但是，这个时候你仍然不能用利润去还钱。原因很简单，今年是有点儿利润了，但是去年亏得实在太惨，你必须先弥补亏损。

如果你不懂企业经营的规则，那么你面前似乎有一条路：先把公司账上的钱拿一些出来还钱。但是，这是一条死路。如果你真的走了这条路，等着你的就是《刑法》中的"职务侵占罪"。因此，你必须清楚，虽然这家公司看起来是自己的，但其受到国家法律的严格管束。从你在工商局注册的那一天开始，你所有的行为都必须合法合规。

你唯一能走的路是踏踏实实地奋斗。又经过一年的努力，你的公司终于有了15−10=5的经营公式，利润比较高了。在把往年的亏损弥补完之后，接着你还要交25%的企业所得税、提取公积金和公益金。如果幸运的话，此时你还会有一些现金流，好像可以拿来还钱了。

可是，你看着眼前的成绩，心里又打起鼓来：是不是应该把这些钱投入后面的经营管理中去，这样企业才能得到更好的发展？一番天人交战之后，你最终决定给自己分红并还钱。分多少呢？你心想："10万元差不多了吧。"可是，这只是你自己的想法。税务机关会告诉你："要分红是吗？可以，先交20%的个税，扣掉2万元吧！"这就是挣钱的逻辑。

商界有一句十分精辟的话：**所有的企业家吃的都是最后的晚餐。**企业家嘴里吃的，永远都是别人吃完之后剩下的晚餐。

道理很简单，企业要有10-8=2的利润，首先就要有好的产品、团队和用户。因此，在企业有了利润之后，所有产品和市场团队成员以及其他员工要先吃饱，企业要满足他们的荣耀感、自豪感。对于用户也是如此，他们是上帝，你必须想办法让他们觉得物超所值。同时，别忘了你的各种供应商和经销商，即便你懂得如何通过财务管理控制成本，你的供应商和经销商也不能饿着肚子。他们一旦吃不饱，偷工减料、渠道力度减损的现象就会出现。在"伺候"完所有这些内、外部关键人物之后，你千万不要忘记了政府。你的企业合法守规，怎么能够不缴税呢？所以，增值税、所得税，再加上各种附加税，也必须先从你的利润中扣除。到了这个时候，所有"客人"都已酒足饭饱，你终于可以去吃这剩下的晚餐了。

由此可见，企业经营不是一件容易的事情，企业家每天都生活在水深火热中。如果按照这套商业思维，那么你从一个领域里熬出头，没有10年、20年几乎是不可能的。

二维空间：用钱赚钱

小公司和大公司真正的分水岭在哪里？小公司的股权无法发生裂变，而大公司的股权发生裂变了，与资本对接上了。很多大公司用股权去融资，股权融资的本质就是买卖股权这个第一商品。以终为始来思考，那些大公司的生命力之所以强大，是因为它们会经营股权的价值，懂得经营的二维空间：赚钱。

什么是赚钱？"赚"字由"贝"和"兼"组成。贝代表钱，而兼代表兼并收购。兼并收购不是商品的买卖，不是资产的买卖，不是土地、机器的买卖，而是公司的买卖，而买卖公司的本质就是买卖股权。一旦进入买卖股权，老板就必须有资本思维。如果老板没有资本思维，公司就会被资本收割。

关于这一点，我有切肤之痛。

1999年，全世界范围内互联网泡沫破裂，造成这一现象的原因有很多，其中很重要的一点，就是绝大多数的互联网公司都无法实现盈利。因此，在很短的时间内，许多知名互联网公司的股票价格纷纷下跌。TOM户外传媒集团也不例外，其股价从每股23元一路下滑，先是跌到了每股15元，然后跌到每股10元，最后跌到了每股8元。倘若TOM户外传媒集团的董事会再不拿出具体可行的办法，这家号称千亿元级别的公司马上就会面临破产的结局。

于是，董事会紧急召开会议，商量对策。大家分析到最后，发现这次股价大跌的根本原因还在于公司没有赢利能力。但是，短时期内解决这个问题也不现实。唯一的出路是运用资本思维，去兼并那些赢利能力高的企业，最终通过合并报表提升TOM户外传媒集团的赢利能力。

厘清思路之后，TOM户外传媒集团开始对中国内地市场进行分析，希望能找到真正的赢利能力强的企业，然后对其进行兼并。彼时的中国内地，广告传媒公司如雨后春笋般快速生长。但是，在2002年以前，中国内地的文化产业是不允许对外开放的，更不允许外资获得控股权，最多可以进行合资经营。然而，2002年以后，由于中国加入世界贸易组织，这个管制逐渐放开了。

就在这时，TOM户外传媒集团开始对中国内地的广告传媒公司进行调研分析。TOM户外传媒集团很快就发现：在偏远的云南昆明，有一家公司还没有让外资获得控股权。而且，到云南省工商局调查后，TOM户外传媒集团还发现这家公司居然是云南省乃至中国西部最赚钱的广告传媒公司。这个公司就是我们的风驰传媒。

而当时，我还是一个不谙世事的"村夫"，生长在边疆高原，头顶草帽，脸上晒出高原红，一只裤脚长、一只裤脚短地在野地乱跑。

一天，一位TOM户外传媒集团的经理拦住了我："多大了？有女朋友吗？身体怎么样？"

"18岁，没有女朋友。身体还行，练过跆拳道。"我完全不明就里。

"太好了。"来人掩盖不住内心的喜悦。

很快，这位TOM户外传媒集团的经理就表明了自己的真实来意："我们已经查过了，风驰传媒现在的税后年利润是2 780万元。TOM户外传媒集团现在准备用

2.78亿元收购风驰，你意下如何？"

我一听就傻眼了："多少钱？2.78亿元吗？"毫无疑问，我的关注点在单位亿元上。

得到对方的确认后，我几乎难掩激动的心情，恨不得马上就签约。为什么？因为我创业多年来，虽然公司的账面收入和利润都还不错，但我手里几乎没什么现金，赚来的钱全部投入新项目、固定资产……

当时，我们犯了两个错误：一是不聚焦，过早开始多元化，使得公司经营几乎变成了一个无底洞，不论丢多少钱进去都看不到水花；二是没有及时止损。即便在资金链极度紧张的情况下，我也持续进攻，不断投资新项目，这使得原本就捉襟见肘的公司更是雪上加霜。

当TOM户外传媒集团的经理给我打电话时，我已经几天没有睡着觉了。虽然公司还没有到前述的威尼斯商人那般境地，但公司账上的现金确实已经所剩无几了。在这种心理状态下，我几乎没有任何犹豫，一口就答应了对方的收购请求。紧接着，我去了一趟香港。在维多利亚港湾的和记黄埔大楼，见到李嘉诚先生后，我才明白了是怎么一回事。我很快就签下合约，风驰传媒就这样被收购了。

收购完成之后，TOM户外传媒集团在香港召开了一次新闻发布会。毫无疑问，这次发布会的主题之一就是稳定所有投资人的心理，告诉他们TOM户外传媒集团现在已经有了自己最赚钱的主营业务，股价不会再跌了。

随后，按照发布会的流程，我上台发言。面对台下300多位投资人，我侃侃而谈，脸上不时流露出兴奋的神色。不过，我的兴奋感很快就被一位老外打破了。

这位老外站起来说了一段话，大意是他看过风驰传媒的财务报表，不明白为什么风驰传媒明明有2 780万元的税后利润，却会被TOM户外传媒集团以仅仅10倍的价格收购。他告诉我，就在几天以前，另外一家利润并没有风驰传媒高的公司获得了税后利润30倍的收购价格。

这位老外怀疑这次收购有猫腻，不然为何我会以这么低的价格卖掉风驰传媒？听到老外的问题，我一下愣住了。要不是这位老外的问题，我还一直被蒙在鼓里。台上的我只能佯装镇定地回复，要是早知道的话，或许就会提出12倍的价格了。事实上，我心里凉了一大截。

那一瞬间，我才明白自己根本就是一棵不懂资本经营的小韭菜，在资本的镰刀面前毫无招架之力。

多年以后，每当回忆起这段往事时，我都懊悔不已。现实就是如此，在商业的江湖里，从来都是高维绝杀低维。由于我们没有资本思维，当资本的镰刀高高举起的时候，即便风驰传媒有更好的赢利能力，我们也还是会把这种降维打击当成天上掉馅饼的好事，何其荒诞？

后来，我出任TOM户外传媒集团总裁后才得知，当初TOM户外传媒集团在收购风驰传媒时，股东投资人曾允诺86倍的资本杠杆。结果，风驰传媒却被他们用仅仅10倍的杠杆就买回来了。这也难怪那位老外怀疑这次收购的背后有什么阴谋了。

其实哪有什么阴谋，只是由于我不懂股权思维，自己掉入了资本的陷阱里，还天真地以为那是天上掉下来的馅饼。事实上，当TOM户外传媒集团以10倍的溢价收购我们的公司时，我觉得我们的公司非常了不起。因为我们原来挣钱靠的是8+8=16，个中滋味只有自己知晓，我们所有的利润都用于扩大再生产，实际上股东是没有钱的，甚至我自己买房子都需要贷款。这次好不容易把股权卖了，我才告诉自己"你终于可以买好多房子了"。

TOM户外传媒集团在收购我们公司的时候，它在香港资本市场上的市值是86倍。当它把我们公司放到上市平台上时，溢价瞬间变成了86倍。也就是说，TOM户外传媒集团只是通过一个合同交易，就把我们所有人10年奋斗的成果全部收入囊中。从此以后，我自己变成职业经理人，我们的资产、客户、团队……全部都属于TOM户外传媒集团。

这就是赚钱的逻辑：只要收购你的公司51%的股权，它就可以将你的公司变成自己的子公司。紧接着，子公司所有的收入、利润、资产等都会合并到母公司。换言之，当公司懂得依靠资本赚钱，懂得了收购兼并的逻辑时，它就从经营的一维空间升维到二维空间：从挣钱变成了赚钱，从8+8=16变成了8×8=64。

三维空间：用股权生钱

当一个企业家从商业思维转变为资本思维时，他就进入了经营的二维空间：8×8=64。但这还不是最高境界，最高境界是让股权变成真正的钻石，这才是生钱。

请认真观察这个"生"字，它是由一个"牛"字和一横组成的。中国汉字博大精深，在中国股市，股市整体上涨被称为牛市。牛在平台上，也就是老板要懂得如何让公司上市。甚至公司并不需要真正上市，当老板开始考虑上市规划时，他的股权就会瞬间增值数十倍，因为上市是后面的事情。也就是说，这个老板只要懂得他要上市，他的股票马上就变成商品了。最后，一旦上市，公司就进入了经营的三维空间，这个空间的经营成果是8的8次方，即1 670万以上。所以，思维方式不同，结局完全不一样。

这就是思维造成的局限。普通老板只会通过产品经营来挣钱，最终辛苦奋斗半生，才实现8+8=16。懂得资本市场的老板会通过收购兼并公司股权赚钱，实现8×8=64。但是，**真正顶尖高手懂得股权是企业的第一商品，明白股权的价值堪比钻石**。所以，他会拿自己的股权去上市，最后实现8的8次方。这时，股权作为一种特殊商品被激活了。

实际上，我们身边就有很多这样的经营高手，我给大家讲一个故事，也许会对你们有所启发。

千禧年前后，我的一位朋友敏锐地感受到一股叫作互联网的风。于是，他很快从一家世界500强企业中退出并创业。紧接着，他马上飞去了硅谷考察。考察结束以后，他坚信未来一定是互联网的世界，于是在香港注册了一家公司。香港的注册资本金是没有门槛的，只要1港元就可以注册一家公司。

请注意，此时这家公司还什么都没有，只有一个点子——做互联网。很多老板创业的时候，基本上也是差不多的状态。但接下来，我的这位朋友思路就和一般人不同了。

对大多数人来说，他们在工商局注册好一家过桥米线公司以后，接下来就会思考借钱、装修、招聘员工、购买原材料、设计菜单……总而言之，他们做所有事情的目标只有一个——卖过桥米线。但是，我这位朋友的逻辑不同：他卖的不是自己的产品，而是自己的第一商品——股权。在他拿到股权的第一天，他就告诉所有人：一年以后，这家公司要上市。当他提出自己的资本规划时，这家公司的股权就要裂变了，因为他要开始做股权融资。

请注意，此时他只有一个点子——做互联网，其他什么都没有。但是，他凭什么可以融资？因为他确定一件事情：未来一年，这家公司要上市。一旦他笃定公司一年以后要上市，股权就发生裂变了，股权就成了商品。

为什么？因为公司一旦上市，老板就会进入另一个在天上的市场，这个市场讲究的是溢价、杠杆，这是资本市场的游戏规则，这套游戏规则与地面上的产品市场是完全不同的。

有了上市思维意味着什么？股票变成钞票，股权变成商品。 为什么股权会变成商品？因为这个世界上有很多有钱人，他们就是不想干活儿。这时，有人就成立了投资公司，专门去买那些未来要上市的公司的股权，这就是风险投资。同样，我的这位朋友也找到了投资人，明确告诉他们：我要上市。根据香港的法律，只要公司符合要求，一年之后就可以上市。并且，香港的资本市场可以不要求利润，关键是要有人买你的股票。

如此一来，对我的朋友来说，决策就非常简单了，他只要保证公司的财务规范和股权规范符合《公司法》和《会计法》的要求，一年以后公司就可以上市了。

因此，在公司成立后不久，他获得了融资。一开始他就给自己的公司估值10亿港元，希望能出让20%的股份获得2亿港元的融资。但是，投资方都觉得20%

的股份太少了，希望能够购买40%的股份。他们为什么要购买这么多股份？因为在他们眼中，这家公司是一家有发展前景的公司。

双方权衡之下，最终我的这位朋友拿出30%的股份，获得了投资方约3亿港元的融资。拿到融资之后，他开始定标、定位、建团队、做产品。在当时的香港，互联网还是一片处女地，互联网公司更是一个新物种，没有任何成熟的商业模式可供借鉴。因此，一年下来，这家公司并没有赚到钱。然而，按照香港的证券监管法规，一家公司能否上市，并不取决于其是否实现了盈利。

一年以后，这家尚未赢利的公司如期上市，顺利进军香港联合交易所的创业板，开始挂牌交易。或许是因为有知名投资人的投资背书，这家公司一开始挂牌交易，股价就从挂牌价的每股1港元迅速涨到了每股10港元。紧接着，在很短的时间内，这只股票最高涨到每股20港元以上。也就是说，对才投资了一年的投资者来说，他们手上的股权很快溢价了20倍以上。一时间，这家公司也成了业界传奇，不到两年时间就成为号称千亿元级公司。

从这个故事中,你看到了什么?在经营的三维空间,游戏规则是完全不同的。**在经营的三维空间里面,一号位的第一能力不是产品经营能力,而是股权经营能力。**股权是企业的第一商品,企业家要有能力对接资本市场。如果股权不对接资本市场,企业就无法实现股权商品化。

企业家要谨记:企业家有两个市场,一个是地面的产品市场,另一个是天上的资本市场。资本市场卖的就是企业的第一商品——股权。但是,你凭什么可以卖股权?你要告诉别人,未来你的股权可以商品化,可以在资本市场上流通。今天很多老板把企业做死了,他们都不知道是怎么做死的,因为他们永远都在地面的产品市场里低头拉车,他们从来没有想过把股权商品化。

事实上,对接资本也要以终为始,即明确最终你的企业在哪里上市。一旦这件事情清晰了,这个终点的标准就出来了,因为它是由政策本身决定的。比如,美国有美国的标准,中国香港有中国香港的标准,A 股有 A 股的标准。这些标准本身就是游戏规则,企业一定要了解这些游戏规则。所以,企业表面上是天高任鸟飞,实际上头上有一张法网,这张法网就是边界。企业首先要知道这个边界在哪里,才能站在更高维度利用资本的力量。

纵观今天的互联网巨头，阿里巴巴、美团、腾讯、小米这些企业的创始人几乎都是三维空间的经营高手。**早在卖产品之前，这些创始人首先卖出去的是企业的第一商品—股权。**一旦股权被激活，他们就可以升级资源配置的标准，用股权来融资、融智、融人，一切资源都会向他们靠拢。

2021年3月，行动教育正式在主板A股挂牌。有人问我："上市对你意味着什么？你觉得上市以后有什么改变吗？"

我认真地回顾了一下那段时间以来的变化。对我自己来说，经营企业本身就是修行，我要修的就是一颗平静的心。再加上筹备上市已经4年多了，其间的艰辛难以言表，所以我早已心如止水。但是，不可否认的是，上市确实让我身边的环境发生了翻天覆地的变化。很多我过去想都不敢想的资源自动找上门：券商、银行、政府、高端人才、客户。然而，我内心非常清楚，今天的我和去年的我并没有任何区别。不过，因行动教育拿到了上市的门票，我们进入了一个过去从未见过的市场——资本市场，这个市场不是过去的水深火热，而是水深鱼大。在这个市场里，获取资源从过去"找资源"变成今天的"吸资源"，甚至很多资源都会追着你跑。上市企业尤其是上市的头部企业具有领先性，所以各类资源和服务供应商都愿意与其合作，进而在这个行业里面获得更多的生意机会。

在这个市场里，游戏规则变了。股票就是钞票，上市赋予了企业印钞机的功能，因为企业可以发行股票，可以自己造血。这是上市这个成人礼给企业带来的身份转变，更是资源配置的升级。一旦进入这个资本市场，企业的玩法和过去买卖商品的游戏规则就完全不同了。所以，为什么今天马太效应越来越明显：大公司越做越大，小公司越做越小？根源在于背后的两类企业家的思维方式不同，99%以上的大公司都利用了资本的力量，利用了比产品思维更高维的股权思维。股权思维是通过资本杠杆，将明天的利润变现到今天，以升级企业的产品经营。一旦产品经营的质量上去了，就能支撑企业在资本市场获得更高的溢价，二者形成一个良性循环，最后股权就从玻璃变成了价值连城的钻石。

除此之外，上市不只是简单地解决钱的问题，公司上市以后就变成了公众公司。公众公司就是社会公司，就像一滴水融入大海，这个市场水深鱼大。这家公司未来的可持续性、商业品牌溢价完全不一样，它会成为行业的风向标，得到整个产业链条的支持和信赖，对于人才的吸引力也会完全不同，得到资本市场的追捧，受到大客户的青睐……这些不是靠花钱就能砸出来的。

中国建材、国药集团原董事长宋志平老师在行动教育讲课时，讲过一句令我印象非常深刻的话，他说："没有资本规划的公司，我觉得不值得做。"这句话值得所有企业家细细琢磨。为什么宋老师会这样说？因为没有资本规划的公司，就没有远方，没有未来，也无法实现价值最大化。实际上，宋老师的意思不是让大家放弃做企业，而是一定要站在资本思维的高度重新看待经营。

商业的世界永远是高维颠覆低维。在一维空间中经营，按照产品经营的逻辑，即使企业有了$10-8=2$的经营公式，其也顶多获得20%的利润，不会获得更多的收益了。相反，如果企业具备股权思维，懂得运用资本杠杆，那么当它有了$10-8=2$的经营公式时，资本就可以数十倍甚至数百倍放大企业的价值。

在经营的一维空间，企业家吃的是最后的晚餐，但是，如果激活了第一商品管理的思维，即企业家懂得在三维空间经营，那么其最后吃到的就是资本的盛宴。所以，与其被动地等待这一天的到来，还不如一开始就做好股权管理，以终为始地布局企业未来的发展路径。

假设现在你在上海注册了一家过桥米线公司，注册资本金为100万元。在工商局注册完成后，你就拿到了股权。接下来，你并没有去融资或者借钱。

首先，你要研究行业内部的上市公司。经过研究后，你拿出了两个方案。第一个方案是在中国内地的创业板上市，因为中国内地的创业板已经与国际接轨，改革为注册制了。但是，创业板对企业仍然有利润要求。第二个方案是在中国香港上市，因为在中国香港上市对企业没有利润要求。无论如何，你要先给自己种下第一颗种子——上市。

物有本末，事有先后。既然股权是第一商品，那么你在创业之初就要做好第一商品管理规划，并且你必须设定一个时间期限——2028年，首选在中国内地的创业板上市。

接下来以终为始，你的第一个动作是制作商业计划书。既然公司要上市，那么你的商业逻辑要成立。这时你就要动用前面所学的9个模块，从战略到价值、产品、人才、用户……你要把经营企业的这套循环系统设计出来。

第二个动作是融资。你拿着这份商业计划书开始找投资人融资，你的商业计划书越成熟、越详细、可行性越强，融资能力就越强。请注意融资背后的逻辑是什么。你开始销售企业的第一商品——股权。将股权商品化是创业者的第一责任。所以，一个成熟的创业者不是思考如何卖过桥米线，而是思考如何卖股权。

这个世界上有非常多有钱人，他们不想干活儿，却想赚大钱。而最大的财富在哪里？全部在"钻石"市场（资本市场）中。所以，你仔细研究一下就会发现，基金公司的投资人大多是上市公司老板，这群人拥有股权，也了解三维空间的游戏规则。所以，他们一直在寻找未来的上市公司。譬如，马云经营着一家上市公司，那么获取财富最好的方式是什么？寻找无数个"小马云"。纵观今天的互联网企业，阿里巴巴、美团、饿了么……这些企业没有一个不是从卖股权开始的。

完成股权融资以后，企业还可以用股权来融智。在股权卖出去以后，你可以告诉团队：公司未来会成为一家上市公司，公司现在的员工未来会有股权激励。请注意，公司只有上市才会值钱，当公司的市值为百亿元时，即便你只给某位核心人才1%的股份，那也是上亿元身家。反之，如果公司不上市，股份根本就不值钱，公司也吸引不了真正的人才。

这些都准备就绪以后，你再开始做产品经营，缺什么补什么，这就是逻辑。

因此，所有创业者在注册完公司以后，一定要管理好自己的第一商品，学会如何将自己的股权商品化。而产品经营只是为了支撑第一商品，是为资本经营服务的。真正的企业家赚钱时应该赚第一商品的钱，而把产品经营挣来的血汗钱分给员工、分给供应商、分给合作伙伴……激励他们持续奋斗，创造一个真正的事业共同体。

纵观全球，全世界首富们的财富全都来自资本市场，来自第一商品经营。这样的企业基本不可能死于现金流断裂，因为他们自己手上就拥有超级印钞机，企业可以增发股票。企业的股票成为钻石，并且还受到国家法律的保护。上市意味着企业得到了国家背书和资本市场背书，这不是你投资数十亿元的广告费就能换来的品牌。

当然，我并不是说前面9个模块不重要。事实上，如果你没有前面9个模块的支撑，那么资本市场的大门也无法长久对你敞开。因此，企业需要重新理解资本市场的价值，认真审视股权这个第一商品的价值，打通产品市场和资本市场，实现产融结合。只有打通了这两个市场，企业最终的价值才能真正实现最大化。

激活股权：从玻璃到钻石

如何才能激活股权，实现从玻璃到钻石的蜕变呢？答案很简单，关键在于四个字：我要上市。

当你种下"我要上市"的那颗种子时，就意味着你的股权要商品化。股权商品化的背后是企业家的认知升维了：企业的经营逻辑要从一维空间升维到三维空间，从用产品经营挣钱到用股权生钱，从产品经营走向资本经营，从产品市场走向资本市场。

一旦有了上市的想法，你就会倒逼自己规范，倒逼自己去了解一级市场和二级市场，这样才可能走向股权融资、股权投资和上市之路。退一万步讲，即便最终没有上市，你也可以选择把企业卖掉。就像我第一次体会到资本的力量，不是靠自己上市，而是卖掉风驰传媒。

再往前走一步，你就会理解产融结合带来的势能。只有产融结合，才能做到标准极高，动作极简，速度极快，成果极大。就像马云、雷军，他们从一开始就找到从 A 点到 B 点的最优路径。从创业开始，就考虑让自己的股权商品化，最终通过股权融资—产品经营—上市—股权投资来实现产业及资本的双重收益。从这个角度看，资本经营在产品经营之前，资本是战略之上的战略。因此，企业不仅要在战略上择高而立，更要在资本上择高而立。

另外，上市还会为企业带来品牌杠杆。因为上市是一家企业的成人礼，它证明了这家企业的经营管理水平、未来前景和盈利能力。所以，上市所带来的品牌效应可以为企业吸引客户、人才、供应链等各种优质资源，甚至有人做过研究，发现上市公司的员工离职后都可以享受 30% 以上的品牌溢价。

再者，上市能让企业实现可持续发展。因为在你上市的那一刻，企业的所有权和经营权就分离了。就像行动教育上市后，大量国有基金成为公司的股东，此时我必须清醒地意识到：李践作为公司的经营一号位，必须为股东负责。

因此，"我要上市"不是喊出一句简单的口号，而是认知和思维的全面升级。你开始认识到企业的第一价值是股权价值，而不是产品价值。如果这个认知没有打通，那么企业最有价值的股权就不会被激活。这会成为经营者最大的失误。

然而，在与中小企业沟通的过程中，我发现许多创始人最大的障碍是自我设限，他们总认为自己的公司还小，根本不可能上市。但实际上，我曾调研过中国上市公司的数据，发现大多数公司上市时的营收规模通常只有几亿元，这与今天行动教育的客户体量相差无几。而这些公司后来之所以会成长为大公司，正是因为它们利用了股权的杠杆，利用了资本的势能。

事实上，我就是个例证。在公司规模很小的时候，我就提出了公司要上市。今天回想起来，如果不是在公司规模很小的时候就做出要上市的决定，那么后来风驰传媒也不会被收购。

当年TOM户外传媒集团在调研风驰传媒时，向我求证的第一个问题是："你们公司的净利润是2 780万元，请问你们规范吗？"

我还不解地问："什么规范吗？"

他解释道："财务规范吗？"

我斩钉截铁地回答："规范！"

他诧异地问道："你怎么会想到规范呢？"

我告诉他:"因为我计划要上市啊!"

这下他好奇了,追问道:"你怎么会想到上市呢?"

这里需要交代一下时间背景,这段对话发生在1999年。当时,能想到上市的企业在中国大陆可谓是稀有物种。而作为一家地处西南边陲的小公司,我怎么会想到上市呢?这还得从两年前的一篇报道说起。

1997年的某一天,我在《云南日报》上看到了一篇头版文章,报道称:国务院副总理朱镕基要推动非公经济发展,鼓励非公经济上市融资。看到这个消息,我内心不禁起了波澜,隐隐感觉到大机会要来了。

第二天一大早,我立马组织全体员工开会。会前,我还特意搬过来一个凳子,接着我激动地站在凳子上向所有人宣告:我们公司未来要成为上市公司!

听到这个消息,人群之中并没有发出我所期待的掌声雷动,大家反而面面相觑,一脸茫然。看到大家的态度,我突然意识到:他们压根没听懂。如果放在今天,大家一定明白上市的意义,但别忘了,这是在27年前,那时候大部分员工几乎没听说过上市这个词。

我力图向大家解释上市的好处,但发现自己也词穷,根本解释不清楚上市到底有什么好处。无奈之下,我只能宣布散会,并默默地把凳子收起来。

庆幸的是,会后我还多做了一个动作——让财务部同事来办公室找我。正是这个动作,扭转了后来的局面。

接下来,我安排财务部的同事分别联系了券商、会计师事务所和律师事务所,来公司洽谈上市业务。通过与券商、会计师事务所和律师事务所的接触,我才明白财务、法务和税务这三条线必须规范。就这样,我们懵懵懂懂地走上了规范之路。

直到两年后,我才真正感受到了资本爆发出来的巨大力量。尤其是在我出任TOM户外传媒集团CEO后,集团开始在全球范围内收购兼并,真正开启了产融结合之路,这更加让我进入了一个全新的经营空间。

近年来,随着资本市场的改革力度越来越大,上市的规则发生了重大的变化,中国企业的春天来了。为什么中国资本市场要改革呢?因为中国要实现伟大复兴,要在未来10年成为世界第一的经济体,就必须解决民营经济融资难的问题。

2023年2月17日,A股正式进入"全面注册制",这意味着任何想要上市的公司，都可以在较短的时间内以较为自由的方式进入资本市场，以自由竞争方式获取资本。因此，只要你胸怀大志，那么从企业出生的那一刻开始，你就要开始思考如何经营好企业的第一商品——股权，利用资本杠杆来扩大经营，最终实现股权从玻璃到钻石的华丽转身。

不仅要获得产品利润，
还要把产品利润放在
资本市场上放大，
这就是资本杠杆。

股权是企业的第一商品，
产品是企业的第二商品。

企业经营的段位其实可以分为三维空间：一维空间是用商品挣钱，二维空间是用钱赚钱，三维空间则是用股权生钱。

所有的企业家吃的都是

最后的晚餐。

只有产融结合,
才能做到标准极高,
动作极简,
速度极快,
成果极大。

"我要上市"不是喊出

一句简单的口号，

而是认知和思维的全面升级。

结语 经营的金刚圈：经营者必备的系统能力

行文至此，本书即将进入尾声。确切地说，本书不是写出来的，而是干出来的，它是从我30多年的人生成败中萃取出来的朴素经营观。

我相信每位读者经历不同，所感所获也各不相同。经常有学员将本书中所讲的某个工具单独拎出来，导入企业中。但是，我建议大家不要把这十大模块分开看，而是从经营全局的角度去看。

以终为始来看，经营企业必须持续实现收入和利润双增长。但是，**增长不是来自一个点，而是来自一套系统**。一个点有没有可能增长呢？有，但它不是长期的。只有全面理解经营的系统性和整体性，你才能真正理解可持续的双增长来自哪里。

譬如说，如果企业想通过营销做大收入，那么收入增长直接来源于量，而量来源于兵力和火力。兵力和火力又倒逼企业在定价上留出空间。企业想要用户接受高定价，则必须做好战略定位、价值占位和产品聚焦，否则价顶不住。与此同时，兵力和火力不仅仅来源于定价空间，还来源于组织发展和人才培养。而人才培养只能解决员工的能力问题，企业还必须依靠绩效机制解决动力问题……因此，从本书的任何一个模块切入，你都会发现它不是独立存在的，而是与其他模块相互支撑，这样才能真正发挥出巨大的价值。

因此，这十大模块并不是相互割裂的，它们是一以贯之的，最终形成一个完整的闭环，这个闭环被我们称为"经营的金刚圈"（见下图）。金刚圈是什么？它取自《西游记》中

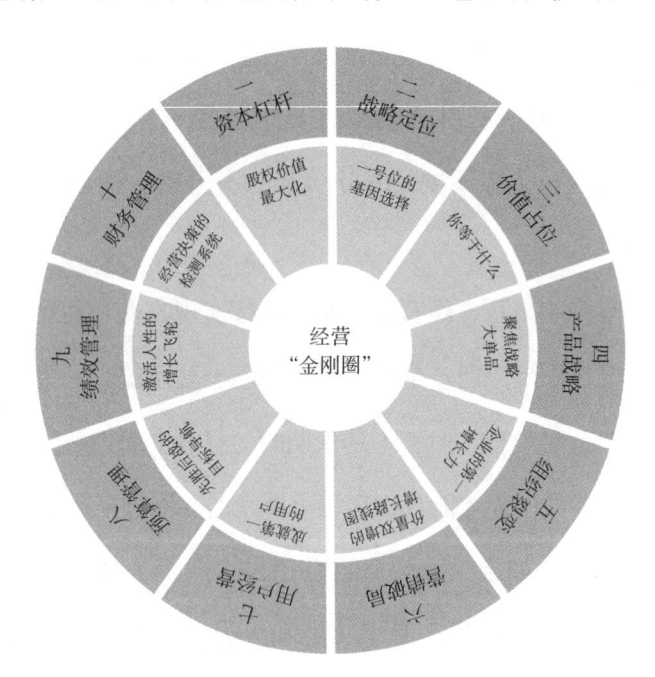

经营的金刚圈模型

太上老君打败孙悟空的法器。同样，企业的经营也是一套连环动作，它不是一个动作，而是一环扣一环，最终形成一个完整的循环体系。

这个经营的金刚圈上第一颗珠子是什么？其实是最后一个模块——资本杠杆。在整个商业世界中，金融是宏观，资本是中观，企业是微观。所以，从一开始，我们就要站在资本的维度看经营，先把股权这个第一商品经营好，然后再来做产品经营。因此，这个经营的金刚圈的正确逻辑应该如下：资本是一，战略是二，价值是三，产品是四，组织是五，营销是六，用户是七，预算是八，绩效是九，财务是十。

其中，前面9个模块都是因，最终的经营之果是透过财务这套检测系统折射出来的。到了这一步，整个经营的金刚圈就形成大闭环了。其中的逻辑非常严密，环环相扣，步步为营。最终，企业要让这个金刚圈循环往复地转起来，实现螺旋式上升。这套经营方法论就是我们行动教育一直在践行和传播的"行动管理模式"。

经营企业30多年来，我们越来越认识到经营企业必然面临两个循环：要么做对了一系列的决策，企业进入正向循环；要么做错了一个决策，带来连锁反应，企业进入负向循环。最终，企业要么螺旋式上升，要么螺旋式下降。因此，任何一家企业的成功，都不可能是一个点的成功，也不是一条线的成功，而是多方位、立体式的成功。

那么，是不是企业经营就只有这十大模块呢？并不是。我们不可能穷尽经营管理的所有成功要素，只是以上是企业使用频次较高且必不可少的十大模块。这并不意味着这个金刚圈就是一个绝对完整的经营闭环。实际上，这个闭环还可以再打开、再完善……比如这个闭环还可以添加技术、文化……一切都可以重新定义，一切都是对话。

回望过去30多年走过的路，我发现商业本质上就是一场修行。也许我们提炼出来的这个小小金刚圈看似简单，但是要真正从这条路走到成功的彼岸绝非易事。因为要想真正用好这个金刚圈，意味着你要克服人性中的病毒，把贪婪的、自私的、急功近利的、懒惰的人修炼成克制的、利他的、长期主义的奋斗者。推演到最后，**商业的成功本质上是人性的成功**。只有释放出人性中最美好的那一面：创造力、付出、爱、奉献……最后你才能到达成功的彼岸。

我们一直坚信：**商业是人类历史上最伟大的力量，因为企业家用商业的眼光来看待社会问题，用商业的规则去解决社会问题**。他们终其一生，投身于一项伟大且长期的事业。他们为爱前行，为使命奋斗，为荣誉而战。

因此，在本书的最后，我们要送给所有人两句话：信，请深信；爱，请深爱。请永远铭记：企业家是一切的创造。所有模块取一舍九的努力，都是为了实现九九归一。这个"一"是什么？是创造独一无二的价值，最终造福社会，创造美好生活，实现产业报国，这是每家企业的使命。愿你能坚守自己的理想和使命，唯使命不可负，唯信任不可挡。这就是企业家。